博弈论的诡计

日常生活中的博弈策略

王春永 / 著

台海出版社

图书在版编目（CIP）数据

博弈论的诡计：日常生活中的博弈策略 / 王春永
著.—北京：台海出版社，2019.1
ISBN 978-7-5168-2219-7

Ⅰ.①博… Ⅱ.①王… Ⅲ.①博弈论 Ⅳ.①O225

中国版本图书馆CIP数据核字（2019）第022557号

博弈论的诡计：日常生活中的博弈策略

著　　者：王春永			
责任编辑：姚红梅		封面设计：红杉林文化	
版式设计：李　洁		责任印制：王　聪	

出版发行：台海出版社

地　　址：北京市东城区景山东街20号		邮政编码：100009	
电　　话：010-64041652（发行，邮购）			
传　　真：010-84045799（总编室）			
网　　址：http://www.taimeng.org.cn/thcbs/default.htm			
E - mail：thcbs@126.com			

经　　销：全国各地新华书店
印　　刷：三河市鑫金马印装有限公司
本书如有破损、缺页、装订错误，请与本社联系调换

开　　本：715mm×995mm		1/16	
字　　数：356千字		印　　张：20.5	
版　　次：2019 年 4 月第 1 版		印　　次：2019 年 4 月第 1 次印刷	
书　　号：ISBN 978-7-5168-2219-7			

定　　价：49.00 元

目 录
Contents

序 策略思维也是一种实力 001

第1章
走近博弈论 /纷纷世上局如棋/

战争是怎样发生的 / 002

博弈的构成要素 / 004

相互依存与均衡 / 007

负和、零和与正和 / 010

博弈论的局限性 / 013

第2章
囚徒困境 /自愿坐牢的嫌疑人/

背叛的诱惑无法抵挡 / 018

不背叛就会被淘汰 / 020

倒霉是因为自作聪明 / 022

使对方陷入困境中 / 024

对执法者也有启示 / 026

第3章
人质困境 /多个人的囚徒困境/

谁去给猫拴上铃铛 / 030

束手无策的人群 / 031

"看不见的手"失灵 / 033

与对手联合起来 / 036

是竞争也是劫持 / 039

退出权保证合作 / 042

多边关系的启示 / 044

第4章
重复博弈 /天长地久的聪明策略/

没有未来必然背叛 / 048

带剑的契约才有效 / 050

宽恕带来更多背叛 / 053

假装不知道有尽头 / 055

用道德来保证均衡 / 058

小步慢行的费边主义 / 060

第5章
一报还一报 /出来混迟早要还的/

地老天荒的胜利者 / 064

再一再二不能再三 / 066

输掉战役赢得战争 / 068

第6章
猎鹿博弈 /走上集体优化之路/

从胡雪岩破产谈起 / 072

猎人的帕累托效率 / 075

赢家通吃并不理性 / 078

共同付出才能共赢 / 080

公共资源的悲剧 / 081

第7章
酒吧博弈 /成功者的少数派策略/

酒吧里会有多少人 / 086

一加一未必等于二 / 088

混沌世界的临界点 / 091

谁颠覆了社区平衡 / 092

策略的多米诺骨牌 / 095

成功属于"少数派" / 098

第8章
枪手博弈 /用策略弥补实力的不足/

谁能最后活下来 / 102

同时出招的策略 / 105

相继出招的策略 / 109

三方博弈的联盟 / 110

进攻方向的选择 / 113

置身事外的智慧 / 117

第9章
智猪博弈 /事半功倍的顺风车/

小猪躺倒大猪跑／120

比比皆是的智猪／122

猪圈里的跟随策略／125

占优势时更应保守／127

局面不利要冒险换牌／129

冒险策略越早越好／132

管理中要杜绝搭便车／134

第10章
警察与小偷博弈 /猜猜猜与变变变/

从点球大战谈起／138

当电话打到一半时／140

乱拳打死老师傅／143

不可预测的算计／146

纯粹的随机策略／148

随机抽查的策略／150

猜不透的虚张声势／151

第11章
斗鸡博弈 /让对手知难而退/

二虎相争必有一伤／156

攻击的"仪式化"／157

愣的也怕不要命的／160

不计后果的战略家／161

通过浪费来赢利／163

让老板加薪的博弈／165

第 12 章
协和谬误 /欲罢不能的困局/

不能承受的代价 / 168

沉没成本的模型 / 170

认赔服输的智慧 / 173

覆水难收不必再收 / 174

强迫自己去成功 / 176

第 13 章
蜈蚣博弈 /从终点出发的思维/

海盗们如何分赃 / 180

吃饼和移旗的策略 / 183

人生的倒后推理 / 185

从墓志铭想人生 / 187

蜈蚣博弈的悖论 / 189

第 14 章
分蛋糕博弈 /革命就是讨价还价/

创造生活的艺术 / 196

蛋糕在不断融化 / 198

煮了吃还是蒸了吃 / 199

坚定不移的策略 / 201

单数与双数的优势 / 203

减少你的等待成本 / 205

保护还价的能力 / 208

外部机会的算计 / 209

偷梁换柱来还价 / 212

第 15 章
鹰鸽博弈 /让事业进入良性循环/

办公室里的高纸板 / 216

随大溜的理性一面 / 218

栅栏上的路径依赖 / 220

胜出的未必是好的 / 221

严厉才能立竿见影 / 223

香蕉可以从两头吃 / 225

成功要趁早 / 227

第 16 章
脏脸博弈 /共同知识的车轱辘/

他们为什么脸红 / 230

共同知识与隐性规则 / 232

你不说我们也知道 / 233

别人的信封更诱人 / 235

第 17 章
信息不对称 /买的不如卖的精/

劣币驱逐良币效应 / 240

不确定性带来风险 / 243

只许佳人独自知 / 246

信息决定博弈结果 / 248

告诉更多未必更好 / 251

古代清官为何被淘汰 / 253

第18章
信息传递 /好酒也怕巷子深/

无法发起的总攻 / 258

信息传递中的损耗 / 259

信息传递的模型 / 261

标王背后的博弈 / 264

行为才能传递信息 / 266

信息传递策略选择 / 268

第19章
信息甄别 /分离均衡的筛子/

狱中的分离均衡 / 272

票价为何如此低 / 275

所罗门王的智慧 / 277

老虎的信息甄别 / 279

甄别中的逆向思维 / 281

特征背后的权衡 / 284

第20章
策略欺骗 /假作真时真亦假/

善用自己的弱点 / 288

被人耍了的杨修 / 290

别拿别人当笨蛋 / 292

不要暴露了自己 / 294

放长线才能钓大鱼 / 296

第21章
承诺与威胁 /不战而胜的策略/

不战而胜的策略/300

破釜沉舟的威胁/302

装疯卖傻的策略/305

保护自己的武器/307

不需要友谊的合作/309

威胁承诺要适度/312

附录
参考文献

策略思维也是一种实力

2017年5月，阿米尔·汗主演的印度大片《摔跤吧！爸爸》在中国上映，口碑很好，票房近十三亿元。

这部根据真人真事改编的电影，讲述了一个把握命运的励志故事。摔跤运动员马哈维亚退役后，连生四个女儿，训练摔跤手的梦想破碎，开始平平淡淡过生活。

直到有一天，村里人带着两个鼻青脸肿的男孩找到他家算账，让他突然发现了女儿的摔跤天赋。于是，他开始培养她们练习摔跤，并培养出了世界冠军。曾经遭人白眼的摔跤女孩，最终成为万众瞩目的英雄。

作为一部走心的励志大片，它的亮点、泪点和痛点，足以震撼每个观众。但它的精彩之处不仅在于此。把剧情推向高潮的，是策略的应用和冲突。

　　大女儿吉塔获得了全国冠军，去了印度国家体育学院，由此也引出了爸爸与学院教练的策略之争。学院教练教了她很多新的技巧，同时反复地告诫她在比赛中要防守。爸爸质问："吉塔的特长是进攻，但是你让她为了技巧而放弃进攻？"

　　2010英联邦运动会开始，吉塔顺利晋级。在半决赛中，吉塔遇上了非常善于进攻的尼日利亚选手诺米。这时，爸爸却告诉吉塔要防守："要滴水不漏地防守，死死地钳制住对方，让对方觉得心浮气躁，然后他就会犯错误，这个时候你的机会就来了。"

　　吉塔用防守反击的打法赢得了半决赛，闯进了决赛，对手是曾经两次击败过她的澳大利亚选手安格丽塔。吉塔用一个假动作骗过对手，绕到对手身后抱住，使出大绝招"360度无敌凌空摔"，在最后一秒获得罕见的5分，使印度历史上第一块英联邦女子摔跤金牌诞生！

　　吉塔的成功，不仅来自实力的不断提升，更来自恰当策略的运用。任何比拼中，既没有永远的进攻，也没有永远的防守，因地制宜的策略思维才是制胜的王道。正确的策略，既是实力的催化剂，又是实力的补充。或者干脆说，策略思维本身就是一种实力。

　　策略思维从哪里来？答案是从博弈论中来。

　　博弈论，就是专门研究策略思维以及相关知识的学科。它可以帮助我们认清形势、把握态势，找到实力运用的最佳策略，调整姿势、突破劣势，在看似无法改变的局面中增加赢的机会。

　　运用策略思维去交手，就是博弈。我们每天都在博弈，只不过是不知罢了。在一场博弈中，每个参与者都在特定条件下争取其最大利益，强者未必胜券在握，弱者也未必永无出头之日。

　　博弈论的英文名称叫作Game Theory，直译成中文就是"游戏理论"。博弈论原是数学运筹中的一个支系，其研究运用了种种的数学工具，一般人如何能掌握呢？

　　这里存在着一个矛盾。一方面，一种科学只有在成功地运用了数学时，才算是达到了真正的完善。另一方面，数学似乎又成了博弈论和我们普通人的生活之间的一条难以逾越的鸿沟。

面对这条鸿沟，多数人的反应是耸耸肩膀走开，少数人想通过学习数学来逾越。但是这两种反应都忽略了一个很浅显的道理：一个不会编程的人照样可以成为电脑应用高手，没有高深的数学知识，我们同样可以通过博弈论的学习成为生活中的策略高手。就像孙膑没有学过高等数学，但是这并不影响他运用策略帮助田忌赢得了赛马。

博弈论首先是思索现实世界的一套逻辑，其次才是这套逻辑严密化的数学形式。博弈论的重点在于巧妙的策略，而不是解法。我们学习博弈论的目的，不是享受博弈分析的过程，而在于赢得更好的结局。说到底，博弈论毕竟只是一个分析问题的工具，用这个工具来简化问题，使问题的分析清晰明了也就够了。

博弈的思想既然来自现实生活，它就既可以高度抽象化地用数学工具来表述，也可以用日常事例来说明，并运用到生活中去。本书作者所做的一切努力，正是试图通过日常生活中常见的例子，来介绍博弈论的基本思想及运用，并且寻求用这种智慧来指导决策的方法。

毋庸置疑，博弈论的力量在于它的普适性和数理精确性，它同时也如漂浮在海里的冰山一样，虽然只有1/8的部分露出来，但是它能为人欣赏和运用的，也正是这一部分。

一方面，海面下的理论体系既足以使书斋里的学者经年研究，并获得诺贝尔经济学奖；另一方面，露出水面的诸多形象生动的模型和策略，又可以使我们很简捷地获得生鲜活泼的思维工具，以最低的成本，赢得加薪，获得爱情，提高自己的生活质量。在这些模型里，有警察抓小偷，有两只公鸡掐架，有两头猪互相算计，有三个自相残杀的枪手，有两个猎人研究怎么打猎……

所以，因为数学而对博弈论望而却步，实际上是本末倒置。任它弱水三千，只取一瓢饮，就已经足以让你解决很多问题了。本书所介绍的一些基本模型，除了可以让我们了解令人震撼的社会真实轨迹之外，还可以学到更合适的待人处世方法。

何况，在运用博弈论的思维方面，古人早已经让外国人甘拜下风了。不要说三国时期的斗智斗勇，就是战国时期的孙膑，也已经会用博弈论的思维来赢得赛马了。

无论是面对上司、生意伙伴，还是面对朋友、老婆、孩子，我们每天都生活在有形或无形的谈判桌前。本书所提供的博弈论思维，可以把这些谈判桌变成一张张棋盘，从中懂得棋局无闲子，学会文武兼用和戒急用忍的策略，达到爱情美满、工作顺利、家庭幸福的目标。

你还记得上次找上司要求涨薪未果，自己也不知道是为什么吗？可惜，那时你还没有学习一点博弈的策略知识，这些知识本来可以帮助你涨工资，而且幅度比你预料的还大。

你还记得上次因为迁就女友而倍感委屈吗？如果应用博弈论的知识，保证你能够和她相处得更为融洽。

你知道应该如何对付一个总是借钱不还的朋友，或者如何与生意对手讨价还价吗？

约瑟夫·福特曾经说：上帝和整个宇宙玩骰子，但是这些骰子是被动了手脚的。这话一点不错，我们的主要目的，是要了解它是怎样被动的手脚，我们又应如何利用博弈论的"诡计"，最大限度地在这个被动过手脚的环境中实现自己的目标。

第 1 章
走近博弈论

纷纷世上局如棋

战争是怎样发生的

儿子问父亲："爸爸，战争是怎样发生的？"

父亲回答："很简单。比如说第一次世界大战的爆发，是因为德国入侵比利时……"

一旁的妻子打断他的话说道："你讲的不对。第一次世界大战的起因，是有人在萨拉热窝被刺杀了。"

丈夫一脸不悦，冲妻子说道："是你回答这个问题，还是我回答这个问题？"

妻子听了也满脸不高兴，转身去了厨房，"砰"的一声将门关上。紧接着，从厨房传来碗碟猛摔在地上的声音，过了一会儿，整个屋子陷入死一般的沉寂。

儿子眼眶里含着泪水，轻声说："爸爸，你不用说了，我知道战争是怎样发生的了。"

夫妻两个人以一种两败俱伤的方式，使自己的孩子明白了战争的发生和夫妻两个人吵架之间的内在关联。让国家之间一步步走向世界大战的机制，同样也正是同一屋檐下夫妻失和的原因。

也就是说，无论国与国之间，还是人与人之间的合作和冲突，其中所蕴含的博弈原理是大同小异的。诺贝尔经济学奖得主奥曼在权威的《新帕尔格雷夫大辞典》中，对"博弈论"词条的论述十分精辟和凝练。他认为，博弈论较具描述性的名称应是"互动的决策论"。因为人们之间的决策与行为会形成互为影响的关系，一个主体在决策时必须考虑对方的反应。

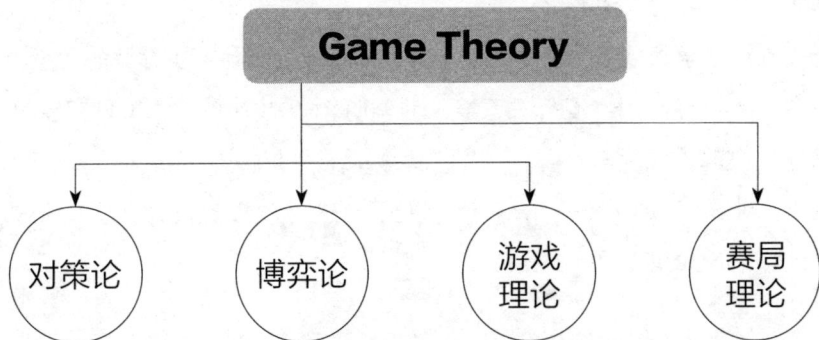

图1-1　博弈论的几种翻译

　　对具有博弈性质的决策问题的研究，可以追溯到18世纪甚至更早。但一般认为，20世纪20年代，法国数学家布莱尔用最佳策略法研究弈棋和其他具体的决策问题，并从数学角度做了尝试性分析。

　　1944年冯·诺依曼和摩根斯顿合著的《博弈论与经济行为》一书的出版，标志着现代博弈理论的初步形成。冯·诺依曼和摩根斯顿认为，博弈论是关于运用数学方法研究处于利益冲突的双方，在竞争性活动中制定最优化的胜利策略的理论，博弈方法即根据游戏规则选择处理竞争、冲突或危机的最佳方案。

　　第二次世界大战期间，博弈论的思想方法、研究手段被运用到军事领域和其他活动中，显示了它的重要作用。

　　20世纪70年代以来，博弈论以其清晰的分析、严密的推理和规整的逻辑形式，与经济学科学化的发展思路不谋而合，得到了广泛的运用，成为经济学思想史上与"边际分析"和"凯恩斯革命"并列的重大革命，为人类带来了一种全新的方法论和分析工具。

　　1994年，美国的数学天才约翰·纳什（J. Nash），由于与另两位数学家在非合作博弈的均衡分析理论方面做出了开创性贡献，对博弈论和经济学产生重大影响，获得当年诺贝尔经济学奖；2005年，奥曼和谢林因其"博弈论：冲突与合作"研究获该奖；2012年，罗斯和沙普利因合作博弈和机制设计研究获该奖；2014年，梯若尔因非合作博弈和产业组织理论获该奖。

除了在经济学领域的应用与发展，博弈论也成为其他不少领域的"思想发动机"，在生物学、经济学、国际关系学、计算机科学、政治学、军事战略及其他很多学科都得到了广泛的应用。

时下，对博弈论的研究是如此广泛，以至于有些人说最新的经济学和国际关系理论都已经被博弈论的理论和工具重写了。

博弈的构成要素

博弈的目的是争取利益，利益形成博弈的基础。经济学最基本的公设，就是经济人或理性人的目的是收益最大化。参与博弈的人，正是为了自身收益的最大化而互相竞争。也就是说，参与博弈的各方形成相互竞争、相互对抗的关系，以争得利益的多少决定胜负，一定的外部条件又决定了竞争和对抗的具体形式，这就形成了博弈。

从经济学角度来看，有一种资源为人们所需要，而资源具有稀缺性或总量是有限的，这时就会发生竞争。竞争需要有一个具体形式把大家拉在一起，一旦找到了这种形式就形成了博弈，竞争各方就会走到一起，开始一场博弈。

我们通过下面这个例子，来深入浅出地解释一场博弈的各个要素。

夫妻俩晚上下班回到家，吃罢饭看电视。电视预报显示，一个频道会播放丈夫喜欢看的足球赛，而另一个频道会播放妻子喜欢看的音乐节目。但是家里只有一台电视。这样，围绕着到底看什么节目，一场博弈就展开了。

在这场博弈中，完整地包含着形成一个博弈的以下四个要素。

第一，两个或两个以上的参与者（Player）。

在博弈中存在一个必需的因素，那就是不能一个人在毫无干扰的环境中做决策。

比如，在上面的案例中，如果只有丈夫或者妻子一个人在家，就不存在博弈。从经济学的角度来看，如果是一个人做决策而不受到他人干扰的话，那就是一个传统经济学或管理学经常研究的最优化问题，也就是在一个既定的局面或情况下如何决策的问题。

每个人身边充斥着具有主观能动性的决策者，他们的选择与其他参与者的选择相互作用、相互影响。这种互动关系自然会对博弈各方的思维和行动产生重要的影响，有时甚至直接影响博弈结果。

第二，博弈要有参与各方争夺的资源或收益（Resources/Payoff）。

资源指的不仅仅是自然资源，如矿山、石油、土地、水资源，还包括了各种社会资源，如信誉、学历、职位。资源是有主观性的。人们之所以参与博弈是因为受到利益的吸引，预期将来所获得利益的大小直接影响竞争博弈的吸引力和参与者的关注程度。经济学的效用理论可以用来解释这个问题，凡是自己主观需要的就是资源；相反，主观不需要的对自己就不能构成资源。

这就是"情人眼里出西施"的道理。再比如人们经常说的"好话说三遍，猪狗不待见"，也是这个道理。每个人都喜欢听好话，觉得有营养有价值，但是好话听得太多了，即使是愚昧的人，也会心生厌倦。当一样东西不再稀缺，其价值对自己来说便不断下降，这正是效用递减规律的作用。

在上面的案例中，资源或收益并不是电视机的所有权，而是在某一时段的使用权。事实上，在那些对于足球和音乐都没有偏好的人眼里，哪一个节目都不会成为资源。

第三，参与者有自己能够选择的策略（Strategy）。

所谓策略，就是"计利以听，乃为之势，以佐其外"，这指的是直接使用针对某一个具体问题所采取的应对方式。通俗地说，策略就是计策，是博弈参与者所能够选择的手段方法。博弈论中的策略选择，是先对局势和整体状况进行分析，确定局势特征，找出其中关键因素，然后在最重要的目标上进行策略选择。由此可见，博弈论中的策略是牵一发而动全身的，直接对整个局势造成重大影响。

第四，参与者拥有一定量的信息（Information）。

博弈就是个人或组织在一定的环境条件与既定的规则下，同时或先后，仅仅一次或是多次选择策略并实施，从而得到某种结果的过程。

简单说来，博弈论就是研究人们如何进行决策，以及如何达到均衡的问题。每个博弈者在决定采取何种行动时，不但要根据自身的利益和目的行事，还必须考虑他的决策行为可能对其他人造成的影响，以及其他人的反应行为可能带来的后果，通过选择最佳行动，来寻求收益或效用的最大化。

从注重策略和效用上来看，我们可以说博弈论是实用主义思想的运用，体现了崇尚实际、讲究方法的实干精神。

本节所选的"夫妻博弈"模型大致会出现三种情况：一是两人争执不下，于是干脆关掉电视，谁都别看；二是你看足球，我到其他地方听音乐，或你听音乐，我到其他地方看足球；三是其中一方说服另一方，两人同看足球或同听音乐。

夫妻二人通常不会因为电视节目的分歧而分开活动，这是研究该问题的前提。但是，对于看什么节目，双方又各有偏好。因此我们可以假定：如果丈夫和妻子分开活动，男女双方的效用为0；如果双方一起去看球赛，则丈夫的效用为5，而妻子的效用为1；如果双方一起听音乐，则丈夫的效用为1，妻子的效用为5。

根据上述假定，夫妻双方不同选择的所有结果及其效用组合如表1-1所示。

表1-1　夫妻博弈效用矩阵

夫/妻	看 球 赛	听 音 乐
看球赛	5/1	0/0
听音乐	0/0	1/5

就是这样一个矩阵，可以一目了然地把博弈的几个要素包含在里面，矩阵是博弈论中用来描述两个或多个参与人的策略和效用的最常用工具，又被称为"收益矩阵"或"得益矩阵"。

相互依存与均衡

汉代刘向的《新序》中有这样一个故事。

春秋末期，晋国的执政者赵襄子喝酒，五日五夜没有停杯，仍然没有醉倒。赵襄子十分自豪地对侍候在身边的人说："我真是国中最出色的人啊！喝酒五天仍不觉难受，国内应该没有人比得上我了。"

优莫恭恭敬敬地回答说："您还可以接着喝！纣王一连喝了七日七夜，现在您才五日五夜。"

赵襄子听了以后，有些紧张地放下酒杯问道："如此说来，我要灭亡了吗？"

优莫答道："还不至于灭亡。"

赵襄子问："我跟纣王只差两天了，不灭亡还等什么时候？"

优莫回答道："夏桀和商纣的灭亡，是因为分别遇上了对手商汤和周武王，现在天下各国的君主全是夏桀一类的人物，而您和商纣王类似。如果夏桀和商纣同时存在于一个时代，彼此都没有被消灭的危险。不过，长此以往，事情就难说了！"

博弈参与者的策略有相互依存的关系。每一个人从博弈中所得结果的好坏，不仅取决于自身的策略选择，同时也取决于其他参与者的策略选择。有时甚至一个坏的策略，也会带来并不坏的结果，原因是对方选择了更坏的利他而不利己的策略。博弈论分析虽然仍以利益最大化为追求，但与传统经济学相比，把分析的重心从物回归到人，这是一个重大的发展。

在现实生活中，我们的选择都是这样：一种决策依赖于另一个人或者几个人的决策。例如考博时一个导师招两个人，四个人考，是否考得上不仅依赖于你自己，而且依赖于他人考得怎样。

2018年夏天，一位姓王的女孩成为某选秀节目的选手，开始引起大家的关注。比赛要选出十一个女孩组成新女团出道。常规印象里，女团成员都是"肤白貌美大长腿"的软妹子，但这位姑娘给人的初始印象是"皮肤黝黑、身材微胖"。在面对淘汰的时候，当其他选手哭哭啼啼说鸡汤话的时候，她却说"我为自己争取"！然后，她被留下了。冷嘲热讽一时间达到顶点，各种不友好的黑图表情包都出现了，然而，她却敢于自黑为自己拉票。

这个独立个性的女孩，瞬间成为热血的代表而逆风翻盘，这不是她一个人做到的，而是主办方和参赛的对手、媒体、粉丝，对了，还有那些黑她的人共同博弈的结果。类似的比赛，参赛者在台上唱歌跳舞，而真正的博弈更多在屏幕外。

这就是一种相互依存的博弈，而相互依存的策略就构成一种均衡。

均衡，可以说是博弈论中重要的思想之一，但是并不复杂。我们可以用描述法来加以定义：局中的每一个参与者都不可能因为单方面改变自己的策略而增加获益，于是各方为了自己利益的最大化而选择了各自的最优策略，并与其他对手达成了某种暂时的平衡。在外界环境没有变化的情况下，倘若有关各方坚持原有的利益最大化原则并理性面对现实，那么这种平衡状况就能够长期保持稳定。

在所有的均衡中，纳什均衡则是一个基础性的概念。简单地说，所谓纳什均衡就是所有人的选择综合在一块，不一定所有选择都能实现利益最大化，但能使所有人都达到最大化的选择。

诺贝尔经济学奖获得者萨缪尔森有一句幽默的话：你可以将一只鹦鹉训练成经济学家，因为它所需要学习的只有两个词——供给与需求。博弈论专家坎多瑞引申说：要成为现代经济学家，这只鹦鹉必须再多学一个词，这个词就是"纳什均衡"。

在现实生活中，有相当多的博弈，我们无法使用严格优势策略均衡或重复剔除的优势策略均衡的方法找出均衡解。比如在房地产开发博弈中，假定市场需求有限，只能满足某种规模的开发量，A、B两个开发商都想开发这一规模的房地产，而且，每个房地产商必须一次性开发这一规模的房地产才能获利。

在这种情况下，无论是对开发商A还是开发商B，都不存在一种策略优于另一种策略，也不存在严格劣势策略（所谓"严格劣势策略"是指在博弈中，不论其他参与人采取什么策略，某一参与人可能采取的策略中，对自己严格不利的策略）：如果A选择开发，则B的最优策略是不开发；如果A选择不开发，则B的最优策略是开发。同样，如果B选择开发，则A的最优策略是不开发；如果B选择不开发，则A的最优策略是开发。研究这类博弈的均衡解，需要引入纳什均衡。

纳什均衡是指在均衡中，每个博弈参与人都确信，在给定其他参与人选择的策略的情况下，己方选择了最优策略以回应对手的策略。纳什均衡是完全信息静态博弈解的一般概念，构成纳什均衡的策略一定是重复剔除严格劣势策略过程中不能被剔除的策略。

纳什均衡是著名博弈论专家纳什对博弈论的重要贡献之一。纳什在1951年的两篇重要论文中，从一般意义上给定了非合作博弈及其均衡解，并证明了解的存在。正是纳什的这一贡献奠定了非合作博弈论的理论基础，他所定义的均衡被称为"纳什均衡"。

纳什均衡是一最常见的均衡。它的含义是：在对方策略确定的情况下，每个参与者的策略是最好的，此时没有人愿意先改变或主动改变自己的策略。也就是说，此时如果他改变策略，他的收益将会降低，所以没有人愿意先改变自己的策略。在纳什均衡点上，每一个理性的参与者都不会有单独改变策略的冲动。

与重复剔除的占优策略均衡一样，纳什均衡不仅要求所有的博弈参与人都是理性的，而且要求每个参与人都了解所有其他参与人也都是理性的。

在占优策略均衡中，不论所有其他参与人选择什么策略，一个参与人的占优策略都是他的最优策略。显然，这一策略一定是所有其他参与人选择某一特定策略时该参与人的占优策略。因此，占优策略均衡一定是纳什均衡。在重复剔除的占优策略均衡中，最后剩下的唯一策略组合，一定是在重复剔除严格劣势策略过程中无法被剔除的策略组合。因此，重复剔除的占优策略均衡也一定是纳什均衡。

需要注意的是，博弈的结果并不都能成为均衡。博弈的均衡是稳定的，则必然可以预测。

负和、零和与正和

在《拉封丹寓言》中有这样一则故事，讲的是狐狸与狼之间的博弈。

一天晚上，狐狸踱步来到了水井旁，低头俯身看到井底水面上月亮的影子，它认为那是一块大奶酪。这只饿得发昏的狐狸跨进一只吊桶下到了井底，把与之相连的另一只吊桶升到了井面。下得井来，它才明白这"奶酪"是吃不得的，自己已铸成大错，处境十分不利，长期下去就只有等死了。如果没有另一个饥饿的替死鬼来打这月亮的主意，以同样的方式，落得同样悲惨的下场，把它从眼下窘迫的境地换出来，它怎能指望再活着回到地面上去呢？两天两夜过去了，没有别的动物光顾水井，时间一分一秒地不断流逝，银色的上弦月出现了。沮丧的狐狸正无计可施时，刚好一只口渴的狼途经此地，狐狸不禁喜上眉梢，它抬起头对狼打着招呼道："喂，伙计，我免费招待你一顿美餐你看怎么样？"看到狼被吸引住了，狐狸于是指着井底的月亮对狼说："你看到这个了吗？这可是块十分好吃的奶酪，这是家畜森林之神福纳用奶牛伊娥的奶做出来的。假如神王朱庇特病了，只要尝到这美味可口的食物都会胃口顿开。我已吃掉了这奶酪的那一半，剩下这半也够你吃一顿的了。就请委屈你钻到我特意为你准备好的桶里下到井里来吧。"狐狸尽量把故事编得天衣无缝，这只狼可真是个笨蛋，果然中了它的奸计。狼下到井里，它的重量使狐狸升到了井口，这只被困两天的狐狸终于得救了。

这个故事中狐狸和狼所进行的博弈，我们称为零和博弈。

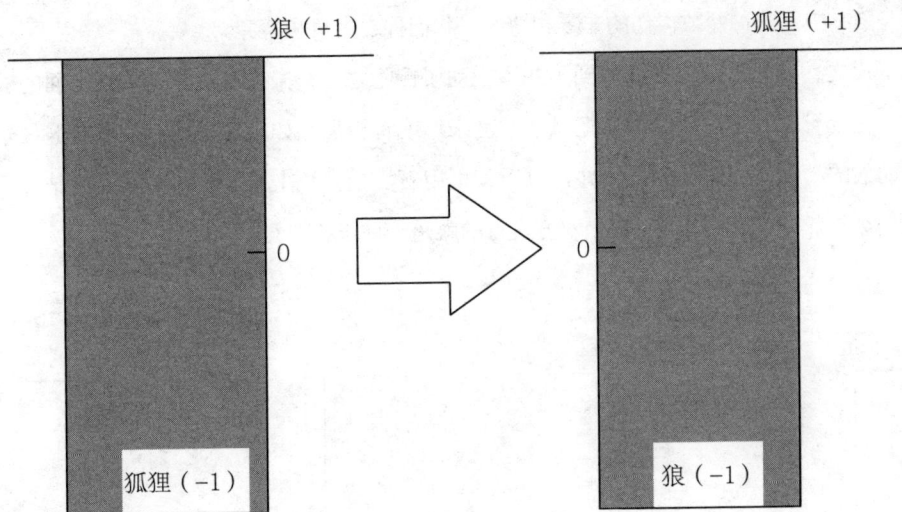

图1-2 狐狸和狼的零和博弈

零和博弈是一种完全对抗、强烈竞争的对策。在零和博弈的结局中，参与者的收益总和是零（或某个常数），一个参与者的所得恰是另一参与者的所失。狐狸和狼一只在上面，一只在下面，下面的这一只想上去，就得想办法让上面的一只下来。但是通过博弈调换位置以后，仍然是一只在上面，一只在下面。

然而，现实生活中一般很少出现类似寓言中的狐狸与狼这种"有你没我"的局面。因为在市场经济下，你要想得到好处，就要跟别人合作，这样才可以得到双赢的结果，不但你得到好处，你的对手也得到好处。所以市场经济安排最巧妙的地方，就在于它是双方同意的，任何一个买卖都要经过双方同意，买方也赚钱，卖方也赚钱，财富就创造出来了。这就是与零和博弈相对应的非零和博弈。

所谓非零和博弈，是既有对抗又有合作的博弈，各参与者的目标不完全对立，对局表现为各种各样的情况。有时候选手只按本身的利害关系单方面做出决策，有时为了共同利益而合作。其结局收益总和是可变的，参与者可以同时有所得或有所失。

比如在《拉封丹寓言》中，如果狐狸看到狼在井口，心想我在井里受罪，你也别想舒服，它不是欺骗狼坐在桶里下来，而是让狼跳下来，那么最终结局将是狼和狐狸都身陷井中。这种两败俱伤的非零和博弈，我们称之为负和博弈。

反之，如果狼明白狐狸掉到了井里，动了恻隐之心，搬来一块石头放到上面的桶中，完全可以利用石头的重量把狐狸拉上来。或者相反，如果狐狸担心狼没有这种乐于助人的精神，通过欺骗升到井口以后，再用石头把狼拉上来。这两种方式的结局是两个参与者都到了井上面，那么双方进行的就是一种正和博弈。

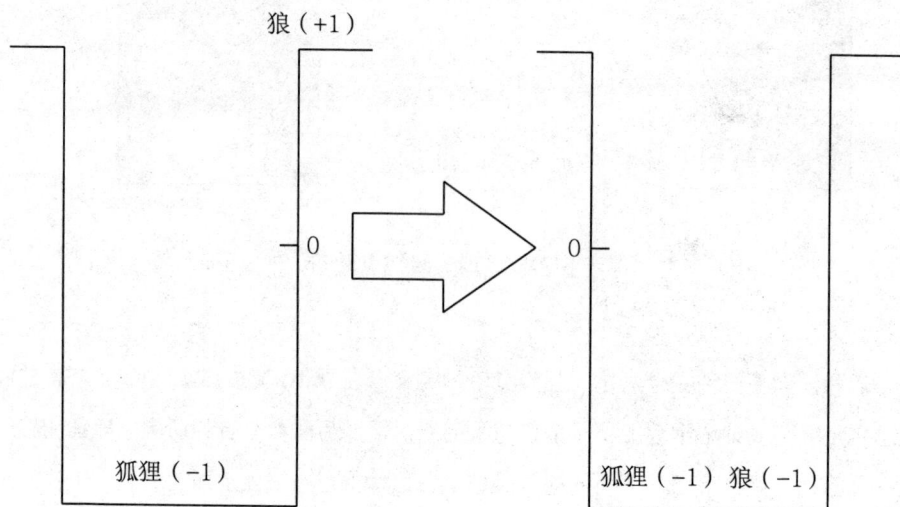

狼（+1）

0　0

狐狸（-1）　　　　　　　　　狐狸（-1） 狼（-1）

图1-3　狐狸和狼的负和博弈

实际上，这种正和游戏的思维不仅是一种经济上的智慧，而且可以运用到生活中的方方面面，用来解决很多看似无法调和的矛盾和看似你死我活的僵局。那些看似零和或者负和的问题，如果转换一下自己的视角，从更广阔的角度来看问题，也不是没有解决办法的，而且往往也并不需要一定牺牲某一方的利益。

一个冬天的上午，几位读者正在一个社区的图书室看书。这时，一位读者站起来说："这屋子里空气实在是太闷了，最好打开窗户透透气。"

说着，他就走到窗户旁边，准备推开窗户。但是他的举动遭到了正好坐在窗户旁边的一位读者的反对。那位读者说："大冬天的，外面的风太冲了，一开窗户准冻感

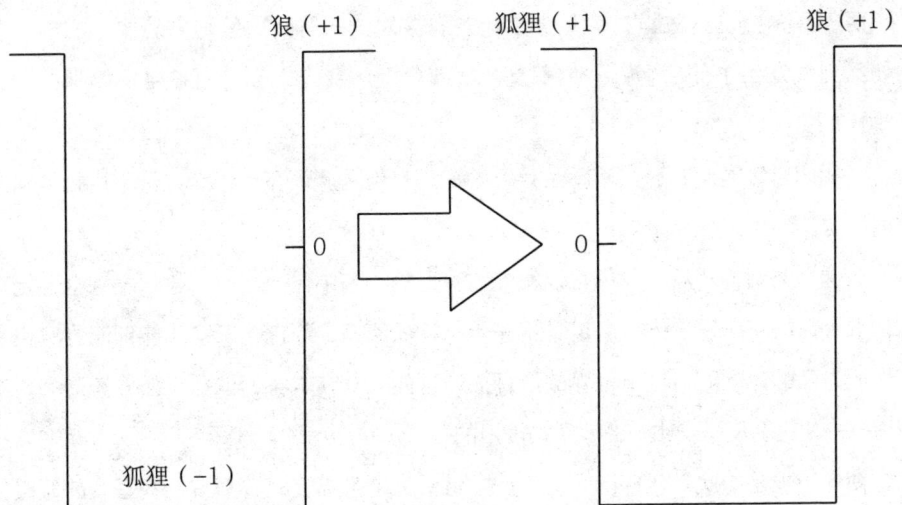

图1-4　狐狸和狼的正和博弈

冒了。"于是，一位坚持要开，一位坚决不让开，两个人发生了争执。

　　图书室的管理员闻声走了过来，问明原因，笑着劝这两位脸红脖子粗的读者各自坐下，然后快步走到走廊，把走廊里的窗户打开了一扇。一个看似无法通融解决的矛盾迎刃而解。

　　如果我们每个人都通过博弈智慧的学习和运用，在生活中实现更多的正和博弈，这个世界也就多了很多和谐，少了很多不必要的争斗。

博弈论的局限性

　　在一次宴会中，美国前总统林登·约翰逊向一群商界头面人物做演讲。为了说明他需要大量资金同苏联人进行导弹竞赛，他讲了个故事：

　　1861年，一位得克萨斯州人前去参加南军，他告诉邻居他很快就会回来，这场战争不会费力："因为我们用扫帚柄也能揍翻那些北方佬。"

两年后，他重返故里，但却少了一条腿。他的邻居问这位神情悲惨、衣衫褴褛的伤兵到底发生了什么事："你不是说过战争毫不费力，你能用扫帚柄揍那些北方佬吗？"

"我们当然能。"这位南军士兵回答说，"但是麻烦在于，北方佬不用扫帚柄与我们打仗。"

在这个笑话的背后，我们可以发现约翰逊的比喻中包含着对哥德尔不完全性定理的认识：任何一个理论体系必定是不完的，任何理论都包含了既不能证明为真也不能证明为假的命题。对这个世界的最好描述可能只有其本身，但是正如罗宾逊夫人的妙语——"比例尺是一比一的地图是没用的"。

博弈论也是如此。任何博弈，不论是对手还是搭档之间，都有一些基本的假设作为背景。这些假设，直接影响着双方的策略选择和博弈的结果。

比如博弈论的基本公设之一就是：人是理性的。理性概念起源于古希腊哲学，是指合客观性（区别于信仰）和合逻辑性（区别于感性、情感和欲望等非理性），即在人的意识中能以逻辑表达的思维意识。博弈论中所谓理性的人，指具有推理能力，目的是使自己的利益最大化的人。

因为人类的精力和时间永远是有限的，人不可能具备完全理性，不可能掌握所有知识和信息。人类也不可能搜寻到所需的全部信息，信息的搜寻也是需要成本的，因为人类必须为此付出大量的时间、精力和财力等。意图搜寻到所有信息，企图做出收益最优的决策行为有时反而是最不理性的举动。因此，现实的人在做决策时往往是有限理性的。

罗伯特·奥曼认为，博弈论中的许多问题都与其关于认知条件的假设有关，要消除其中的矛盾就必须澄清这些假设的内涵，这就需要对博弈论的认知推理进行系统的逻辑分析。

在日常生活中，人们可以用博弈论与信息经济学的思想方法来分析进而解决实际问题。正因为如此，诺贝尔经济学奖获得者保罗·萨缪尔森说："要想在现代社会做一个有文化的人，你就必须对博弈论有一个大致了解。"

然而，纳什均衡的稳定性为非合作博弈提供了解，但均衡解往往并不具有唯一性，而且往往与实际博弈结果不一致，造成理论和实际的脱节。这些，被一些学者戏谑地称为博弈论的"泥潭"。

　　事实上，要求博弈论能够完全刻画真实的世界，注定是徒劳无功。正如诺贝尔经济学奖得主莱因哈德·泽尔滕教授所说："博弈论并不是疗法，也不是处方，它不能帮我们在赌博中获胜，不能帮我们通过投机来致富，也不能帮我们在下棋或打牌中赢对手。它不告诉你该付多少钱买东西，这是计算机或者字典的任务。"

　　尽管如此，人类至今还没有找到一种比博弈论更好的思考工具，可以对现实的客观世界进行如此近似的描述。就像并不完美的力学是自然科学的哲学和数学一样，博弈论是社会科学的力学和数学。没有牛顿力学我们连最简单的物理现象都无法理解；同样的道理，没有博弈论我们也无法解释分析很多现实的社会现象。

　　为了协调缺陷与现实之间的矛盾，也许我们要听一下博弈论大师鲁宾斯坦的教导："一个博弈模型是我们关于现实的观念的近似，而不是现实的客观描述的近似。"

第 2 章
囚徒困境

自愿坐牢的嫌疑人

背叛的诱惑无法抵挡

在苏联时期，有这样一个流传很久的笑话。

在斯大林时代，有一位乐队指挥坐火车前往下一个演出地点。正当他在车上翻看当晚要指挥演奏的作品乐谱时，两名克格勃走过来，把他当作间谍逮捕了：他们以为那乐谱是某种密码。这位乐队指挥争辩说，那只是柴可夫斯基的小提琴协奏曲，但无济于事。

在乐队指挥被投入牢房的第二天，审问者自鸣得意地走进来说："我看你最好老实招了，我们已经抓住你的同伙柴可夫斯基了，他这会儿正向我们招供呢。如果再不招就枪毙了你。如果交代了，只判你十年。"

笑过之后，每个人都会思考其中所蕴含的东西。从博弈论角度看，克格勃们的花招，是想运用囚徒困境理论布局，使乐队指挥被迫选择招供，达到自己的目的。

那么什么是囚徒困境呢?

1950年，担任斯坦福大学客座教授的数学家塔克（Tucker），给一些心理学家讲演当时数学家们正在研究的完全信息静态博弈问题。为了更形象地说明博弈过程，他用两个犯罪嫌疑人的故事构造了一个博弈模型，即囚徒困境（prisoner's dilemma）。

这一博弈设计具体是这样的：共同作案偷窃的犯罪嫌疑人甲和乙被带进警察局。

警方对两人实行隔离关押和审讯，他们彼此无法知道对方是招供还是抵赖。

　　警方怀疑他们作案，但手中并没有掌握确凿证据，于是明确地分别告知他们：对他们犯罪事实的认定及相应的量刑，完全取决于他们自己的供认。如果其中一方与警方合作，招供所做违法之事，而对方抵赖，招供方将不受重刑，无罪释放，另一方则会被判重刑十年；如果双方都与警方合作选择招供，将各被判刑五年；而如果双方均不认罪，因为警察找不到其他证明他们违法的证据，则两人都无罪释放。

　　他们面临的选择和带来的后果组合可以用表2-1来表示。

表2-1　囚徒困境博弈

甲/乙	抵赖	招供
抵赖	无罪释放/无罪释放	无罪释放/判刑十年
招供	判刑十年/无罪释放	判刑五年/判刑五年

哪一种选择对犯罪嫌疑人更有利呢?

　　从表2-1中我们可以知道：每个犯罪嫌疑人都有两种可供选择的策略：供认或抵赖。如果甲选择抵赖，那么就可能出现两种情况：如果乙选择招供，那么甲将被加重惩罚，判刑十年，乙则无罪释放；如果乙也同样选择抵赖，那么两个都将因证据不足而被释放。很显然，第二种结果对于两个人都最有利。但是，因为两名嫌疑人不在同一间囚室里，合作难以顺利进行。

　　因为彼此都不知道对方的想法，最理性的博弈结果，就是双方均选择招供。他们的策略，我们可以称为优势策略。如果所有参与人都有优势策略，那么博弈将在所有参与人的优势策略基础上达到均衡，这种均衡称为优势策略均衡。

　　在囚徒困境中"甲招供，乙招供"的优势策略均衡中，不论所有其他参与人选择什么策略，一个参与人的优势策略都是他的最优策略。不管甲乙两人谁招供，都将得到减轻惩罚的结果：如果甲招供了，乙抵赖，甲将免于惩罚；如果乙也招供了，那么罪名各担一半，从甲个人看来，也减轻了惩罚。甲乙互换位置，结果依然是一样。

　　显然，不管所有其他参与人选择什么策略，这一策略一定是该参与人的优势策略。

　　与优势策略相对应，劣势策略则是指在博弈中，不论其他参与人采取什么策略，某参与人可能采取的策略中，对自己不利的策略。劣势策略是我们日常生活中应该避免的。

有一个要注意的问题是，采用优势策略得到的最坏结果，不一定比采用其他策略得到的最佳结果要好，这是很多博弈论普及书中容易出错的地方。正确的理解是，你在采用优势策略时，无论对方采取任何策略，总能够显示出优势。

由于囚徒困境的模型是如此有趣和简洁，不仅给人们留下了深刻的印象，而且不胫而走，迅速成为谈论和研究的博弈模型。

在囚徒困境中，均衡点是建立在两个囚徒非合作的基础上的，并且两者的非合作还可以获得一定的利益（从宽惩罚），如果没有这一利益条件，这个严格优势策略也就不复存在。

囚徒困境是非零和博弈最具代表性的一个模型，由它还引申出更多有趣的故事和理论。

不背叛就会被淘汰

在刘慈欣的科幻小说《三体》中，有这样一个情节。

因为地球文明的位置被暴露，遵循"他人即是威胁"的黑暗森林法则行事的三体文明，向地球派出一个被称为"水滴"的宇宙探测器，并且不到一小时就摧毁了地球联合舰队。"自然选择"号执行舰长章北海成功逃离地球，另外四艘战舰前往追捕，结果这五艘战舰成为一批幸存者。

在逃脱过程中，他们的战舰离最近的目标星系NH558J2还有十几光年距离，离最终的可生存星球还有六万光年距离，而燃料和食物却无法支持这样的长途旅行。章北海要生存，只有消灭四艘追逐战舰并夺取其燃料和食物。

然而，就在章北海准备实施时，另一艘战舰"终极规律"号抢先向其他四艘战舰开了火。不过，其中的"蓝色空间"号抢先一步做好了防御，因此不仅躲过了攻击，而且反过来将另外四艘战舰消灭，成为这场残酷游戏的胜出者。其他四艘战舰上的能源和关键配件被取走，连船员的尸体都被转化成了食物！

人类在茫茫太空中对同胞发起攻击，并非是偏好使然，而是他们要服从一种被选择的纳什均衡。在章北海们的预期中，往往先假定别人绝对会发起攻击，因而为了自己的利益最大化，便选择率先攻击。

在面临有威胁的对手时，面临的选择有以下几个：

选择A——不攻击，灭亡；

选择B——攻击失败，灭亡；

选择C——攻击，生存。

在这些选择里面，如果选择攻击，会有生存的机会，而其他人也同样有这样几个选择。假定五艘战舰竞争一个生存的机会，对于其中一艘来说，只要它选择了攻击，而另外四艘选择不攻击，机会自然属于它；如果其他四艘也选择攻击，就需要一个附加的条件——它攻击得更早，防御得更好，这样才能得到仅有的生存机会。

所以，在这一博弈过程中，无论其他战舰做什么选择，"终极规律"号只有自己毫不犹豫地攻击，才会有机会生存，这是遵循我们上面所说的原则的。黑暗森林法则就是这样形成的。

在这个过程中，利害计算对每一个参与者都是不可缺少的。我们仅就五艘战舰的关系来看，可以看出上面情节中包含的囚徒困境基本精神——背叛。无论对方做出什么样的策略选择，背叛对方，都能够让自己获得收益，那么必然要选择背叛这一道路。

这个故事中，章北海们的思维方式，实际上揭示了一个形成囚徒困境的机制——担心自己成为傻瓜。而了解这种机制，恰恰可以提供减少自己在囚徒困境中的损失的策略。

它告诉我们，处于囚徒困境的时候，没有什么十全十美的好办法能让自己从困境中逃脱。不能获得利益，只能尽量做到自己不受侵害，正所谓"两害相权取其轻"。

这样的困境同样出现在现代政治中，不过形式有所不同。

"股神"沃伦·巴菲特曾经提出一个竞选筹资改革法案。他假定有一个狡猾的亿万富翁，愿意掏出十亿美元作为捐助来推动法案的通过。民主党和共和党都可以选择支持或不支持法案。如果双方都支持法案，该法案获得通过，两党都没有得到任何东西。如果一党支持而另一党不支持法案，该法案无法通过，则支持的一方获得十亿美元。如果双方都不支持法案，该法案搁浅，双方也都没有得到任何东西。

显然，两党在此时会陷入困境。如果有一党不支持法案，另一党将白拿十亿美元，正好用作竞选经费来战胜对手。当然，任何一党都不希望看到这种情况发生，因此都会选择支持法案。

这一游戏的结果当然是法案通过，哪怕两党从内心并不支持法案。同时，两党也都没有获得任何优势，那位狡猾的亿万富翁也一文不花。与古代政客竞相奔走于权门相比，美国现代政治不过是换了一种背叛的方式。

实际上，《三体》小说中的黑暗森林法则在生活中是无处不在的，只不过形式和程度不同而已。

倒霉是因为自作聪明

在北美学生的电子邮件交流中，有这样一个小故事流传甚广。

两位交往甚密的学生在杜克大学修化学课。两人在小考、实验和期中考中都表现甚优，成绩一直是A。在期末考试前的周末，他们非常自信，于是决定去参加弗吉尼亚大学的一场聚会。聚会太尽兴，结果他们周日睡过了头，来不及准备周一上午的化学期末考试。

他们没有参加考试，而是向教授撒了个谎，说他们本已从弗吉尼亚大学往回赶，并安排好时间复习准备考试，但途中轮胎爆了。由于没有备用胎，他们只好整夜待在路边等待救援。现在他们实在太累了，请求教授允许他们隔天补考。教授想了想，同意了。

两人利用周一晚上好好准备了一番，胸有成竹地来参加周二上午的考试。教授安排他们分别在两间教室作答。第一个题目在考卷第一页，占了10分，非常简单。两人都写出了正确答案，心情舒畅地翻到第二页。第二页只有一个问题，占了90分。题目是："请问破的是哪个轮胎？"

结果，两个学生只好乖乖地向教授承认撒谎的经过。

聪明的教授就是通过设局，将两名学生拉到囚徒困境的博弈模型中，使他们的谎言不攻自破。

这个故事告诉我们：有时失败不是因为人们太傻，而是因为自作聪明。关于这个论断，经济学家考希克·巴苏在研究囚徒困境的过程中，也有一个很接近生活的模型。

两名旅行者从一个细瓷花瓶的产地回来，他们都买了花瓶。提取行李的时候，发现花瓶被摔坏了，于是向航空公司索赔。

航空公司知道花瓶的价格是八九十元，但不知道两位旅客买的确切价格。于是，航空公司请两位旅客在一百元以内写下花瓶的价格。如果两人写的一样，航空公司将认为他们讲了真话，并按照他们写的数额赔偿；如果两人写的不一样，航空公司就认定写得低的旅客讲了真话，原则上照这个低的价格赔偿，但对讲真话的旅客奖励两元钱，对讲假话的旅客罚款两元。

就为了获取最大赔偿而言，甲乙双方最好的策略就是都写一百元，这样两人都能够获赔一百元。

可是甲很聪明，他想：如果我少写一元变成九十九元，而乙会写一百元，这样我将得到一百零一元。何乐而不为？所以他准备写九十九元。可是乙更加聪明，他预计到甲要算计自己而写九十九元，"人不犯我，我不犯人，人若犯我，我必犯人"，于是他准备写九十八元。

想不到甲又聪明一层，预计出乙要这样写九十八元来坑他，"来而不往非礼也"，他准备写九十七元……

如果两个人都"彻底理性"，都能看透十几步甚至几十步上百步，那么这个博弈唯一的纳什均衡，是两人都写0。

这个演进了的囚徒困境，考希克·巴苏称之为"旅行者困境"。

从个人的角度来考察，它给我们的教训是：在相互交往过程中，个人通过背叛来追求最大利益，有时反而会带来糟糕的共同结局，造成大家一起倒霉、一锅烩的结局。也就是说，很多失败不是因为人们太傻，而恰恰是太精明所致。

所谓的聪明反被聪明误，就是说的这种情况。一方面，它启示人们为私利考虑时不要太"精明"；另一方面，它对理性假设的适用性提出了警告。

使对方陷入困境中

博弈模型是生活的浓缩和简化，比如在囚徒困境模型里，两个囚犯都十分清醒地意识到自己所处的环境，以及每一种策略可能得到的结果，因此其策略选择是可以预知的。而在现实生活中，这种完全信息的理想模式是无法实现的，因为往往会存在大量的干扰因素。

但也正是因为这些干扰因素的存在，我们才能通过巧妙的布局设计，人为创造出一种囚徒困境的环境，迫使对方做出对自己有利的行动。

有这样一个故事，可以作为这种策略的最佳注解。

春秋时楚国的政治家、军事家伍子胥，性格十分刚强，青少年时即勇武多谋。伍子胥的祖父伍举、父亲伍奢、哥哥伍尚都是楚国大臣。楚平王荒淫残暴，怀疑太子"外交诸侯，将入为乱"，迁怒于担任太子太傅的伍奢，将伍奢和伍尚骗到郢都杀害，伍子胥只身逃往吴国。

在逃亡中，伍子胥在边境上被守关的斥候抓住了。斥候对他说："你是逃犯，必须将你抓去面见楚王！"

伍子胥就说："楚王确实正在抓我。但是你知道楚王为什么要抓我吗？那是因为有人跟楚王说，我有一颗宝珠。楚王一心想得到我的宝珠，可我的宝珠已经丢失了。楚王不相信，以为我在欺骗他。我没有办法了，只好逃跑。现在你抓住了我，如果把我交给楚王，那我就在楚王面前说是你抢去了我的宝珠，并吞到肚子里去了。楚王为了得到宝珠一定会把你杀掉，并且会剖开你的肚子，把你的肠子一寸一寸地剪断来寻找宝珠。这样我活不成，而你会死得更惨。"

斥候想了想，对这样的前景非常恐惧，赶紧放伍子胥逃出了楚国。

在被斥候抓住以后，伍子胥处于一种绝对的劣势地位，要想改善这一局面，必须采取一个策略。

伍子胥的威胁行动，就是抢占先机，宣布自己将无条件地进行报复。这就使原本同时出招的博弈变成相继出招的博弈，而且还是伍子胥先行。

而这样的选择，显然不是在他和斥候同时出招的博弈里会做出的选择。摆脱困境的策略思维的精彩之处，正在于此。伍子胥若是不宣布进行报复，或者甚至宣布不会进行报复，不会得到任何好处。

在这里，伍子胥是故意利用信息不对称，把斥候拉入一种类似囚徒困境的局面。这个囚徒困境的收益矩阵如表2-2所示。

表2-2　伍子胥与斥候的博弈

伍子胥 \ 斥候	押送	释放
诬陷	-10, -10	10, 0
不诬陷	-10, 8	10, 0

从表2-2我们可以看出来，合作是伍子胥和斥候的严格优势策略，只要斥候是理性的，就一定会选择与伍子胥合作的策略。

在这里，斥候希望得到的最好结果是把伍子胥押送给楚王，而伍子胥不诬陷他吞了宝珠，这样伍子胥就会被杀掉（假定收益为-10），而他可以得到楚王的奖赏（我们把这种收益假定为8）但是如果伍子胥诬陷他的话，那么他的结局就和伍子胥一样，是失去生命，假定收益为-10。

伍子胥已经告诉他，如果他选择押送，他就会选择诬陷。因为对于伍子胥来说，在这种情况下无论是否诬陷，自己的结局是不变的。对于这一点，斥候也十分清楚，因此，伍子胥的威胁是可信的。

要想有策略地行动，必须保证自己不采取在同时出招博弈里的均衡策略。伍子胥的这一策略行动改变了斥候的预期，进而改变了他的行动。他一旦相信伍子胥会不惜一切代价进行报复，就会选择释放他。

面对可能出现的潜在危机，人们总是抱着"宁可信其有，不可信其无"的态度，这是一种预期，为了保证自己免于陷入困境。这种预期，恰恰给了显性困境者机会，或用欺骗方式，或夸大其词，让对方做出改变预期，帮助自己摆脱困境。

正是由于这个原因，斥候虽然知道释放伍子胥自己就一无所得，却绝不敢冒被剖开肚子的危险去领赏，只得放走了伍子胥。

伍子胥通过自己的三言两语，巧妙地转换了自己的劣势处境，并且把个人的困境与对手的困境捆绑在了一起，迫使其做出了帮助自己解围的理性选择。

这对于我们每个人在处于劣势时转换思维方式，是很有启示的。创造一种困境，使对方陷入与你一样无法全身而退的困境，那么即便在这种困境出现之前，他本来拥有拿走你所有的一切的优势，此时他也只能被迫进行理性的权衡，从而与你合作。

对执法者也有启示

李德裕出任浙西观察史时，当地甘露寺的几届主事僧，向官府控告前任主事僧贪污寺里的常住金，他们说，过去寺里历届主事僧办交接时，账面上记载的金子数目都很清楚。但这个主事僧办交割时，不见金子。他们众口一词，指控这位主事僧把金子藏起来私用了。

经过官员审讯，案子成立，主事僧也明确表示认罪了。但是在审理过程中，并没有进一步追查他把金子用在什么地方了。李德裕怀疑这个案子还没查完，就暗中想办法对被告进行试探。于是，那个被告向李德裕申诉说："多年以来，寺里都是空交账本，实际上没有金子。寺里的人们都孤立我，想借此把我排挤走。"

李德裕说："这事不难搞清楚。"

他就召来了几乘轿子，命令历届主事僧来对证。僧人们各自被打发进一乘轿中，轿门都面向墙壁，不让他们相见。然后他给每人一团黄泥，让他们各自捏出上届交付下来的金块的模样，声称要用来作为给案犯定罪的证据。

那些僧人并不知金子的形状，捏不出来。这样，寺里以前的这几届主事僧，都承认了自己的罪行。

当处于囚徒困境中的各方在博弈之中处于不对等地位的时候，博弈的局势很容易发生偏移，即从合作型的博弈走向非合作型博弈。不过，这种偏移并非必然发生，因为影响博弈走向的，不但是双方的力量对比，还有局面的变化。

这就给我们一种启发，通过设计改变博弈参与者的格局，造成一种压力，那么他们很有可能改变原来通谋共犯的合作，转而与执法者合作。能够达成这种局面的设计可能有很多种，但是最常用也最为有效的一种，就是有意地制造信息的不对称。

第 3 章
人质困境

多个人的囚徒困境

谁去给猫拴上铃铛

　　囚徒困境作为博弈论中最基本也最典型的模型，可以解释很多与此类似的社会现象，如寡头竞争、军备竞赛。但是社会中的博弈往往并不只有两个参与者，在多方参与的博弈中，还会出现囚徒困境吗？

　　答案是肯定的，多个参与者之间形成的囚徒困境又被称为人质困境。从两个囚犯到一群人质，能够更真实地反映个人理性与群体理性的巨大冲突。

　　给猫拴铃铛的故事能够很好地说明这个理论：老鼠们意识到，假如可以在猫脖子上拴一个铃铛，那么，所有老鼠的小命就会大有保障。问题在于，谁会愿意冒赔掉小命的风险去给猫拴上铃铛呢？

　　老鼠所面临的这个问题同样摆在人类面前：一群人在直接面对诸如偷窃、抢劫等侵害行为时，也面临着同样的心理困境。最常见的一个例子是：一辆长途车上的几十名乘客，面对两个持刀抢劫者无计可施，任其把所有人的钱包洗劫一空。

　　这种冷漠与软弱的报道屡见报端，对在场者的指责甚至谩骂也充斥于各大媒体，有人甚至用了"无情"这个词。但是从博弈论的角度来说，对他们的指责确实有些苛刻。

　　只要多数人同时采取行动，确实很容易成功地捉住抢劫者。但是问题在于，统一行动少不了沟通与合作，偏偏沟通与合作在这个时候变得非常困难，抢劫者深知乘客联合起来对自己意味着什么，必然会采取特殊的措施，阻挠他们进行沟通与合作，其中包括加害于首先发难的人。

一旦人们面对共同的威胁，希望出现一呼百应的局面，问题就出来了："谁该第一个采取行动？"

有人认为，一个人基于公民道德和责任而应采取的行为，不能掺进成本利润核算的杂质。这实在是一种不切实际的要求。担当这个任务的领头人意味着要付出重大代价，甚至可能付出生命。他得到的回报也许是人们的感激和怀念。也确实有人在这种情况下，挺身而出，比如勇斗歹徒的英雄徐洪刚。

束手无策的人群

有这样一个故事，深刻地反映了生活中的人质困境。

旅行社的中巴将于下午一点返回，可是临发车时，却发现还有三个人没到。一车人等到下午两点半，三个人优哉游哉地回来了。

大家松了一口气，司机发动了车准备出发。不料那三人转身钻进了路边的一个小饭馆。车上的人愤怒了："素质太差！""快开车吧，太晚了不安全！"可是愤怒了半天，只有一个女人独自下车前往交涉。那女人进了饭馆，言辞激烈地劝阻他们点菜，可是迟归者冷冷地反驳道："大家都没说什么，你一个人就代表大家了？"

那女人满脸通红地回到中巴上搬救兵，可是其他人只是在车内嚷嚷一通，算作一种远距离的声讨。下午三点钟，三个迟归者吃完饭上车，中巴启动了。那女人突然出人意料地提议，让迟归者向大家道歉。

可是其他游客鸦雀无声，过了半天才有人小声说："得了，出门在外，都不容易。"一些人马上随声附和。那女人冷笑着自言自语："听说当年一个劫匪能控制一车人，原来我不信，现在算是信了。"

把三个缺德的游客与劫匪相比，看上去有些小题大做，但实际上这里面的机制是一样的，因为二者所赖以成功的，都是人质困境。只不过后者的威胁是明显的暴力，而前者则是人情社会中的面子和息事宁人的心理。

人质困境在生活中虽然十分普遍，但其实是可以克服的，我们会在下面探讨一下怎样才能破解这个困局。

1945年，德国牧师马丁·尼莫勒说：

> 刚开始时，纳粹镇压共产主义者，我没说话，因为我不是共产主义者。然后，他们开始迫害犹太人，我也没说话，因为我不是犹太人。接着纳粹把矛头指向商业工会，我还是没说话，因为我不属于商业工会。当他们迫害天主教徒时，我仍然没说话，因为我是个新教教徒。后来他们开始镇压新教教徒……可那个时候，我周围的人已经被迫害得一个不剩，没有人能为新教教徒说话了。

面对邪恶却明哲保身的人，最后也会成为受害者。

希特勒是怎样一步步控制了包括"共产主义者、犹太人、商业工会、天主教徒和新教徒"这样一个数目不断增大的人群的？整个德国的人民为什么会在这样一个劫持国家机器的人面前无计可施、束手就擒呢？

不仅是在纳粹德国，在很多极权社会中，人们都面临类似的问题。

正如上文所言，仅仅用道德的呼唤来让人们挺身而出与邪恶做斗争，是不现实的，而且，要任何一个人在人质困境中首先采取行动并独自承担被报复的后果，也是不公平的。有没有这样一个平台，能把斗争的代价和风险降到最低，并将人们从人质困境中解救出来？

人质困境之中，任何人都必然考虑到，报警（作为一种反抗形式）时可能遭到犯罪分子的报复。那么相应的对策，也就应该从减轻报警者可能遭到的报复和提高报警的回报两方面着手。非语音报警能在很大程度上帮助报警者摆脱被报复的险境，比如短信报警和网络平台报警等方式。

2017年7月19日，南京市公安局玄武分局推出"滴滴报警"，这一基于微信公众号开发的警务系统，分为普通用户端和警用端。市民通过用户端发布警情后，系统向附近警力"派单"，民警随机"抢单"后接警。一次出警完成后，用户可实时评价。据警方称，"滴滴报警"是传统报警机制之外的一种补充，对依据辖区而非位置的派警方式进行优化。

这种方式虽然没有直接打报警电话省时省力，也不算十分快捷高效，但它的最大优点在于其隐秘性，使人们能在不惊动他人的情况下报警，因此能在很大程度上避免和犯罪分子直接冲突。

我们再来看德国纳粹的例子，似乎可以有一个相对比较乐观的假设。如果互联网早出现七八十年，也许可以为反对希特勒的德国人提供一个风险较小的沟通平台，能够把自己从极权的劫持中拯救出来吧？

不过，人质困境带来的也并不完全是悲剧。

我们假定一群女孩的衣着容貌差别不大。有一天，一个女孩开始化妆，比如她涂了红指甲，这个女孩马上引起大家的注意，大家都会觉得她好看。别的女孩不甘落后，自然群起效仿，结果几天之后，所有的女孩都涂了红指甲。

这时候，如果这个女孩还想出人头地，就必须想出新的点子，比如她抹了口红，这让她在第二天出尽风头，但是别的女孩又很快效仿，结果几天之后，所有的女孩都抹了口红。数个回合下来，我们会发现所有女孩都涂了红指甲，所有女孩都抹了口红，所有女孩都搽了胭脂，所有女孩都穿了吊带背心……

而且，或许有的女孩忽然对这种"军备竞赛"感到厌烦，可是如果别的女孩都还化妆，那个拒绝化妆的女孩会显得格格不入，于是所有的女孩都只得继续化妆。

看到这里，我们知道这也是一个人质困境，每一个女孩都成了"人质"。但女孩子之间的竞争带来了正的外部性，她们的漂亮让她们自己更加自信，也让观赏者的心情变得愉悦。

"看不见的手"失灵

无论是只有两个人的囚徒困境，还是多个人的人质困境，都深刻地揭示出个体理性和群体理性的矛盾。

孟子曾经讲过这样一个故事。

战场上，两军对垒，战斗一打响，战鼓擂得咚咚响，作战双方短兵相接。经过一场激烈拼杀后，胜方向前穷追猛杀，败方全军溃败，丢盔弃甲地拖着兵器逃跑。

那些逃跑的士兵中有的跑得快，转眼已经跑出去一百步；有的跑得慢，刚刚跑了五十步就停下来了。这时，跑得慢的士兵嘲笑那些跑了一百步的士兵说："你可真是胆小鬼。"

跑了一百步的士兵一边跑，一边回头说："我们都是胆小鬼，不过是一百步与五十步的差别罢了。"

当敌人冲过来时，无论是跑一百步的还是跑五十步的士兵，都是不希望只剩下自己在孤军作战而选择逃跑。在进攻时，是两个阵营之间的博弈；在后退时，是一个阵营内部五十步与一百步的博弈。不管受到什么样的嘲笑，也不管其他的同伴跑了多少步，逃跑都是他所能采取的最优策略。

囚徒困境和人质困境，向传统经济学提出了非常严峻的挑战。

按照传统经济学的观点，集体优化是不需要刻意追求的，只需要每一个人都从利己的目的出发，最终就能达到利他的效果。传统经济学鼻祖业当·斯密在其传世经典《国富论》中这样描述市场机制："当个人在追求他自己的私利时，市场的看不见的手会导致最佳经济后果。"

让我们重温一下这段经典论述：

我们的晚餐并不是来自屠夫、啤酒酿造者或点心师傅的善心，而是源于他们对自身利益的考虑……"每个人"只关心他自己的安全、他自己的得益。他由一只看不见的手引导着，去提升他原本没有想过的另一目标。他通过追求自己的利益，结果也提升了社会的利益，比他一心要提升社会利益还要有效。

这就是说，每个人在"看不见的手"的指引下，追求自身利益最大化的同时，促进了社会公共利益的增长。也就是说，自利会带来互利。自1776年这段话在亚当·斯密《国富论》中出现以后，很快成为鼓吹自由市场经济者的最有力武器，成为指导人们行为的一种价值准则，或者成为人们为自利行为辩解的一种论据。很多人因此认为，经济市场的效率，意味着政府不要干预个人为使自己利益最大化而进行的自利尝试。只要市场机制公正，自然会增进社会福利。

然而，囚徒困境模型动摇了这一理论，指出了个体理性与群体理性的对立：从个体利益出发的行为，往往不能实现团体的最大利益；从个体理性出发的行为，最终也不一定能真正实现个体的最大利益。

模型中的囚徒是完全理性的，因而也是完全自利的，因此绝对不会出现一个囚徒选择"招供"，而另一个囚徒选择"抵赖"的局面；也不会出现同时"抵赖"的结果。这后一种结果的无法实现，恰恰说明个人理性不能通过市场导致群体的最优。每一个参与者可以相信市场所提供的一切条件，但无法确信其他参与者是否能遵守市场规则。

这也恰恰反映了趋利避害是人的本能。大至国家兴亡，小至兄弟分家，都无法避免。是"兄弟阋于墙"还是"外御其侮"，两种理性的矛盾，是所有博弈的局中人随时面对的问题。也正因这种现象是如此普遍，它才从根本上动摇了传统经济学的基础，动摇了人们对于"看不见的手"的信心。

个人理性和群体理性的一致，是人类迄今所发现的最安全的社会模式，既能够保证个人自由和权利，又能够产生合理的利益分配，尤其能够避免走向"奴役之路"。博弈论的挑战，似乎说明了传统经济学是一种好的理想却是一种坏的哲学。坏的哲学往往具有这样一个模式：当把现实还原为理想之后，却发现由理想无法回归到现实。

单纯的批评于事无补，正如生活中无数类似的故事一样，我们需要的是得到集体优化的解决方法。托马斯·霍布斯认为，在政府存在之前，自然王国充满着由自私个体的残酷竞争所引发的矛盾，生活显得"孤独、贫穷、肮脏、野蛮和浅薄"。按照他的观点，没有集权的合作是不可能产生的。因此，一个有力的协调机制是推动社会发展所必需的。

博弈论学者罗伯特·奥曼拥有以色列和美国双重国籍，1955年获美国麻省理工学院数学博士学位。在此后五十年的时间里，他一直在寻找避免"囚徒困境"式的坏的纳什均衡的机制，实际上是从理论上探索协调人类利益冲突。他于1987年提出了"相关均衡"机制，认为通过某种客观的信息机制以及参与人对信息的反应，有可能使本来各自为政的个体行为之间相互发生关系，形成一种共赢的结果。

在生活中，我们也可以发现很多这样的例子，比如在交通路口设置红绿灯，设立金融中介组织以及各种社会媒体与中介组织，设立世界贸易组织和欧佩克，可以说都是为了使参与各方在合作中走向共赢。

需要注意的是，协调机制绝对不应靠集权来排斥和遏制个体理性。一旦通过强制形成一种社会机制，把某个人或国家的利益置于群体利益之上，那么它必然既不能被普遍接受，也不可能被长期实践。

更深远的影响是，在这种机制之下，个人利益的实现方式无法公开畅通地讨论和传递，而只能在私密圈子中口耳相传，更容易做出错误的判断和选择。个人理性未能转化为群体理性，反而变成了"个人非理性"，必然导致全社会认识和判断水平的偏低。一个提倡个人吃亏的机制，未必能培养出无私的君子来，反而会使非理性更加流行。因此，要形成个人利益与社会理性的协调，就必须尊重个人理性。

一个大家共同遵守的信号，或者一个有效的协调组织，可以使我们从人质困境中摆脱出来。但是在很多情况下，这样的信号或组织是不存在的。这时又该怎么办呢？

与对手联合起来

在作家纪伯伦那篇名为《魔鬼》的作品中，一位名叫胡里·赛姆昂的饱学之士每天奔波于黎巴嫩北部山村中，教村民们摆脱魔鬼的纠缠。然而，有一天他在路上遇到因受重伤而奄奄一息的魔鬼，却"卷起袖子，把长袍塞进腰里"，把魔鬼背回家去救治。

原因就在于，魔鬼对他说了这样的话："我是永恒的魔鬼，我是万恶之源。但是罪孽灭绝了，同罪恶搏斗的人也就不见了。你也将随之隐没，你的子子孙孙、你的同事友人也将销声匿迹。难道你愿意以我的死亡来换取罪孽的消亡？"

这个故事，对于那些立志铲除世上一切罪恶的人是一个讽刺，同时揭示了那些准备把对手全部消灭的人的矛盾与尴尬。对于这一点，中国人用自己的语言简单地总结出四个字——兔死狗烹。

韩信是汉朝的开国功臣。他最早在楚霸王项羽的部队里当兵，由于不受重视，韩信改投汉王刘邦，成为汉军的大将军。韩信领兵作战，一路所向无敌，最后用十面埋伏的办法，把项羽的精锐部队消灭殆尽，并且紧追不舍，逼得项羽在乌江边横剑自刎。

然而，汉军胜利后，刘邦马上剥夺了韩信的齐王称号，封他为楚王，后来又贬为淮阴侯。最后，韩信被刘邦的妻子吕后处死。

据传说，当初刘邦为了拉拢韩信，曾经允诺永不会杀他，不论他犯了什么罪，见天不死，见地不死，见兵不死。什么意思呢？就是说只要在能看到天的地方，能看到地的地方，以及能够看到兵器的时候，都不能处死韩信。所以韩信以为自己死不了，但是吕后和萧何想了一个主意，把韩信关到一个黑屋子（钟室）里，用削尖的竹子刺死了他。

在被害前，韩信发现被算计了，但已经无可奈何，于是发出了一声响彻千古的叹息："狡兔死，良狗烹；高鸟尽，良弓藏；敌国破，谋臣亡。"

兔死狗烹的故事出现得太多了，有人发出了"太平本是将军定，不许将军见太平"的感慨。但是如果把能臣良将不敢尽情发挥自己的才华，甚至为了保护自己而去保存敌人的行为，完全归结于对胜利后难以善终的畏惧心理，未免过于简单了。在所有养敌自保的故事背后，都有一个直接关系各方利益的博弈棋局。

那些养敌自重或养贼自保的将军，目标不过在于使自己参与博弈的代价尽可能减少，而使收益最大化。在中国历史上有很多这类的例子，正面的有，反面的也有，都说明与对手达成合谋，甚至心照不宣地合谋，是一种提高自己收益的不错途径。

唐朝末年，黄巢刚刚起兵造反时，皇帝派大将宋威率兵围剿。宋威对手下人说，朝廷常辜负功臣，我们胜了，未必有好处，不如留着贼人以自保。此后，宋威的军队总是与黄巢的队伍保持三十里的距离，任由黄巢烧杀抢掠，一天天壮大。最后，这次起义几乎导致了唐朝的彻底毁灭。

与对手联合起来的例子，不仅出现在政治和军事的角逐中，也出现在号称公平比赛的运动场上。

大家知道，在美国最流行的球类运动是橄榄球。20世纪50年代，美国的常春藤联校间，每个学校都想练出一支战无不胜的橄榄球队，各校为了建立一支夺标球队，进行了一场心照不宣的竞争。

然而，一个无法回避的事实是，在这种比赛中，成功是由相对而非绝对成绩决定的。有一个胜利者就要有一个败北者，假如一名参与者改善了自己的排名，那他必然使另一个人的排名变差了，所有的加倍苦练都会付诸东流。

无论各队怎样勤奋训练，各校又是怎样慷慨资助，赛季结束的时候，排名还是和以前差不多，平均胜负率还是50∶50。而过分强调体育竞技，很明显会影响学校的教学水平。很显然，这是一个多方的囚徒困境，或者说人质困境。

体育比赛刺激不刺激，取决于两个因素：一是竞争的接近程度以及激烈程度；二是技巧水平。许多球迷更喜欢看大学篮球比赛和橄榄球比赛，而不是职业比赛，是因为前者的技巧水平虽然低一些，竞争却往往更刺激、更紧张。

看到这样的情况，各大学达成了一个协议，把春季训练的时间限定为一天。是这样，虽然球员的技巧普遍有所下降，球场上出现了更多失误，但球赛的刺激性一点也没减少，观众的热衷程度也没有减退。

可以说，通过联合起来降低竞争激烈程度，各方都从囚徒困境中解脱出来，大家的结果都比原来更好。

一人的胜利要求另一人失败的事实，并不能使这个博弈变成零和博弈。零和博弈不可能出现所有人都得到更好的结果。但在这个例子中有可能。收益范围来自减少投入。尽管胜者和负者的数目一定，但对于所有参与者来说，参加这个博弈的代价会减少。

在相当长的时间里，两家比肩而立的商店，一直进行着没完没了的价格战。当一家店的橱窗里出现降价告示时，每位顾客都会习惯地等另一家商店的回音。果然，大约过了两小时，另一家商店的橱窗里出现了类似的降价告示，而且降价幅度更大。

价格大战的一天就这样开始了。除了贴告示以外，两店的老板还经常站在店外尖声对骂，最后总有一方在这场价格战中甘拜下风，不再降价。这就意味着另一方胜利了。这时，人们都会涌入获胜的那家商店，将降价商品抢购一空。这样的竞争持续了很长时间，不仅使得一些准备在这个区开店的老板望而生畏，而且确实让住在附近的人买到了各种"物美价廉"的商品。

突然有一天，一个店因为老板去世而停业。几天以后，另一个店的老板声称退休回家，也停业了。过了几个星期，新老板在对商店进行检查时，意外地发现两店之间有一条秘密通道。他们经过长期调查才知道，这两个老板竟是兄弟俩。

原来，一切相互间的竞争与人身攻击全是在演戏，每场价格战都是装出来的，不管谁战胜谁，最后都会把另一位的一切库存商品与自己的一起卖给顾客。这兄弟两个真是一对"戏精"式的博弈高手。他们通过虚构一场又一场竞争，使顾客们心甘情愿地接受了他们联手制定的价格。所有的降价活动，实际上正是为了保证有利可图。

是竞争也是劫持

在一次战争中，将军为了激励士气，就到前线去。到了前线视察的时候，一个士兵向将军报告说："将军！前方二十米的石堆中有一个狙击手。不过他的枪法很烂，这几天开了好多枪，可是都没有命中人！"

将军听了很生气地说："既然发现狙击手，为什么不把他干掉？"

士兵听了以后，马上惊讶地说："将军！你疯了吗？难道你要叫他们换一个打得比较准的来吗？"

在学校教育中，诚实是"做人的道理"。但在博弈论看来，多数人在与人合作中所表现出的诚实，大多是出于自利的需要而不是道德。因此，利害关系永远比道德更有效，不需要友谊的合作，往往比需要友谊的合作更为可靠。

上面的这名士兵和敌军狙击手之间，就是一种不需要友谊的合作。要深入地理解这一点，我们可以再看一下"一战"时期欧洲战场上的情况。

第一次世界大战时，欧洲战场的双方胶着在前线上，隔着漫长的战壕对峙。开始，双方每天不停地重复炮轰及阵地攻守，彼此都有极大的伤亡。不过，经过一段时间以后，敌对双方竟出现了奇特的善意自制，甚至是让人难以置信的默契合作。

刚上前线的英国军官，发现对面的德军居然可以在英军的步枪射程内自由走动，觉得大为惊讶。让他更惊讶的是，这一端的英军也不畏惧随时被德军射击的危险，走出战壕悠闲地抽烟散步。

其实，这就是一种不需要友谊或者道德约束的合作。一开始，双方不断地瞄准射击对方，导致双方死伤大增。这让双方越来越难以承受，不久，双方不约而同地学到了一件事，那就是合作：如果你不向对方攻击，对方也会选择不报复，结果则是双方死伤大幅降低。

虽然这种不需要友谊的合作不需要白纸黑字地写出来，但它是隐蔽而相对稳固的。既然是战争状态，总得做个样子。不过为了展现善意，双方都自动定时定点地射击。这意味着对手的行为模式是可以理解和掌握的，没有出其不意的"敌意"动作。

不过，类似的这种隐性的合作都是有条件的，那就是要展现自己随时可以报复的能力，以吓阻对手的背叛尝试。如果一方失去了对应的报复能力，均衡也将不复存在。

在竞争中，要想通过展示报复能力达成合作，最关键的一点在于释放进行惩罚的信息，来迫使对手采取合作态度。下面我们看博弈论著作《策略思维》中的一个案例。

有一个时期，纽约市立体音响商店之间的竞争空前激烈。A已经打出了自己的口号："我们不会积压产品。我们的价格是最低的——保证如此！我们的价格是疯狂的。"

在它的主要竞争对手B那里，顾客每次购物都会得到这个商店的"终身低价保证"。按照这一非要击败对手不可的承诺，假如你在别的地方看到更低的价格，商店会按差价的双倍赔偿给你。不过，尽管这一家的政策听上去很有竞争力，却有可能加强一个操纵价格的卡特尔的内部约束。

为什么会发生这样的事情呢？

假设一台录像机的批发价是一百五十美元，现在A和B都卖三百美元。A偷偷作弊，减价为二百七十五美元。假如没有那个击败对手的承诺，A完全有可能将一些原本打算在对手那边购物的顾客吸引过来，而这些顾客之所以要去B那边购物，原因很多，可能是因为路途较短或者以前曾在那里买过东西。

不幸的是，对A而言，这回减价起了完全相反的效果。因为B有那么一条价格保证，人们就想占便宜，纷纷进来买一台录像机，然后要求它赔偿五十美元。这么一来，相当于B的录像机自动减价为二百五十美元，比A减得还厉害。不过，当然了，B一定不愿意就这么付出五十美元。因此，它的对策就是降价至二百七十五美元。无论如何，A的销量都不如原来，那又何必搞鬼作弊呢？价格还是保持在三百美元好了。

虽然卡特尔在美国是非法的，A与B却还是结成了这么一个组织。

读者可以看到，它们两家结成的这个心照不宣的卡特尔是怎样按照我们前面提过的内部强制条件运行的：觉察作弊，并且惩罚作弊者。B可以轻易觉察A作弊。那些跑来说A打出更低价格而要求赔偿的顾客，其实在毫不知情的情况下，扮演了这个寡头联盟的执法侦探。

惩罚的形式是价格协定破裂，结果导致利润下降。那则"终身低价保证"的广告自动而迅速地实施了惩罚。

这就是博弈的智慧，在看似乱哄哄的表象背后，往往深藏着出人意料的策略。在现代商业竞争中，类似的例子俯拾皆是。

走在街上，我们经常会看到一些商家打出"某某商品本市最低价"的广告，并且声称如果有其他商家价格更低，则愿意按同样价格返还差价，并按差价承担一定比例的赔偿金。从表面上看，这是商家的一种价格竞争行为，可以促使其他竞争者降价竞争，使消费者从中得利。但经过博弈论分析，可以发现其中隐藏着一种可能，即商家有可能通过这种最低价格承诺，巧妙地达到结成价格垄断同盟的目的。

因为这种广告的潜台词是：如果对手有任何的降价行动，我都会奉陪到底。这样一来，对手在考虑以降价的方式来争夺市场时，这个广告可以让他相信你会全力以赴地对任何降价行为进行报复。而且，让消费者来监督降价者并且立即返还差价的做法，是一种十分可信的报复。

再比如说，可口可乐和百事可乐是饮料市场上的竞争对手，两家的市场竞争也可谓你死我活，似乎每家都希望对方忽然发生重大变故，而把市场份额拱手相让。但是多年来，这种局面让每一家都赚了个盆满钵满，而且从来没有因为竞争而使第三者异军突起。

这里面的真正原因就在于：这两家饮料市场的龙头企业，实际上形成了一种有合作的竞争关系。它们真正的目标是消费者，以及那些虎视眈眈的后起之秀。只要有企业想进入碳酸饮料市场，它们就必然展开一场心照不宣的攻势，让挑战者知难而退，或者一败涂地。

我们再来看看麦当劳和肯德基在市场上的布局，也许就更能明白这一点。麦当劳店开在哪里，肯德基店很快就会出现在附近，形成一种十分默契的遥相呼应，很少有第三者在它们中间出现。

两大巨头的竞争关系，往往能够为它们排斥新进入的竞争者提供保障。这种经常表现得不动声色的策略，其威慑力却大得惊人。最终我们会发现，一对表面上刺刀见红的竞争对手，背地里却是关系暧昧得紧。

退出权保证合作

2016年6月23日，英国人通过公投选择与欧盟"分道扬镳"。2017年3月29日，英国启动《里斯本条约》第50条，正式向欧盟方面提交开启脱欧谈判申请，双方将在两年时间内谈妥有关脱欧事宜，届时英国将正式失去欧盟成员国身份。

作为一个在各国之间进行资源再分配和多数决策的共同体，欧盟肯定不愿意看到英国分离出去。因为它不仅削弱欧盟的力量，而且会直接破坏欧盟的团结。然而，保持一个共同体团结的唯一之道，不是为退出设置障碍，却恰恰是慷慨大度地把门打开。

这看上去是一个矛盾，却是一个优势策略。

经济学家林毅夫在其著作《解读中国经济》里，用博弈论说明了这一点。他将农民加入合作社看成一次性的博弈。在当时人力物力有限的情况下，为恢复生产，增强农民抵御自然灾害的能力而成立了农村生产互助组织，后来农业合作社的活动不断扩大，发展到完全的大公无私，发展成人民公社。农业合作社的形成是基于规模经济，但是这种规模经济的实现是基于农民的自觉性和农业生产的监督。加入合作社，农民将农具交公，进行集体生产。

合作社的成立初期是取得了很好的效果的，1956年，人大会议通过组织章程，农民所提供的土地、农具全部归公，但是农民"入社自愿，退社自由"，林毅夫教授将其称为"退出权"。

在这种政策前提下，当合作社里有越来越多的人不努力劳动，想搭积极劳动的人的"便车"时，生产率就会下降，这时那些努力劳动的人就会发现，加入合作社的收益还不如自己单干时多，就会退社。这种退社的自由，一方面对努力劳动的人是一种自我权利的保护，另一方面对那些偷懒的人也是一种实质性的威胁。因为越来越多的不努力劳动而造成的农民退社，最终会导致合作社解散，不好好干的人也必须回去单干，单干得到的收益没有搭便车的收益高，偷懒实在是得不偿失。

这样，"入社自愿，退社自由"的规定，实际上是有效防止了社员偷懒。

然而，到了1958年，"入社自愿，退社自由"已无法落实，局面就发生了根本变化，这样就相当于一次性博弈，不再存在实质性威胁。如果所有人退出公社的自由都被剥夺了，就不存在合作社的解散或者积极劳动的人退出的威胁，那么不愿意努力劳动的人就会继续偷懒，偷懒的人越来越多，因为偷懒才是优势策略。

因此，当越来越多的人选择偷懒，消极劳动，合作社的生产力就会下降。当存在退社自由时，集体生产的生产力是高于单干的生产力总和的，只要农民自由退社的权利被剥夺了，相应的激励机制便不复存在。在这种强制性的合作生产里，集体生产的生产力远远低于单干的生产力，并没有实现合作社成立之初的规模经济。

所以，当"退出权"存在时，农民在合作社里劳动生产就是一个理性选择；当"退出权"不存在时，就变成了一次性的博弈，这样就产生了农民个体利益与合作社集体利益的冲突。退出权，反而是保证合作的一种形式。

用这段历史来观察英国脱欧的这场博弈，其实是一个大同小异的模式，只不过规模不同罢了。放眼我们的生活中，也可以发现常识认为正确的事情，有很多是值得思考的。

多边关系的启示

上面的分析，都是从困境中的囚徒或者人质的角度进行的，解决问题的策略也是提供给他们的。囚徒联起手来，也就意味着他们会建立攻守同盟，不必进行两败俱伤的招供了。

但是反过来，这对于本来可以轻松获得口供的警察又是不利的。那么，警察又该如何避免不利局面呢？推而广之，那些担心下属或者朋友不合作的人，又有什么策略可用呢？

答案是制造某种强大的压力迫使其合作，这种压力对囚徒困境中的每一方都有效果。

> 隋朝名将杨素带兵执法严酷，对违犯军令的人立即斩首，而绝不宽容。每当他将要与敌军对阵之时，就会找出那些有过失的士卒，然后杀掉，多的时候曾一次杀掉一百多人，少的时候也不下十人。杀的人多了，鲜血在帐前流成小河，他却谈笑自若，就像没发生任何事情。
>
> 战斗打响时，他先命令三百人冲锋，若冲破敌军防线便罢了；如果不能攻破敌军阵地而败退回来，则不问缘由全部斩首。然后，再命令三百人发起进攻，不胜则照杀不误。将士们受此恐吓，对他极其害怕，都抱着必死之心作战，没有一个人敢后退，所以战无不胜。

杨素当时正受宠幸，隋文帝对他言听计从。所以跟随杨素征战的将士，微功必录。而其他的将军作战虽然有大功，但都被一些文官掩盖。所以杨素虽然严厉凶狠，将士们对他却敬畏有加。

在现代也不乏这种例证。1942年，德国进攻苏联初期，苏联国防人民委员270号命令在1941年8月16日发布，规定所有红军官兵必须战斗到最后，但凡被敌军俘虏，无论事前曾否做过抵抗，事后都将被作为叛国者惩治，连同眷属在内被送往劳改营。

1942年7月28日发布的227号命令，则是命令"绝不许后退一步"，官兵擅自撤退者一律处死。不仅如此，苏联士兵如果看到自己的战友准备逃跑或向敌人投降，而没有马上向他们开火，也会被判有罪。

根据有关的统计，在整个斯大林格勒（现改名伏尔加格勒）战役中，苏联内务部队NKVD总共处决了一万三千五百名军官和士兵，罪名是叛国！但也许正因如此，作为人类历史上极为血腥和规模极大的战役之一，斯大林格勒战役才成为苏军转败为胜的重要转折点。

无独有偶的是，在苏军对面的阵地上也在执行着同样的命令。根据德国著名作家海因里希·伯尔的记载，在"二战"的最后关头，纳粹党卫军头目希姆莱曾下达这样的命令：一个士兵在"远离炮火"处碰到另外一个士兵，便可就地处决。这样，每一个德国士兵便成了另外一个德国士兵的潜在审判者，数以万计的处决在各地发生。在和盟军拼杀的同时，德国士兵首先自相残杀起来。

实际上，杨素以及"二战"时期苏德两支军队的这种策略，可以追溯到古罗马军队对进攻中的落后者处以死刑的规定。按照这个规定，军队排成直线向前推进的时候，任何士兵，只要发现自己身边的士兵落后，就要立即处死这个临阵脱逃者。为使这个规定显得可信，未能处死临阵脱逃者的士兵同样会被判处死刑。

尽管一个罗马士兵宁可向前冲锋陷阵也不愿意捉拿或处死一个临阵脱逃者，但这么一来，他却不得不那么做，否则就有可能赔上自己的性命。

这一策略精神，直到今天仍然存在于西点军校的荣誉准则之中。该校的考试无人监考，作弊属于重大过失，作弊者会被立即开除。

不过，由于学生们不愿意告发自己的同学，学校规定，发现作弊而未能及时告发同样违反荣誉准则，这一违规行为同样会导致开除。这样，一旦发现有人违反荣誉准则，学生们就会举报，因为他们不想由于保持缄默而成为违规者的同伙。

虽然每个人在独立行事的时候都有可能显得弱不禁风，但其他人常常可以帮助我们立下可信的承诺。有时候，团队合作可以超出社会压力的范畴，通过运用一个强有力的策略，迫使我们遵守自己的许诺，这就给我们一个社交中的有益启示：重视利用圈子来解决问题，把与对手的博弈变成多边的。

朋友圈在当今中国是一种十分重要的文化，尽管世界很大，但我们走上社会以后，经过几年就会建立起一个相对固定的朋友圈，所处的地域、行业、阶层、亲朋好友等共同构成了这个朋友圈，朋友圈就是基本的社会关系。无论在哪个领域、哪个地方，都存在各式各样的朋友圈。朋友圈的人互相提携，互相帮助，而不同朋友圈的人之间则彼此排斥和攻击。从这个角度来看，朋友圈似乎是弊大于利。

朋友圈的出现，实际上是把彼此之间的双边关系，放进了多边关系中来考虑。一个社交朋友圈当中强有力的监督和惩罚体系，会迫使每个人更愿意遵守道德（社会的或者圈子的）。因为他一旦违背，他身边的人就会马上惩罚他。朋友圈中的每一个人，为了共同的利益都会充当惩罚者。

一个萍水相逢的人可能会骗走你的一千元钱，但是在一个朋友圈中，名声和信誉是跟长期利益直接挂钩的。某个圈中人如果骗了你一千元，也就意味着会受到一群人不会再借钱给他的惩罚，因而他一定会仔细掂量。

经济学家张维迎在论述"乡村社会的信誉机制"时，讲了这样一个故事。

在一个古老的乡村，张三向李四借了十块钱，他们之间无须书面的合同或借据，甚至没有说清还款的日期。但李四并不担心张三会赖账，因为，如果张三真的不还钱的话，李四就会把此事张扬给全村的人知道，张三就不可能再借到钱了。为了能继续借到钱，张三一定会信守承诺按时还钱。这就是"好借好还，再借不难"。

退一步，即使张三并不打算继续借钱，他也要担心坏了名声，自己再遇到困难就没人帮助了。所以，李四认为张三的承诺是可信的。

在一个朋友圈中，名声和信誉非常重要，这其实也是一种道德约束，其机理大大降低了个体回报的成本。这其实是一种用道德约束来实现的人质困境，不过对大家都有好处。这给我们的启示是：在交际中，将新朋友介绍给老朋友认识，是一个十分有效的策略，将使彼此间的承诺与威胁更为有力，因而关系也就更为牢固。

第 4 章
重复博弈

天长地久的聪明策略

没有未来必然背叛

在地摊、车站和旅游点这些人群流动性大的地方，不但商品和服务质量差，而且假货横行，因为商家和顾客之间"没有下一次"——旅客因为你的商品质优价廉而再次光临的可能性微乎其微，因而正常情况下卖家的理性选择是：一锤子买卖，不赚白不赚。

在公共汽车上，两个陌生人会为一个座位争吵，可如果他们相互认识，就会相互谦让。在联系紧密的交往中，人们普遍比较注意礼节、道德，因为他们需要长期交往，并且对未来的交往存在预期。

上面这两个例子说明，对未来的预期是影响我们行为的重要因素。一种是预期收益：我这样做，将来有什么好处。一种是预期风险：我这样做，将来可能面临什么问题。

现代博弈论的发展在上述问题上提供了某些解释：每一次人际交往其实都可以简化为两种基本选择：合作还是背叛。在人际交往中普遍存在囚徒困境：双方明知合作带来双赢，但理性的自私和信任的缺乏，导致合作难以产生。而且，一次性的博弈必然加剧双方进行"坦白"的决心，也就是选择相互背叛。背叛是个人的理性选择，却直接导致集体的非理性。

在这样的博弈中，似乎没有任何方法能够让我们逃脱这种两败俱伤的局面。难道人类注定要承受这个噩梦吗？

答案是否定的。资深博弈论专家罗伯特·奥曼指出，人与人的长期交往是避免短期冲突、走向协作的重要机制。在博弈中，策略的好坏直接取决于对方采用的策略，特别是取决于这个策略为发展双方合作留出多大的余地。

现实生活中反复交往的人际关系，实际上就是一种"不定次数的重复博弈"。奥曼通过自己的推导严密地证明了，人与人交往关系的重复，可以使自私的主体之间走向合作。

下面这则拟人化的笑话，就很形象地说明了这一点。

一个青年看见一条招聘广告：本动物园招聘一个懂得与动物交流的人来照顾大象，欢迎来面试！

于是，他来到动物园应聘。动物园的经理说："你先去试试吧。不过要证明你懂得与动物交流，你明天需要通过一个测试，你得先让大象摇头，然后点头，最后跳入水池！"

第二天，这个青年跟着动物园的经理来到水池边，走近大象对它说："你认识我吗？"

大象看了他一眼，摇了摇头。

这个青年又问："你的脾气很大吗？"

大象点了点头。

这时，青年拿出一根针狠狠地朝着大象的屁股扎去，大象"嗷"地叫了一声跳入了水池！

测试通过，但是经理见了以后，却很不高兴地说："我们需要的是一个有爱心的人，不是像你这样的！"

青年恳求经理再给他一次机会，经理答应了。不过这回测试的内容是第一次让大象点头，然后让大象摇头，最后跳入水池。

青年又来到浑身湿淋淋的大象面前，问道："你还认识我吗？"

大象害怕地点了点头。青年又问："你的脾气还大吗？"

大象摇摇头。

青年接着说："你该知道怎么做了吧！"

于是，大象"扑通"一声跳入了水池。

大象在第二回合的合作行为，是建立在对第一回合双方策略判断之上的。也正因如此，为了避免悲剧重演，它改变了自己的策略，主动选择了合作。

事实上，重复博弈中的合作，可以解释许多商业行为。一次性的买卖，往往发生在双方以后不再有买卖机会的时候，双方都竭尽全力谋取一次性的更高利益，为此不惜借助于强制和欺骗。而吸引"回头客"的买卖，便是通过薄利行为，使得双方的合作能够持续进行下去。

经济学家林毅夫在《集体化与中国——1959—1961年的农业危机》中指出："1959—1961年的滑坡，主要是由于从1958年秋天开始农民退社的自由被剥夺所造成的。从博弈论的观点来看，组织形式的这种转变，使一个合作社的性质从一种重复博弈，变为一次性博弈。生产之所以会滑坡，是由于一个农业合作社的成功最终取决于一个自我实施的协议，在这一协议下每个成员都允诺对他自己进行管束。然而，在一次性博弈中，一个自我强制实行的协议是无法维持的。"

可以说，无论是从宏观还是微观上，重复博弈都更逼真地反映了日常人际关系。在重复博弈中，合作契约的长期性能够纠正人们短期行为的意义，这在日常生活里是具普遍性的。

带剑的契约才有效

在背叛成为博弈优势策略的局势下，社会要使交易能够进行，并且防止不合作行为，必须设置严格的惩罚背叛行为的机制。

有人曾经在网上提供了这样一个集体活动迟到的问题。

王老师是某班的班主任，他经常组织集体活动，比如郊游。但在组织的过程中，他遇到了一个棘手的问题。在一次组织集体活动时，王老师通知全班同学早上八点到校门口集合。结果有几个同学拖拖拉拉，导致大家八点一刻才出发，白白耽误了一刻钟。

在此后的一次参观活动中，王老师改变了策略，虽然真实的集合时间仍是八点，但是他故意通知大家七点四十五分集合，结果最晚的几个同学也在八点赶到，从而准时出发。王老师对自己的策略很满意。

但是好景不长。时间久了，同学们都发现了王老师有意通知稍早的集合时间，甚至可以根据王老师通知的时间猜测出真实的集合时间。因此，每当王老师通知七点四十五分集合时，大家仍然按照真实的集合时间，也就是八点来做安排，导致几个同学在八点后才赶来。而那些准时即七点四十五分到达集合地点的同学也都有所抱怨，也变得不那么守时了。

王老师的策略算是彻底失败了。他失败的原因在哪里呢？

根本的原因在于：在王老师的后一种策略之下，受到惩罚（时间被浪费）的是准时到达的学生，而不是迟到的学生。他应当制定怎样的策略，才能使活动准时开始且大家都满意呢？

在这个问题中，存在着老师与学生、学生与学生之间的博弈。实际上也是一种多个人的囚徒困境。因为每个学生都知道，其他学生的优势策略，是选择到达集合地点的时间既不能太早，以免白白浪费等待的时间，又不能太晚，以免承担耽误大家时间的责任。

要破解这个困境，老师有两个选择：一是只要过了集合的时间，就不再等下去，让迟到的同学独自承担责任。并且这种责任和相应的惩罚对同学会造成很大的损失，他们就不会再迟到了。二是如果迟到的学生比较多，那么等一定数量的学生集合完以后马上出发，而让之后迟到的同学承担责任。

一般说来，博弈中双方合作时得益最大，但若一方不遵守合作约定，必定是另一方老好人吃亏。所以便引入惩罚机制：谁违约，以后就要处罚他，使他不敢违约。

只有对迟到的学生进行惩罚，迟到问题才能解决。一句话，也就是实行一份带剑的契约。

在每一个鼓励合作的良好计划里，通常都会包含某种惩罚作弊者的机制。这些在最初博弈之上增加惩罚机制的做法，其目的就是减少作弊的动机。在博弈的结构里还存在其他类型的惩罚。一般而言，这种惩罚生效的原因在于这个博弈反复进行，这一回合作弊所得将导致其他回合所失。

归纳起来，在一次性的博弈当中没有办法达成互惠合作。只有在持续关系中才能够体现惩罚的力度，并因此成为督促合作的"木棒"。合作破裂，参与者自然就会付出代价，这一代价会以日后利润损失的形式出现。假如这个代价足够大，作弊就会受阻，合作就会继续。

事实上，法国哲学家卢梭早就指出了这一点，他曾经有一本书《社会契约论》，认为契约是整个人类社会存在的前提条件之一。

前面已经分析过，如果囚徒困境只是一次性的博弈，那么签订协议是毫无意义的。可见签订协议的一个最基本的条件，就是博弈需要重复若干次，当然至少大于一次。

在重复型的囚徒困境中，签订合作协议并不是很困难，困难的是协议对博弈各方具有很强的约束力。困难在于任何协议签订之后，博弈参与者都有作弊的动机，因为至少在作弊的这一局博弈中，作弊者可以得到更大的收益。

霍布斯对合作协议的观点是："不带剑的契约不过是一纸空文，它毫无力量去保障一个人的安全。"

囚徒困境扩展到全社会时，就体现了一个更广泛的问题——"社会悖论"或"资源悖论"。人类共有的资源是有限的，每个人都试图从有限的资源中多拿一点，就产生了局部利益与整体利益的冲突。人口问题、资源危机、交通堵塞，都可以在社会悖论中得以解释。在这些问题中，关键是通过研究，制定游戏规则来引导和控制每个人的行为。

在这种情况下，通过法制手段，以法律的惩罚代替个人之间的报复，才能真正规范社会行为。事实上，从博弈论的角度看，法律就是通过第三方实施的行为规范，其功能首先是改变当事人的选择空间，其次是改变人们的信念或对他人的行为预期，从而改变博弈的结果。

宽恕带来更多背叛

生气或者惩罚犯规者，对个体来说是一个劣势策略。鉴于此，可能遭遇背叛的一方，如果在博弈一开始的时候就能做出可信的报复威胁，使背叛者认为最后一定不被宽恕，反而会达到不被对手背叛的效果。从一开始就不出现背叛，终归是比宽恕更好的局面。

在雨果的名著《悲惨世界》中，讲述了这样一个感人的故事。

冉阿让自幼失去双亲，由贫苦的姐姐抚养成人，他因为忍受不住饥饿，偷了一片面包，结果被判了五年苦役。服刑中，他多次试图逃跑，结果被加重惩处，服了十九年重刑。好不容易熬到出狱，被释放回家，但是他的通行证又被盖上"服过苦刑""千万警惕"的字样。没有人留宿他，更没有人给他工作。

这时，有一个神父热情地接待了他，为他提供了一张温暖柔软的床。但冉阿让的生活经历从未告诉他什么是信任和如何对待他人的信任。夜里，他偷盗了神父家，被神父发现后他还打昏了神父，并盗走银餐器逃到街上。

结果，冉阿让被警察捉住，又押回来见神父。神父说："我这里最值钱的是那对银烛台，我不是也送给你了吗？你为什么忘了把它们也一起带走呢？"

一句话解救了冉阿让，使他免受二次入狱之苦。不仅如此，神父的宽恕也让冉阿让觉醒了，使他脱胎换骨为一位充满慈爱之心、有教养的绅士，并在事业上获得了成功。

但是问题在于，有多少宽恕可以唤起伤害者沉睡的"良心"和"爱"呢？

答案是令人悲观的。

我们可以考虑一下冉阿让和神父的博弈。神父会主动收留那些无家可归的人，但不幸的是贫穷往往使人的自制力降低，冉阿让必须做出很大努力才能控制自己的欲望。如冉阿让认为一旦偷窃，神父一定会让警察惩罚自己，那么他就会尽最大努力来克制偷窃的欲望。但要是冉阿让认为神父会原谅偷窃，那么他肯定会选择偷窃。

冉阿让先在A点选择是否偷窃，那么在B点神父就要决定是否要让警察惩罚他。

我们假设如果冉阿让偷窃而不坐牢的话，他的得益为10，而神父的得益为-10；而如果冉阿让被关进牢里，他的得益为-15，而神父因为精神上的痛苦，得益为-15。

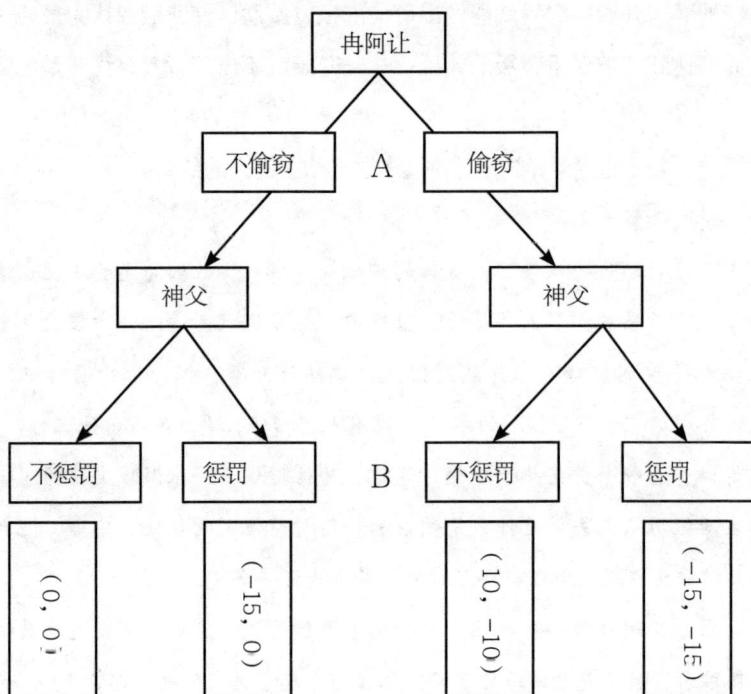

```
                    冉阿让

          不偷窃      A      偷窃

       神父                      神父

   不惩罚      惩罚     B     不惩罚      惩罚

   (0, 0)   (-15, 0)        (10, -10)  (-15, -15)
```

图4-1　冉阿让与神父的博弈

但是，在B点，宽恕冉阿让虽然会对神父造成损失，但是这符合他的价值观和救赎动机，因为原谅偷窃行为可以使一个人得到自新的机会，而要是冉阿让被关进监狱，这种机会就会失去了。神父的确可以提前放出狠话，对偷窃行为绝不宽容，但这种威胁不可信，偷窃仍然会发生。那么要赢得这场博弈，神父应该怎么办呢？

答案是：只有想办法建立对偷窃者比较严厉的名声。为了避免放纵犯罪，神父不应该就这么宽恕冉阿让，而应该让对方相信他在愤怒之下可以做出违背价值观的事情，而且最受不了别人的欺骗。

因此我们说，神父宽恕冉阿让是一个动人心扉的精彩故事，却不是一个好的博弈策略。因为如果它在现实生活中发生的话，用不了多久，神父就会被络绎不绝的被收留者偷得精光，从而出现更多的犯罪。

博弈论告诉我们，有望在将来得到你宽恕的人，反而更可能背叛你。

有人举例说，在史前时代的一些村落中生活着一群盗贼，他们经常到各个村落来偷食物。理性的村落一般选择宽恕，只有在不至于付出太高的代价时，才会去抓捕盗贼。而报复心强的村落，则会不计代价地去抓捕这些人。这样，盗匪会更愿意对理性的村落下手，而被认为报复心强，却起了保护食物的作用。因此，拒绝宽恕和进行报复也就有了演进的优势。

在生活中，有拒绝宽恕的名声在谈判中也能够带来利益。现代人都会试着通过法律来维护权益，只是请律师必须花一大笔钱，因此要是有人已经对你造成伤害，把它忘掉往往会比采取法律行动更好。可是如果人们相信你会非理性地上法庭讨回公道，那么他们就会避免让你找到反击的借口。最好的策略就是让别人相信，如果有人确实侵犯了你的合法权利，在你需要很理性地评估是否需要提出诉讼时，你会一拼到底地维护权益。

假装不知道有尽头

我们已经知道，一次性博弈往往会引发不合作行为，带剑的契约和道德，可以有效降低这种不合作的动力。在很多重复博弈中，一方在遭到对方背叛之后，往往没有一种外在的机制来对背叛者进行惩罚，这时候仍然需要求助于博弈策略的力量。《笑林广记》中有这样一则笑话。

　　有一个人去理发铺剃头，剃头匠剃得很草率。剃完后，这人付给剃头匠双倍的钱，什么也没说就走了。

　　一个多月后的一天，这人又来理发铺剃头。剃头匠还想着他上次多付了钱，觉得此人阔绰大方，为讨其欢心，便使出浑身解数为他剃头，每个环节都很周到、很细致，几乎多用了一倍的功夫。

剃完后，这人便起身付钱，反而少给了许多钱。剃头匠不乐意，说："上次我给您剃头，剃得很草率，您给了我很多钱；今天我格外用心，为何反而少给钱呢？"

这人不慌不忙地解释道："今天的剃头钱，上次我已经付给你了；今天给你的钱，才是上次的剃头费。"

说完，他摸着脑袋大笑而去。

在上面的故事中，剃头匠为什么会上当呢？

在现实世界里，所有真实的博弈只会反复进行有限的次数，但正如剃头匠不知道客人下一次是否还会光顾一样，没有人知道博弈的具体次数。既然不存在一个确定的结束时间，那么这种合作关系就有机会继续下去，进行阶段性的成功合作。

这个故事说明，有限次数的囚徒困境，情况不同于无限次数的囚徒困境的重复博弈。当临近博弈的终点时，采取不合作策略的可能性加大。如果参与人以前的所有策略均为合作策略，并且被告知下一次博弈是最后一次，那么他肯定采取不合作的策略。

有博弈论学者指出，合作的基础与其说是信任和友谊，不如说是关系的可持续性，只有当双方的关系有着值得重视的未来，才能保证稳定持续的合作。就是说，长远的未来使得持续关系具有价值，不存在未来就很难合作。

换句话说，如果你会在某次选择合作，唯一可能的原因就是让对手在下一次也选择合作，不过最后一次显然不必考虑后面的行动。因此如果知道第一百次博弈是最后一次时，你肯定会选择不合作。但你必须知道，你的对手也会考虑这么做。

既然如此，你在第九十九次选择不合作一定可以得到比较高的收益，如果你不想在第九十九次选择不合作，唯一的理由就是为了让对手在第一百次对你采取合作策略。

但前面已经说过，无论怎么样，你的对手在第一百次都会对你不合作，因此双方在第九十九次应该都选择不合作。

当然这表示你们两个在第九十九次也应该选择不合作，你可以根据这个逻辑往后推，以此证明你在第一次就应该选择不合作！因此，就算这个囚徒困境博弈进行一百次、一千次或是十亿次，理性的局中人在第一次都应该"理性"地选择不合作，只要这个博弈存在确定的最后一次。

然而，在现实的博弈中，有很多人的"非理性"都超过了应有的程度，以致两人皆合作的结果甚至可能延续到最后一次。其中的原因，也许应该是哈佛大学著名心理学家丹尼尔·吉尔伯特所指出的：在通过自己预见性的望远镜来窥探未来的时候，近处的清晰和远处的模糊会让我们犯下各种错误。

他举了一个例子来说明这个问题：很多人都情愿等待一年得到二十美元，而不是等第三百六十四天得到十九美元，因为很久之后的那一天等待，在现在看来并不是什么大问题。然而，大部分人情愿今天就得到十九美元，而不愿意等到明天拿二十美元。因为，现在看来，不久的将来要等的这一天是不可忍受的折磨。

不管一天的等待能够造成多大的痛苦，无论什么时候经历它，它的痛苦程度都应该是一样的；可是，在人们的想象中，不久的将来要忍受的痛苦是非常严重的，所以他们情愿支付一美元来免除它；而很久之后才要忍受的痛苦则是微不足道的，他们很愿意接受一美元的报酬来忍受它。

也许，正是上面所指出的错误预见，使得我们实际陷入有限次数重复性博弈中的囚徒困境时，仍然选择合作。尽管对手的理性程度值得怀疑，你仍然可能会在第一次博弈时选择合作，这并不表示合作真的对你有利，而是因为表现出合作的姿态对你更有利。

也就是说，虽然隐瞒终点或者说假装没有终点的博弈策略，仍然是以背叛为基础的，其目的无非是在相互背叛之前得到更多的收益，但他们仍然会在最初一个阶段进行互利互惠的合作，因为合作一段时间会带来实实在在的好处。这种合作，我们可以看作一种"预付费"的模式。

张维迎指出，传统社会的农民要祖祖辈辈在村子里生活下去，他和他的后代要与其他村民进行无数次的重复博弈，如果他不仅关心自己的未来，也关心家族和后代的福利，他就必须讲信誉。

这样一个重复博弈，就使"父债子还"成为农村几千年的传统，如果老子赖账，儿子就很难借到钱。而人们不大愿意借钱给"光棍汉"的原因就在于他们没有后代，坏名声对他们的威胁小得多，因而他们追求短期利益而干一锤子买卖的风险也要高得多。

现代社会也是如此，如果双方进行的是重复博弈，那么就有动机保持诚实。不过，重复博弈并无法百分之百地确保参与者的诚实。从主观上来说，要是对方今天行骗以后就可以赚到足够的钱，他就舍得赔上他的信誉。从客观上来说，假如对方即将面临破产，即便他过去一向都童叟无欺，这一次还是有可能会骗你。

在人际交往中，大多数人都是跟着感觉走，想当然地凭印象判断某个人是好人或坏人。特别是如果有人一直对你很诚实，你多半认定他是值得信赖的，而且会继续以诚相待。

但是博弈论的分析告诉我们：某人过去对你很诚实，是因为诚实对他有利。同样道理，他对你不诚实，也是因为不诚实对他更有利。无论在什么情况下，我们都不能用过去的表现来判断他未来的表现，而应该随时想一想：假如对手欺骗你会有什么好处，你会受到什么样的损失，而如果你因为被欺骗与他反目或者进行报复，对他的影响有多大。

用道德来保证均衡

带剑的契约对于保证合作关系是有效的，但是在很多情况下，我们根本找不到，或者不值得用"剑"也就是法律来保证合作，那么在这种情况下，有没有其他办法来达到均衡呢？

答案是肯定的。如果法律是保证人与人之间关系的唯一武器，那么博弈策略也就没有什么价值了。

有一群猴子被关在笼子里，在笼子的上方有一条绳子拴着一个香蕉，绳子连着一个机关，机关又与一盆水相连。猴子发现了香蕉，纷纷跳上去够这个香蕉，当猴子够到时，与香蕉相连的绳子带动了机关，于是一盆水倒了下来。够到香蕉的猴子吃到了香蕉，但其他猴子被淋湿了。

这个过程重复着，猴子们发现，吃到香蕉的猴子是少数，而大多数猴子却被淋湿。经过一段时间，每当有猴子去取香蕉，就有其他的猴子因愤怒而主动地去撕咬那个猴子，久而久之，猴子之间产生了合作，再也没有猴子敢去取香蕉了。

在这个故事里，猴子间产生了"道德"。如果这群猴子构成一个社会，它们也繁衍下一代，它们会将它们的经历告诉下一代，渐渐地，猴子便认为取香蕉的后果对其他猴子不利，是"不道德的"，它们也会主动地惩罚"不道德的"猴子。

与法律一样，道德也是对某些不合作行动的惩罚机制。这种机制的出现使得人类从囚徒困境中走出来。经济学家杨小凯一直强调"摩西十诫"对西方商业的影响。"摩西十诫"的作用，就是通过人神契约形成道德的约束。

道德感自然地使得人们对不道德或不正义的行为加以谴责，或者拒绝与不道德的人合作，从而使得不道德的人遭受损失。这样，社会上不道德的行为就会受到抑制。因此，只要社会形成了道德或者正义的观念，就会自动地产生约束和调节作用。

西方伦理学把人类的道德准则分为四种：金律、银律、铜律和铁律。

金律（Golden Rule），可以称为"作为者"的行为准则，其内容是："你要别人怎样对待你，你就怎样对待别人。"也就是孔子所说的"己欲立而立人，己欲达而达人"。

银律（Silver Rule），可以称为"退让者"的行为准则，也就是孔子所说的"己所不欲，勿施于人"。

铜律（Bronze Rule），可以称为"报复者"的行为准则，其内容是："别人怎样对待你，你就怎样对待别人。"

铁律（Iron Rule），可以称为"进攻者"的行为准则，其内容是："在别人进攻你之前，首先进攻别人。"

经济学家卡尔·萨根认为，铜律比另外三种更为优越，能够为人类道德提供进化论的基础。很显然，只有基于个人理性的道德，才能形成对博弈参与者的制约，迫使其进行合作。而圣人式或宗教式的道德，是不能用来要求普通人的。

但是在日常生活的交际中，单纯依靠对手的道德自律来达成合作，是不保险的。针对这个问题，我们可以通过对道德因素的考虑，把交际变成长期的、多边的，从而形成诚实守信的动力与压力。中国人特别注重朋友圈的形成与维护，实际上也是出于这样的策略考虑。

小步慢行的费边主义

正是因为重复博弈能够给对方带来合作的压力，因此，我们必须学会有意识地创造重复博弈的局面。

假如你是一个商人，有个陌生人声称有一批很有升值潜力的宝石，你决定买下来。现在有两种方案供你选择：一是一次性用一百万元全部买下；二是做同样数量的买卖，但分为一百次进行交易，每次交易不超过一万元价值的宝石。

仅从风险的角度考虑，你会选择哪一种呢？

很显然应该是后一种"小步慢行"的交易风险更小，因为如果一次可以得到一百万元，那么对方就会认为欺骗你甚至卷款逃跑是值得的，但在后一种情况下，对方一次只能得到区区一万元，如果欺骗的话，显然不足以弥补正常交易带来的利润。

可见，一锤子买卖失败的可能性，远远大于细水长流的小笔交易。这种把一次决战变成长期博弈的策略，可以称为费边战术。

在古罗马共和国和迦太基之间的第二次布匿战争中，迦太基天才名将汉尼拔率领大军进攻罗马，纵横亚平宁半岛十几年未曾遭到败绩。

公元前217年，费边·马克西姆斯被选为罗马执政官。他知道迦太基军队远离本土，从北非的补给线又太长，不可能持久作战。因此，费边采取了避其锋芒、稳步渐进、小规模进攻的策略，不与汉尼拔正面决战，而是利用熟悉地形的优势在山区与敌人周旋，同时不断小规模骚扰南欧，干扰敌人补给线，消耗迦太基军。

这一战术达到了既避免失败，又打击对方的目的，最后终于击败了汉尼拔。后来，这种缓步前进的战术就被称为费边战术，对历史影响巨大。

1883年10月24日，英国的悉尼·韦伯和萧伯纳等知识分子组织了一个团体，认为英国社会必须通过渐进的手段达到社会主义，而不是通过激进和暴力的革命。第二年，一位新加入者从费边战术受到启发，建议把这个团体命名为费边社。

从此以后，费边主义成为对历史影响巨大的一种思潮，其核心主张是用缓慢渐进的策略来达到改革社会的目的。后来成立的英国工党就主张费边主义，多次成为英国的执政党。

其实，费边战术不仅在政治和军事领域影响深远，它在其他领域也大有用武之地。如果能够综合运用费边战术，可以避免很多不必要的背叛。比如你装修一座房子，可是又不了解装修公司的底细，担心如果提前付款的话，对方可能偷工减料或者粗制滥造。然而如果要求完工再付款的话，对方又担心你会拒绝付款。

这种情况下，你就可以要求双方每周或每月按工程进度来结算，这样，即使发生问题，对方面临的最大损失不过是一周（或者一个月）的劳动或工程款。

然而，生活中很多人喜欢毕其功于一役，但问题在于"成功以后的情况是怎样的"。很多情况下，这反而是一个最重要的问题。如果不能解决这一问题，大功告成之日，也就是历史回到原点之时。

对这个问题，稳扎稳打、积小胜为大胜的战术，可以最大限度地加以避免。这种化整为零、小步前进的策略，相应地缩小了规模，因而也更容易实行。不仅如此，费边战术还可以让我们"摸着石头过河"，不仅对过程而且对目标进行调整和修订。正因为这一点，在生活中擅长运用"一哭二闹三上吊"战术的野蛮女友或者妻子，往往比动辄分手的女性更容易制服男人。

第5章
一报还一报

出来混迟早要还的

地老天荒的胜利者

在博弈论中，我们可以得到很多有趣而富于哲理的策略启示，一报还一报就是其中之一。它那种善意、宽容、强硬、简单明了的合作策略对个人和组织的行为方式，都有十分重要的指导意义。

> 隋朝时，吏部侍郎薛道衡有一天到钟山开善寺参访，正巧一位小沙弥从大殿向庭院走来。薛道衡趋前问他："金刚为何怒目？菩萨为何低眉？"
>
> 小沙弥年纪虽小，却不假思索立即回答："金刚怒目，所以降伏四魔；菩萨低眉，所以慈悲六道。"
>
> 此话一出，薛道衡一脸错愕，若有所思地点了点头。

在佛教中，金刚是佛菩萨的侍从力士，因手寺金刚杵而得名，"金刚怒目"是以金刚力士面目威猛可畏，以降伏诛灭恶人。菩萨是努力于上求佛道，下化众生的人，"菩萨低眉"是以菩萨的慈眉善目，形容人之慈善。

事实上，这位小沙弥所说的既是佛法，从本质上来说又恰恰是一报还一报的策略。

在佛法上，金刚和菩萨的形象和做法虽然有差异，但都是为了帮助别人而显现的方便法门。而从博弈论的角度看来，二者则是相互补充的。

如果我们把怒目金刚比作报复策略，而把低眉菩萨当作合作宽恕策略，那么为了保证对方的合作，"怒目金刚"策略绝对是十分必要的。因为如果对方发现或者认为你一定会实行"菩萨低眉"的策略，就一定会背叛。

世间的众生资质不同，根基有异，哪怕我们的博弈目的是出自一片真诚的慈悲心，希望帮助对方在合作中有所成就，也必须在博弈中择机采用"怒目金刚"和"菩萨低眉"的策略，才能真正达成这一目的。

人们正是因为通过接受与回报，才形成了社会生活的秩序。爱克斯罗德通过研究，发现合作的必要条件是：第一，关系要持续，一次性的或有限次的博弈中，参与者是没有合作动机的；第二，对对方的行为要做出回报，一个永远合作的参与者是不会有人跟他合作的。

那么，如何促进合作呢？总结起来，大概有以下几条：

第一，要建立持久的关系。即使是海枯石烂的爱情，也需要建立婚姻契约以维持双方的合作。

第二，要增强识别对方行动的能力。如果不清楚对方是合作还是不合作，就没法回报他了。被人卖了还帮着数钱，如此懵懂是无法获得合作的。

第三，要维持声誉。说要报复就一定要做到，人家才知道你是"三只眼的马王爷"，才不敢轻易地背叛。

第四，能够分步完成的对局不要一次完成，以维持长久关系。比如，大笔的交易都要分步进行，要细水长流，而不要一锤子买卖，以促使对方采取合作态度。

第五，不要嫉妒人家的成功。

第六，不要首先背叛，以免担上罪魁祸首的道德压力。

第七，不仅对背叛要回报，对合作也要做出回报。朋友来了有好酒，若是那敌人来了，迎接他的有猎枪。

第八，不要耍小聪明，企图占人家便宜。贪小便宜往往吃大亏。

友善、有原则、宽容、简单、不妒忌朋友的成功，其实也正是"菩萨低眉"和"金刚怒目"的具体化，这些信条本来就是我们生活中常见的为人处世之道，只是很少人会将这些信条联系起来作为一种策略组合行事。

一报还一报的策略的目标，就是要同尽可能多的人形成并巩固互惠关系，而且发展为信任和友谊。说得通俗点，就是尽可能多交朋友，并且鼓励这些朋友向你提供帮

助。为了达到这个目标，它的手段归结为一个词就是"回报"，就是要对别人的各种
行为进行相应的反应。有意思的是，这套策略不怕曝光，而且恰恰需要别人知道你的
几个基本原则，这样才能更好地实现合作双赢。

根据上述结论，我们还可以回答恋人之间如何博弈才能获得美满爱情的问题。

恋人相互之间的忠诚，靠的不是地老天荒、情深爱笃的誓言，而是需要一定的博
弈策略。在恋爱这场不太好玩的"游戏"中，谁能熟练驾驭游戏或博弈规则，谁才能
成为爱情的赢家，拥有美满的生活。

对正在恋爱中的人们来说，获得幸福爱情的博弈原则应该有以下几点：

第一，善意而不是恶意地对待恋人。这个道理很简单了，无须多说。

第二，宽容而不是尖刻地对待恋人。幸福的恋人能够生活得愉快，关键是能够彼
此宽容，能宽容对方的缺点。尖刻地对待恋人，往往得不到幸福。

第三，简单明了而不是山环水绕地对待恋人。在博弈过程中，过分复杂的策略使
得对手难以理解，无所适从，因而难以建立稳定的合作关系。明晰的个性、简练的作
风和坦诚的态度倒是制胜的要诀。

再一再二不能再三

一报还一报的策略解释了一个纯粹自利的人选择合作，只因为合作是自我利益最
大化的必要手段。如果对方知道你的策略是一报还一报，将不敢采取不合作策略。

但是正如赵汀阳所指出的，它能够胜出，是有一个十分关键的条件的，那就是要
能够成为博弈的初始条件之一。假如以"无知之幕"和经济人为竞争的初始条件，那
么人们是否能够在实践经验中摸索出一报还一报策略就很难说了，偶然出现的少数一
报还一报策略，恐怕在头几轮博弈中就被吃掉了。

进一步讲，即使是有了这个初始条件，我们也无法保证合作能够继续。因为双方
可能会发生误解，或者一方发生技术性的错误，哪怕是无意的，结果也会导致双方均
采取不合作策略。也就是说，这种策略不给对方一个改正错误或解释错误的机会。

　　在这里，一报还一报策略反映出了自己的局限性。两个以牙还牙者会从合作开始，然后，由于各方反应一致，合作似乎注定可以永久地持续下去。但是，一旦出现误会，双方将问题复杂化与澄清误会的可能性一样大。这么一来，一报还一报策略其实就跟扔硬币决定合作还是背叛的随机策略差不多。

　　由于资源的约束，在现实中没有人支出足够的时间、精力来辨识和维持对别人的各种回报，尤其是当他拥有很多博弈对手的时候。但是由于各种偶然的因素，误解随时随地都有可能发生。

　　如何做到回报的"相称"又是一个问题：对手偶然背叛了你，你通过行动来显示你对此介意，你自己觉得是相称的"警告"，但对手很可能认为你反应过度，小题大做。因而会出现这样一种情况：极其微小的误解一旦发生，一报还一报策略的双赢就会土崩瓦解。

　　这个缺陷在人工设计的电脑竞标赛中并不明显，因为此种情况下根本不会出现误解。但是，一旦将一报还一报策略用于解决现实世界的问题，误解就难以避免，结局可能是灾难性的。一方对另一方的背叛行为进行惩罚，从而引发连锁反应。对手不甘示弱，进行反击。这一反击又招致第二次惩罚。由此将形成一个循环，惩罚与报复就这样自动而永久地持续下去。

　　从这个角度来说，一报还一报策略在现实世界中会出现两种缺陷：第一，更多的仇恨容易被激发起来；第二，它缺少一个宣布报复"到此为止"的方法。

　　当博弈中考虑到这种随机干扰——即对局者由于误会而开始互相背叛的情形时，吴坚忠博士经研究发现，采取修正的一报还一报策略对双方会更有利。这种修正包括两个方面：一是"宽大的一报还一报"，即以一定的概率不报复对方的背叛；二是"悔过的一报还一报"，即以一定的概率主动停止背叛。

　　当某一作弊行为看上去像是一个错误而非常态举止的时候，你应该保持宽容之心。必须记住的一个重要原则是，假如有可能出现误会，不要对你看见的每一次背叛都进行惩罚，而要采取"再一再二不再三"的策略。你必须猜测一下是不是出现了误会，不管这个误会来自你还是来自你的对手。这种额外的宽容固然可使别人对你稍加作弊，不过，他们的善意也就不会再有人相信了。与此同时，你当然也不想太轻易地宽恕对方而被对方占了便宜。所以，如果你的对手有投机倾向，他终将自食其果。

事实上，合适的策略才能达成并保证合作。因此，我们也可以为"再一再二不再三"的策略制定一些具体的操作，作为迈向合作的一步。

第一，开始合作。

第二，继续合作。

第三，计算在你合作的情况下对方看上去背叛了多少次。

第四，假如这个百分比变得令人难以接受，转向一报还一报策略。

注意，此时的一报还一报策略不是作为对良好行为的奖赏，而是对企图占你便宜的另一方的惩罚。

这种策略的确切规则取决于错误或误会发生的概率、你对未来获益和目前损失的看法等。在并不完美的现实世界里，这种策略比一报还一报策略更合适。

输掉战役赢得战争

2017年7月4日，北京大学举行毕业典礼，校长林建华讲了自己的经历，用一句人生哲理作为给毕业生的寄语："吃亏就是占便宜。"这篇演讲旋即走红网络，受到了社会舆论的广泛关注。

这个观点，从宣扬主流价值观的角度来看似乎欠妥，但是从博弈论的角度来看，这个寄语和曾经被举国批判过的那句"吃小亏占大便宜"，却都有一定的道理。一般来说，眼前的亏都是小亏，通过吃小亏积累的策略优势，实在是大便宜。

千百年来，楚汉相争是中国历史上一个令人回味的片段。自司马迁的《史记》把项羽描绘成"力拔山兮气盖世"的英雄以后，历代文人墨客往往同情出身将门的项羽，而嘲贬出身平民的刘邦，李清照"生当作人杰，死亦为鬼雄"的诗句更是把这种崇仰推到了极致。

力能举鼎的项羽败给文不知诗书、武不能阵战的刘邦，很多人和李清照一样，把原因归咎于偶然失手或一念之差，其实这是一种十分肤浅的认识。项败刘胜恰恰说明，在任何一场战争中，只有战略的胜利者才是最后的胜利者，真正的胜利者。

项羽起兵后，一直以起兵时的八千子弟为骨干。这八千子弟纵横天下时，战斗力虽胜过诸侯之兵，却有焚杀劫掠的恶习。项羽正是在这批人簇拥的环境下，有了坑杀秦军降卒、攻城后焚烧洗劫一类暴行。项羽在关中不敢久留，是因当地百姓对他恨之入骨，而初到关中便"约法三章"的刘邦却赢得了人望。

刘邦每败后都能恢复元气，关键是有关中作为后方，能源源不断地供应粮食和补充兵员。战胜之际论功行赏时，刘邦把"抚百姓，给馈饷，不绝粮道"的萧何列为三大功臣之一。项羽却从不注重建设后方，主要靠兵威四处索粮掠物，所得不多又失民心，自然不能持久。

正因如此，两军对决时，项羽部只能速战速决，相持日久就会疲惫不堪，粮草不济而难以支撑。刘邦不管相持多久都能保证粮草充足，他多次战役都没有能战胜对手，但是随着战争的进行，实力日益增强。相反，项羽能够从每一场战役中获得一些胜利，但是实力愈战愈衰。在关键的垓下之战中，楚军又因"兵少食尽"而军心动摇，饥兵听到"四面楚歌"就随之瓦解了。

美国总统威廉·哈里森小时候家里很贫穷，他沉默寡言，家乡的人们甚至认为他是个傻孩子。

一次，有人拿他开玩笑，拿一枚五分的硬币和一枚一角的硬币放在他的面前让他挑，他挑哪个就送他哪个。哈里森看了看，挑了五分的硬币。这一举动逗得人们哈哈大笑。

这事很快在当地传开了，很多人都饶有兴致地来看那个"傻小孩"，并喜欢拿来一个五分和一角的硬币让他挑。每次，哈里森都是拿那枚五分的。一位妇女看他这样可怜，就问他："你难道真的不知道哪个更值钱吗？"

哈里森彬彬有礼地回答说："当然知道，夫人。可是我拿了一角的硬币，他们就再不会把硬币摆在我面前，那么，以后我就连五分也拿不到了。"

也许从某一次合作的局部看是吃亏的，但是这些合作对全局发展起到了极大的作用，那么这种亏是值得吃的。这正是俗语所谓"吃小亏占大便宜"，细细一想的确十分有道理。

在工作中，我们不要总是计较工作的轻重，自己比别人干多了还是干少了，重要的是能否得到自己所需要的知识技能。尤其是年轻人，这样的吃亏实际上恰恰是输战役而赢战略的成功，而这也正是重复博弈给那些忍耐性较好的人提供的大奖。

第6章
猎鹿博弈
走上集体优化之路

从胡雪岩破产谈起

2018年6月11日，互联网金融平台联邦金控发布《兑付公告》，宣布即日起暂停运营。根据公告，此次暂停运营是"因大量不明人员，在各个投资客户群肆意抹黑平台，以及配套处理不及时导致投资者信心不足，使平台5月22日至6月7日交易量持续低迷以及挤兑情况出现，平台备用金已全部兑付"。

在P2P网贷行业的发展历程中，"挤兑潮"曾多次出现在某些关键节点上，如岁末年初时以及在风险事件连续爆发后。据财新网等媒体报道，2017年12月底，号称流水五百亿的钱宝网平台涉嫌非法集资，引发南京同类型集资平台相继挤兑，与钱宝网模式相似的"小生优服"人去楼空。

挤兑是什么？难道真的可以弄垮一个平台吗？

所谓挤兑，就是投资人集中从平台撤资的行为，当平台遭遇负面新闻、技术故障、错误决策、政策影响和行情波动的时候，都很容易发生挤兑。对中国人来说，挤兑并不是一件新鲜事物，早在1883年的清朝，一次挤兑就曾经让中国最大的银行（当时叫钱庄）一夜倒闭。

那场风波的主角是上海阜康钱庄。挤兑的结果，是钱庄的主人——晚清时期名声显赫、身家多达三千万两白银的红顶商人胡雪岩，在一夜之间宣布破产，阜康系所有的钱庄、银号尽数倒闭。这中间到底发生了什么呢？

最常见的一种说法是，阜康系的倒塌，虽然是从阜康钱庄被挤兑开始的，但这场金融地震的震源，却是胡雪岩与洋商做蚕丝生意时，研判商情失误，发生了严重的亏损。

从1881年开始，胡雪岩不断囤积生丝。到了1882年，已经囤积了8000包，超过上海生丝全年交易量的2/3。不出他所料，市面的生丝价格果然被抬上去了。但是胡雪岩仍然不满足，他自恃手上控制着阜康钱庄和当铺，俨然"金融控股公司"，后备资金充足，所以不但不抛出生丝，反而继续囤积，增加自己在这场生丝豪赌中的优势。

胡雪岩的判断是：缫丝工厂如果买不到生丝（原材料），工厂就无活可干，无货可卖，所以，他们迟早要买生丝；而中国的生丝，一半都抓在他手里，要想买生丝，就必须得买他手上的生丝。

但就在胡雪岩几乎胜券在握之际，他的生意对手放出风声，说他囤积生丝大赔血本，只好挪用阜康钱庄的存款；胡雪岩尚欠外国银行贷款八十万两，阜康钱庄倒闭在即。所谓大风起于青蘋之末，消息一传出，存户争相前往胡雪岩的钱庄和银号挤兑，上海阜康钱庄首先出现了挤兑风潮，很快传遍了全国各地。随着挤兑风波的扩大，阜康系在各地的钱庄都受到牵连，在杭州的泰来钱庄首先倒闭。

1883年12月1日，阜康上海总号宣布倒闭，消息传开，各地分号相继关门。一场全国性的金融危机由此引发，扬州连续倒闭钱庄17家，福州倒闭6家，宁波钱庄从31家减为18家，镇江的60家只剩15家，汉口只有几家钱庄挨过旧历年关。北京也不能幸免，两周内44家钱庄破产。

在这场危机中，"三大商帮"中的徽商和江浙商人损失惨重，从此一蹶不振。

为了了解龙卷风一样的银行挤兑风潮，我们来看这样一个简单的例子，从而分析挤兑现象发生的机理。

假设现在有A和B两个人，都借给C一百万元人民币做生意，C拿到这二百万元在第一年进行投资，第二年才可以赚得利润。笔者不妨假设第一年的时候，A和B索要借款，C只能还给两人各七十万元；若是A和B并不是那么急着用钱，给C两年的时间，则连本带利可以获得二百八十万。

对于A、B两人来说，第一年要回借款，各得七十万元；若其中一个人索要借款，而另一个人没有去索要，则索要的人先一步得到一百万元本钱，另一个人则只拿到剩下的四十万元；如果两人都在第二年才索要存款，则各得一百四十万元；在第二年，只有一个人索要借款，另一个人并没有催着C还钱的情况下，先催款的人得到一百八十万元，另一个人只拿到原来的本钱一百万元。

这种情况下，就是一个两阶段的动态博弈，见表6-1和表6-2。

表6-1　第一年的索款博弈矩阵

A/B	索款	等待
索款	70/70	40/100
等待	100/40	都等到第二年

表6-2　第二年的索款博弈矩阵

A/B	索款	等待
索款	140/140	100/180
等待	180/100	140/140

动态博弈用倒推法进行分析，我们在这里首先看第二年时，A和B作为理性人会如何选择行动策略。假如A和B都将资金借给C用到第二年，这个时候，博弈均衡点是双方都索要自己的资金，A和B各得到一百四十万元的还款。从博弈论的角度来看，整个均衡点是A、B两人理性博弈的唯一可能结果。

我们回过头来看第一年双方的博弈情况。由于在第一年时，双方都不抽回资金的策略才能产生第二年的均衡结果，因此，第一年的博弈矩阵可以改写成表6-3所示的矩阵。

表6-3　简化的索款博弈矩阵

A/B	索款	等待
索款	70/70	40/100
等待	100/40	140/140

我们假定A和B都是理性人，第一年的纳什均衡点很明显有两个，一个是双方都索要借款，这时双方都只能拿回七十万元；另一个就是双方都不索要借款，这时根据我们在第二年的分析，双方各能收到一百四十万元的回报。很显然，对A和B来说，后一个纳什均衡比前一个纳什均衡要好得多。

遗憾的是，因为个体理性与群体理性的矛盾，没有什么可以保证A、B双方一定会在第一年不索要借款。而且因为A和B双方于C的经营能力还不了解，信任基础尚不稳固，同时索回借款的可能性是很高的。

在现实生活中，这个模型中的C就相当于一家银行，而A和B就是银行的存款客户。当不利于银行的谣言四起时，存款客户不再放心将钱放在银行中。不过如果他们经过沟通协调，一致同意不去挤兑，谣言过去后，他们就不会有任何的损失。

然而，因为没有这种协调机制，当他们看到有人去银行提款时，出于个体理性，也会纷纷去银行拿回存款。这样，挤兑就会出现。在很短的时间内，假如银行无法筹措大量的现金，最终的结果就是倒闭，很多人只能抽回银行存款的一部分，甚至一分钱都拿不到。

猎人的帕累托效率

有一个在犹太人中广为流传的经典故事。

两个孩子得到一个橙子，至于如何分这个橙子，两个人吵来吵去，最终达成了一致意见：由一个孩子负责切橙子，而另一个孩子选橙子。最后，这两个孩子各自取得了一半橙子，高高兴兴地拿回家去了。

第一个孩子回到家，把半个橙子的皮剥掉扔进了垃圾桶，把果肉放到果汁机上榨果汁喝。另一个孩子回到家，却把半个橙子的果肉挖掉扔进了垃圾桶，把橙子皮留下来磨碎了，混在面粉里做蛋糕吃。

从上面的情形，我们可以看出，虽然两个孩子各自拿到了一半橙子，进行了看似公平的分配，但是他们各自得到的东西却没有能够物尽其用。这说明，他们事先并未做好沟通，也就是并没有交流各自利益所在，导致了双方盲目追求形式上和立场上的公平。结果，双方各自的利益并未达到最大化。

在社会生活中，很多"橙子"也是这样被"公正"地分配和消耗掉的。人们相持不下甚至造成两败俱伤，根本原因之一就在于双方的行动是未经协调而相互独立的。缺乏协调，往往使双方失去共赢的机会。

我们试想，两个孩子充分交流各自所需，或许会有多种解决方案。可能的一种情况，就是各取所需：想办法将皮和果肉分开，一个拿到果肉去榨果汁，另一个拿果皮去烤蛋糕。

然而，也可能经过沟通后是另外一种情况，有一个孩子既想做蛋糕，又想喝橙汁，这时，通过合作创造价值的机会就出现了，那个想要整个橙子的孩子可以将其他的问题拿出来，进行一揽子谈判，他说："如果把这个橙子全给我，你上次欠我的棒棒糖就不用还了。"

其实，他的牙齿被蛀得一塌糊涂，父母上个星期就禁止他吃糖了。

另外一个孩子想了一想，很快就答应了。他刚刚从父母那儿要了五块钱，准备买糖还债。这次他可以用这五块钱去买书，才不在乎这酸溜溜的橙子呢。

要了解合作为什么能够带来收益，以及它比公平更能实现利益最大化的机制，我们要从"猎鹿博弈"说起。

猎鹿博弈的理论，最初来自启蒙思想家卢梭在其著作《论人类不平等的起源和基础》中的论述。他所描述的个体背叛影响集体合作的过程，后来被学者们称为猎鹿博弈。

设想在古代的一个村庄有两个猎人，主要的猎物只有两种：鹿和兔子。当时，人类的狩猎手段比较落后，弓箭的威力也有限。在这样的条件下，我们可以假设，两个猎人一起去猎鹿，才能猎获一只鹿。如果一个猎人单兵作战，他只能打到四只兔子。

从效用的角度来说，四只兔子能保证一个人四天不挨饿，而一只鹿却差不多能使两个人吃上十天。这样，两个人的行为决策就可以写成以下的博弈形式：要么分别打兔子，每人得4；要么合作，每人得10（平分鹿之后的所得）。

　　这样，猎鹿博弈有两个纳什均衡点，那就是：要么分别打兔子，每人吃饱四天；要么合作猎鹿，每人吃饱十天。

表6-4　猎鹿博弈

猎人甲/猎人乙	猎鹿	打兔子
猎鹿	10/10	0/4
打兔子	4/0	4/4

　　两个纳什均衡点就是两个可能的结局。两种结局到底哪一个最终发生，这无法用纳什均衡本身来确定。比较[10，10]（第一个数代表甲的满意程度或者得益，第二个数代表乙的满意程度或者得益）和[4，4]两个纳什均衡，我们只看到一个明显的事实，那就是两人一起去猎鹿，比各自去抓兔子可以让每个人多吃六天。

　　用经济学的术语来说，合作猎鹿的纳什均衡比分头抓兔子的纳什均衡，具有帕累托优势。与[4，4]相比，[10，10]不仅有整体福利改进，而且每个人都得到福利改进。换一种更加严密的说法就是，[10，10]与[4，4]相比，其中一方收益增大，而其他各方的境况都不受损害。[10，10]对于[4，4]具有帕累托优势的关键，在于每个人都得到改善。

　　在这里，要简单地解释一下何为帕累托效率和帕累托优势。

　　帕累托（意大利经济学家）效率准则是：经济的效率体现于配置社会资源以改善人们的境况，主要看资源是否已经被充分利用。如果资源已经被充分利用，要想再改善任何人都必须损害别的人了，这时候就说已经实现了帕累托效率。

　　相反，如果还可以在不损害别人的情况下改善任何一个人，就认为经济资源尚未充分利用，就不能说已经达到帕累托效率。在猎鹿博弈中，两人合作猎鹿的收益 [10，10]，相对于分别猎兔的[4，4]，明显可以使两个猎人的境况在不伤害对方的情况下得到改善，因此分别猎兔没有实现帕累托效率。而合作猎鹿得到[10，10]，比较原来的[4，4]，就是得到了帕累托改善。

赢家通吃并不理性

从博弈论的角度分析，赢家通吃其实也并不是一种理性的策略。

可是，上面的情况是假设双方平均分配猎物，但是实际上未必如此。如果一个猎人能力强、贡献大，他就会要求得到较大的一份。

我们假设，如果按照能力来分配合作成果，甲和乙猎鹿的得益为 [14，6] 。这时，虽然乙的收益不如甲，但是比他自己单独打兔子的收益还是得到了提高，合作猎鹿仍然是他的优势策略。

表6-5　改变收益分配的猎鹿博弈

猎人甲/猎人乙	猎鹿	打兔子
猎鹿	14/6	0/4
打兔子	4/0	4/4

但是如果按照能力来分配合作成果，甲和乙猎鹿的得益为 [17，3]。这时，显然猎人乙从合作中得到的收益，还不如单独打兔子，合作就成为他的劣势策略。这样，双方显然无法达成合作，而只能各自打兔子。

表6-6　再次改变收益分配的猎鹿博弈

猎人甲/猎人乙	猎鹿	打兔子
猎鹿	17/3	0/4
打兔子	4/0	4/4

但有一点是确定的，要想形成合作，能力较差的猎人乙的所得，至少要多于他独自打猎的收益，否则他就没有合作的动机。为了改善双方的境况，就需要能力较强的猎人甲有全局眼光，把自己的一部分所得让给乙。这看上去似乎有点不公平，但是换来的合作对双方的好处，是不言自明的。

如果在合作中，总有一方拿走桌子上的大部分面包，而且所有人都知道这一点。即使按照能力或者贡献来说是"公平"的，仍然意味着没有人再相信他们，合作也就无法继续了。

所以，如果得势的人让人知道自己一定会利用这个优势获得更多利益，他的处境反而不好。在传统相声里有这样一首定场诗，说的就是一个企图占尽对方便宜的人的心态。

我被盖你被，你毡盖我毡。

你若有钱我共使，我若无钱用你钱。

上山时你扶我脚，下山时我靠你肩。

我有子时做你婿，你有女时伴我眠。

你依此誓时，我死在你后；

我违此誓时，你死在我前。

可以想见，这种盟誓是没有人愿意立的，这种人也是没有人敢与他交往的。所以说，任何一种制度安排，都不能允许赢家通吃，而必须建立在某种程度的公平之上，哪怕是表面上的。

然而，在一定的时空之内，能够分配的利益总量是既定的，当一些人分得过多时，别人就肯定很少，特别是如果这种瓜分不是通过生产的方式，而是私权相授，那么就会出现富者越富、贫者越贫的"马太效应"。

虽然网络时代，资源分布曲线的长尾更长了，但"大头"更大了。传统社会中的"三四律"发现，有影响力的市场竞争者数量绝不会超过三个，最大竞争者的份额不会超过最小者的四倍。在网络时代，这种差距不仅没有拉近，反而变本加厉地变成了"631"的豪门盛宴，即顶尖企业占据市场的60%，30%和10%分别属于第二名和其他。看一下BAT（百度、阿里巴巴、腾讯）怎样借助资本的力量在各领域攻城略地、所向披靡，不就很明白了吗？

而如果坐视此种现象发生甚至有意无意地加以助长，囚徒困境就会普遍发生，阶层固化的社会就会丧失最基本的互信，资源就会投入无效益的地方，从而降低全社会的福利水平，大家一齐滑向一种无效率的状态。

赢家通吃是不理性的，因为这必然导致背叛。即便现在不背叛，也必然会在未来出现。这样做的结果，用作家王鼎钧的一句话说就是：聪明人一向占尽便宜，处处得意，不知道临事而惧，最后往往一败涂地。

共同付出才能共赢

有一个古代笑话，说的是三个好朋友经常一起喝酒。

因为当时的酒酿起来很不容易，因此他们就商量：下次再喝酒的时候，每人从家里带一瓶酒来，倒在一只大碗里一起喝，这样会公平一些。

到了喝酒的那一天，三个人如约而至，并带来了自己的酒。他们把酒倒在一起，就喝起来。可是他们刚开始喝第一口，就发现嘴里一点酒味也没有，根本就是水。可是他们一个人也没有吭声，而是装出一副陶醉的样子，高高兴兴地把水喝完了。

为什么呢？原来，他们每个人从家里出发的时候就想，反正酒是倒在一起喝的，如果我带水去，和另外两个人的酒掺在一起，肯定不会被发现的。因此，他们每个人都带了一瓶水来。

这就是一个三人的囚徒困境。如果其中一个人怀疑另外两个人会带水来，那么他的理性选择就是也带水而不是带酒。只有这样，才能不论对方是带水还是带酒，都能得到最大的收益。

但是三人都采取这个最理性策略的结果，就是喝到无味的白水。这个令人苦笑的故事告诉我们，从博弈参与者的角度来考察，合作并非永远是最佳的个体策略。

在前面的章节中，我们已经知道，在一个合作博弈中，参与者的策略往往有四种组合：

第一，双方都采取合作的方式，绝不背叛，这对集体来说是最优的策略；

第二，本人采取不合作的方式但个人收益是最大的，这对个人来说是最优的策略；

第三，所有的参与者都选择背叛，这对集体来说是最坏的结果，同时对个人而言也有可能是最坏的结果；

第四，也是最后一种选择，就是当别人采取不合作态度时自己却坚守合作的方式，这种情况对个人和集体来说都不是最优策略，而且从个人追求自身效益最大化的动机来看做出这种选择几乎不可能。

我们分析一下生活中最常见的博弈——爱情博弈，就可以打开理解上述情形的一个小小窗口。

只有一方付出的关系可以是施舍，可以是被剥削，但绝不是爱情，更不是达成幸福婚姻的优势策略。一场博弈中的成本，会直接影响对方的策略选择。你越是对另一方无欲无求，越是不忍心让对方有半点付出，对方在婚姻中的投入就越少，越是不重视这段婚姻，也就越容易背叛。

婚姻是重复博弈，两个参与者共同合作，付出物质与精神，相互馈赠和回报，才能取得共赢。而每个参与者除了自己采取合作付出的策略，更要鼓励和要求对方有相应的合作和付出，这才是赢得幸福婚姻的优势策略。

公共资源的悲剧

我们在上面几节对于集体优化的讨论只限于分配层面，下面我们看一下博弈论中对于管理层面的分析。

《郁离子》是明代人刘基的一本寓言散文集，包括多篇具有深刻警世意义的作品，其中有一篇讲了官舟的故事。

> 郁离子到吴国拜望相国，然后返回粤地。相国派一位官员送他，并告诉他说："你可以乘坐官船回家。"
>
> 郁离子来到江边，放眼望去，泊在岸边的船有一千多条，不知哪条是官船。送行的官员微微一笑，说道："这很容易。我们沿着岸边走，只要看到那些船篷破旧、船橹断折、船帆破烂的，就一定是官船了。"

　　瓠里子照此话去找，果然不错。

　　这个故事中所讲的就是公共资源的悲剧。这一理论最初是由美国生态学家格雷特·哈定，于1968年在《科学》杂志上发表的文章《共有地悲剧》中提出来的，因此又被称为"哈定悲剧"。

　　在那篇文章中，哈定首先讲了一个关于牧民与草地的故事，说的是当草地向牧民完全开放时，每个牧民都想多养一头牛，因为多养一头牛增加的收入大于其成本，显然是有利可图的。尽管因为平均草量下降，增加一头牛可能使整个草地的牛吃不饱，单位收益下降，但对于单个牧民来说，他增加一头牛是有利的。然而，如果所有的牧民都看到这一点，都增加一头牛，那么草地将被过度放牧，从而不能满足牛最基本的需要，导致所有的牛都饿死。

　　哈定以这一思路，讨论了人口爆炸、污染、过度捕捞和不可再生资源的消耗等问题，并发现了同样的情形。

　　他指出："在共享公有物的社会中，每个人，也就是所有人都追求各自的最大利益。这就是悲剧的所在。每个人都被锁定在一个迫使他在有限范围内无节制地增加牲畜的制度中。毁灭是所有人都奔向的目的地。因为在信奉公有物自由的社会当中，每个人均追求自己的最大利益。"

　　不同情况下，公用地悲剧可能成为一个多人囚徒困境（每一个人都养了太多的牛）或一个超出负荷问题（太多人都想做畜牧者）。可是无论哪一种情形，如果社会上每一个人都追求自己的最大利益，毁灭将成为大家不能逃脱的命运。

　　哈定的结论是，世界各地的人民必须意识到，有必要限制个人做出这些选择的自由，接受某种"一致赞成的共同约束"。

　　防止公用地悲剧的办法有两种：第一是制度上的，即建立中心化的权力机构，无论这种机构是公共的还是私人的——私人对公用地的拥有和处置便是在使用权力；第二便是道德约束，道德约束与非中心化的奖惩联系在一起。

　　确立产权，一度是经济学家最热衷的解决公用地悲剧的方案。事实上这也是15~16世纪在英国"圈地运动"中曾经出现过的历史事实：土地被圈起来，变成了贵族或地主手里的私有财产，主人可以收取放牧费，为使其租金收入最大化，将减少对土地的使用。这样，那只"看不见的手"恰到好处地关上了过度放牧的大门。

此举改善了整体经济效率，却同时改变了收入的分配；放牧费使主人更富有，使牧人更贫穷，以至于有人把这段历史控诉为"羊吃人"。

另外，确立产权在其他场合也许并不适用。公海的产权很难在缺少一个国际政府的前提下确定和执行；控制携带污染物的空气从一个国家飘向另一个国家，也是一个难题。基于同样的理由，捕鲸和酸雨问题都需要借助更直接的控制才能处理，但达成一个必要的国际协议很不容易。

正如哈定提到的那样，人口是一个更加艰巨的难题。对一个人的家庭（包括其规模）的决定权已经由联合国人权公约和其他国家的人权法案加以确立。

除了确立产权即卖掉使之成为私有财产，还可以作为公共财产保留，但准许进入，这种准许可以以多种方式来进行。

若有两家公司的油井钻到了同一片地下油田，两家都有提高自己的开采速度、抢先夺取更大份额的激励。假如两家都这么做，过度的开采可能降低它们可以从这片油田获得的收益。在实践中，公司决策者往往意识到这个问题，也有办法达成分享产量的协议，使从这一片油田的所有油井开采出来的总数量保持在一个适当的水平。

哈定指出，像公共草地、人口过度增长、武器竞赛这样的困境"没有技术的解决途径"，所谓技术的解决途径，指"仅在自然科学中的技术的变化，而很少要求或不要求人类价值或道德观念的转变"。这些方案都有合理之处，也都有经不起推敲的地方。

第 7 章
酒吧博弈

成功者的少数派策略

酒吧里会有多少人

酒吧问题（Bar Problem）是美国人阿瑟（W.B.Arthur）1994年在《美国经济评论》发表的《归纳论证和有界理性》一文中提出的。阿瑟是斯坦福大学经济学教授，同时是美国著名的圣塔菲研究所研究员。酒吧问题的过程是这样的：

假设一个小镇上有一百人，每个周末要决定是去酒吧活动还是待在家里。

这个小镇上只有一家酒吧，接待六十人时酒吧的服务最好，气氛最融洽，最能让人感到舒适。第一次，一百人中的大多数去了这唯一的一家酒吧，导致酒吧爆满，他们没有享受到应有的乐趣。多数人抱怨还不如不去；那些选择没去的人反而庆幸，幸亏没去。

第二次，人们根据上一次的经验，人多得受不了，决定不去了。结果，因为多数人决定不去，这次去的人很少，享受了一次高质量的服务。

没去的人知道后又后悔了。

那么，这些人如何做出去还是不去的决定呢？

这是一个典型的动态群体博弈问题。前提条件还做了如下限制：每一个参与者只能根据以前去酒吧的人数归纳出此次行动的策略，没有其他的信息参考，他们之间更没有信息交流。

在这个动态博弈中，每个参与者都面临着这样的困惑：如果多数人预测去的人数超过六十，而决定不去，那么酒吧的人数反而会很少，这时候多数人做出的这些预测就错了。反过来，如果多数人预测去的人数少于六十，因而去了酒吧，那么去的人会很多，超过了六十，此时他们的预测也错了。

理论上说的确如上述所言，但是实际的情形会怎么样呢？

阿瑟教授通过计算机模拟和对真实人群的考察两种方法，得到了两个不同的有趣结果。

计算机的模型实验的情形是：一开始，不同的行动者是根据自己的归纳来行动的，并且去酒吧人数的数字没有一个固定的规律。然而，经过一段时间以后，去酒吧的平均人数很快达到六十。即经过一段时间，这个系统中去与不去的人数之比是60：40，尽管每个人不会固定地属于去酒吧或不去酒吧的人群，但这个系统的比例是不变的。也就是说，预测者自发地形成一个生态稳定系统。

然而，对真实人群的实验中，去酒吧的人数如表7-1所示。

表7-1　酒吧问题对真实人群的实验数据

周别	i	i+1	i+2	i+3	i+4	i+5	i+6	i+7	…
人数	44	76	23	77	45	66	78	22	…

从上述数据看，实验对象的预测呈有规律的波浪形态。虽然不同的博弈者采取了不同的策略，但是其中一个共同点是：这些预测都是用归纳法进行的。我们完全可以把实验的结果看作现实中大多数"理性人"做出的选择。在这个实验中，多数人是根据上一次其他人做出的选择而做出本人"这一次"的预测。然而，这个预测已经被实验证明一般是不正确的。

对于酒吧问题，由于人们根据历史来预测以后去酒吧的人数——我们假定这个过程是这么进行的，过去的历史就很重要，然而过去可以说是"任意的"，未来就不可能得到一个确定的值。

"股票买卖""交通拥挤"以及"足球博彩"等问题都是酒吧博弈模型的延伸。每一位股民都在猜测其他股民的行为而努力与大多数股民不同。如果多数股民处于"卖"股票的位置，而你处于"买"的位置，股票价格低，就是赢家；而当你处于少数的"卖"股票的位置，多数人想"买"股票，那么你持有的股票价格将上涨，你因而获利。

但是股民采取什么样的策略，完全是根据他们以往的股市表现归纳出来的。而相同的股市表现，股民所采用的策略如何，则完全是不确定的，也无法预测，因而任何股民都无法肯定地预测到自己是否处于"少数"赢利者的地位。否则，一赚二平七亏损的现象也就不会出现了。

酒吧博弈的研究，对于我们的现实启示在于以下两点。

第一，从一个非线性的系统的整体来说，其变化往往是不可预测的。要采取正确的决策，必须了解其变化规律。所谓非线性的混沌系统，可以这样理解，二是一的两倍，但是一百万并不是一的一百万倍，一亿也并不是一的一亿倍。后者是一个无法准确了解的系统，因为我们不知道量变在哪个地方成为质变，而且改变了变化方式。在下面几节，我们会重点讨论临界点对于策略思维的价值。

第二，对身处于一个混沌系统中的个体来说，在无法预测的过程中采取恰当的策略，往往可以趋吉避凶。在这样的策略中，少数派策略是值得我们重点关注的。

一加一未必等于二

一户人家喂养了一只猫，自己觉得比别人家的猫能捉老鼠，就给它起了个威武的名字，叫虎猫。这天，他家来了一个客人，谈论起这只猫，说道："虎的确很勇猛，但不如狮，狮是万兽之王。就请改名为狮猫吧。"主人拍掌称妙，于是虎猫改成狮猫了。

第二天，家里来了个客人，听了给猫改名字的事情，不以为然地说："狮虽然比虎强，但只能在地上跑；而龙可以在天空行走，比狮更神奇，不如改名龙猫吧。"主人频频点头，照此办理。

隔了些天，又有一位客人来他家，听说狮猫改成龙猫了，忙说："龙虽然比狮神气，但龙升天要靠浮云，不如叫云猫吧。"从此，龙猫改叫云猫了。

又过了些日子，一位客人听说龙猫改成了云猫，他认为不好，对主人说："满天云气，经不住一阵狂风就吹散了。风的威力大，就叫风猫吧。"于是云猫变成了风猫。

又过了几天，一位客人听说云猫改成风猫了，就向主人建议说："再大的风，一堵墙就能挡住，叫墙猫再合适不过了。"这样，风猫又改成墙猫。

再过几天，一位客人对墙猫这个名字很有意见。他找上门来对主人说："墙很结实固然不错，你想过没有，老鼠会在墙上打洞，打了洞的墙很快就会倒塌，还是起名叫鼠猫吧。"

从单个客人的逻辑来看，从虎到狮到龙，再到云到风到墙，始终是在做加法，一加一加一再加一，是沿着一个共同的目标前进的，那就是让猫的名字更加威武。每个客人都没有错，但问题在于，为什么会出现"鼠猫"这个令人啼笑皆非的名字呢？

博弈论对这种黑色幽默故事的解释是：举凡未经协调的一系列行动，都有可能相互影响，造成让全体行动者一致感到遗憾的结果。而当结果出现以后，我们才恍然发现：不知从哪一个行动开始，加法开始变成了减法，整个进程在不知不觉中偏离了目标。

也许从被改叫云猫的那一刻，所有客人就开始走上了无法回头的荒唐路。研究这种结果的形成机制，我们就可以从一开始有所行动，从而避免出现对大家都不利的情况。

当地时间2018年6月15日，美国政府宣布将对从中国进口的约五百亿美元的商品加征25%的关税。此前的6月1日，美国刚刚完成一次"三国杀"，取消了对欧盟、加拿大和墨西哥的暂时钢铝进口关税豁免。一系列行动，似乎都在为唐纳德·特朗普就任总统时的宣示背书："保护主义将带来伟大的繁荣。"

然而，这注定是会失败的。限制进口或许可以保护本土产业，但同时必然会损害美国国内所有使用受保护产品的消费者的利益。经济学家估计，假如美国运用进口配额保护钢铁、纺织或制糖产业，导致大家不得不购买价格更高的产品，换算过来，相当于每保住这些产业一个岗位，美国国内其他人就要付出十万元的代价。这是一种比把一只猫叫作"鼠猫"更为荒唐的结局：极少数人的利益，压倒了大多数人的损失而得到了优先考虑。

2018年5月25日，《日本经济新闻》发表文章就指出特朗普可能在南辕北辙：汽车销售占美国商品消费的11%，涨价将直接导致经济减速。美国汽车经销行业从业人员约为二百万人，比汽车生产行业从业人员多一倍，提高汽车进口关税反而可能导致就业减少。

这种荒唐的形势是怎样出现的呢？秘密在于用大家能够接受的幅度，进行加法运算：一加一加一再加一，每次只加一而不是十。

首先，假设美国汽车制造业的一万个岗位面临着威胁。要想挽救这些岗位，国内其他人就得付出一亿元，人均只需要付出四元。又有谁不愿意付出四元保住一万个岗位呢？即便素昧平生的陌生人也会愿意的吧？

接着就轮到服装产业、钢铁产业、玩具产业。没等美国人明白过来，他们已经点头同意付出五百多亿元，相当于人均付出二百多元或每个家庭付出一千多元。一系列悄无声息的加法，最终做成了整体受损的减法。

假如人们事前可以看穿整个加法的进程，大概会质疑这个代价是不是太高了，继而坚持要让上述各个产业自己承担国际贸易带来的风险，就像他们承担任何其他经济风险一样。

就个案逐项进行决策的加法运算，可能导致最终结果与初衷南辕北辙。实际上，一项决定即便获得多数人投票赞成，仍然有可能导致一个在每个人看来都比现状更糟的结果。之所以出现这些问题，是因为短视的决策者没能看远一点，他们看不到全局和趋势，只见树木不见森林。

大学者钱钟书说过这样一句意味深长的话：要想把哪个东西搞坏，不要骂它、不要臭它，而是让它无限制地繁殖泛滥，结果它自然就名声扫地了。

早在1583年，作为药理学家和学者的帕拉斯尔萨斯就说过一句极其中肯而精彩的话："只有剂量能决定一种东西没有毒。"直到今天，这句话仍然不失其意义。从整个社会来考察也是这样，对作为个体的每个人来说也是如此，姑且不论中国民间"是药三分毒"的说法，就是人们一般片刻不可离开的果腹之物——食物，也并非是"韩信点兵，多多益善"。食物如果过多，也可能造成副作用和中毒，正所谓过犹不及，适得其反。

那么从哪一个时刻起，加法变成了减法，美味的食物变成了毒药呢？这种神秘的变化又是怎样发生的呢？

混沌世界的临界点

自牛顿力学体系建立以来，直线和简化的思想一直在我们的头脑中占据着主导地位，然而近年来，很多科学家在各自的领域中发现，其实这个世界并不是那么简单，它并非是直线发展的，而是相互关联和进化的。

也就是说，这个世界上充满着不可预测的混沌，这是直线思维所无法理解的。多数生态危机的形成都是这样，物种的灭绝也是如此，开始时通常不易发觉，慢慢地加速衰退一段很长的时期后，接着很快绝迹。

美国前副总统小艾伯特·阿诺德·戈尔在其《濒临失衡的地球：生态与人类精神》一书中，介绍了美国物理学家巴克和陈侃所做的一项研究。

在研究中，他们让沙子一粒一粒落下，形成逐渐增高的一堆，借助慢速录像和电脑模拟，精确地计算在沙堆顶部每落一粒沙会连带多少沙粒移动。初始阶段，落下的沙粒对沙堆整体影响很小。但是当沙堆增高到一定程度之后，即使再落下一粒沙也可能导致整个沙堆发生坍塌。巴克和陈侃由此提出一种"自组织临界"（Self-organized Criticality）的理论。

沙堆达到"临界"时，每粒沙与其他沙粒就处于"一体性"状态。那时每粒新落下的沙都会产生一种"力波"，尽管微细，却能通过"一体性"的接触贯穿沙堆整体，将新落下沙粒的碰撞传给所有沙粒。那时沙堆的结构将随每粒沙落下逐渐变得脆弱。说不定哪一粒落下的沙就会导致沙堆整体发生结构性失衡——坍塌，也可以说崩溃。

这就类似于谚语"压垮骆驼的最后一根稻草"，往一匹健壮的骆驼身上放一根稻草，骆驼毫无反应；再添加一根稻草，骆驼还是丝毫没感觉……一直往骆驼身上加稻草，当最后一根轻飘飘的稻草放到了它身上后，骆驼终于不堪重负瘫倒在地。

在社会学里，有人把这种作用的原理取名为"稻草原理"。

对于这种现象，科学家们经过研究认为，在线性系统中，整体正好等于所有部分的相加，因此比较容易做数学分析。而在非线性系统中，整体并不等于所有部分的相加，它可能大于所有部分的相加，因为系统中的一切都是相关联的。

当简单的组成因素自动地在相互发生作用，整个组织就不那么简单了：一个系统的组成个体用无数可能的方式相互作用。

正是由于这些无数可能的相互作用，非线性系统展现出一系列与我们以往的认识全然不同的特点，突破了我们最为大胆的想象力。其中最能够给我们带来启示，也最富有科学内涵和哲学魅力的结论是：一个非线性的混沌系统，一旦超越了它的多样化临界点，就会发生爆炸性变化；而且原来的平衡一旦被打破，就不可能自行恢复。

我们可以用它来观察发生在人类社会的很多现象，比如稳定地保持了几百万年的古代物种和生态系统，为什么会在地质期的某一瞬间灭种或演变为新的物种。

在问题被注意到的时候，或许已经太晚了。而起因，只是一粒小小的沙子或一根稻草。每一个相关对象的偶然性因素，都包含了对象必然发展的结果的信息。一个十分微小的诱因，在各种内外因素参与下，有时会产生极其大、极其复杂的后果。

更重要的是，我们还可以把这种观察与博弈理论结合起来，指导我们如何在混沌系统中采取更好的策略。

谁颠覆了社区平衡

实验室中的临界点变化，可能有其迷人的美学色彩，但是在现实生活中，可能需要我们绞尽脑汁去采取措施加以避免或者推动。

"物以类聚，人以群分"，在现实生活中是司空见惯的现象，但了解稻草原理之后，我们就可以发现比人的安全感和归属感更宏观的观察视野。它不仅可以从更宏观的层面上发现其内在变化规律，也更有助于我们找到应对方法，实现社会的和谐与多元化。

2001年诺贝尔经济学奖得主迈克尔·斯宾塞表示，他于20世纪70年代初开始从事信息博弈与细分策略研究，是在午餐桌上通过与托马斯·谢林的对话得到灵感的。谢林当时问他：世界上何以"物以类聚，人以群分"？为什么在加州的海滩，喜欢冲浪的人与喜欢游泳的人是不同的人群?

这个问题，实质上指向了真实世界里人群细分背后的机制。我们在这里举的，是另一个更为接近现实生活的例子。

今天，居住在城市里的美国人，大多赞成种族混居的社区模式。然而现实生活中，在美国城市中并没有几个种族混合居住的社区。

原因在于，即便人们实际上都能承受一定比例的种族混居，但每个家庭对住所的选择，所形成的博弈均衡会直接走向隔离。谢林认为：假如一个地方的黑人居民的比例超过一个临界水平，这个比例很快就会上升到接近100%；假如这一比例跌破一个临界水平，这里很快就会变成白人社区。

不同的人，对于最佳的混合比例有着不同的见解。虽然很少有白人坚持认为社区的白人比例应达到95%甚至99%，但大多数白人在一个白人只占1%或5%的社区，肯定会感到没有归属感。

实际上，多数人愿意看到一个介于上述两个极端之间的比例。

我们可以借助一个图说明美国社区居住人群发展的情况，见图7-1。

新迁入者是白
人的概率（%）

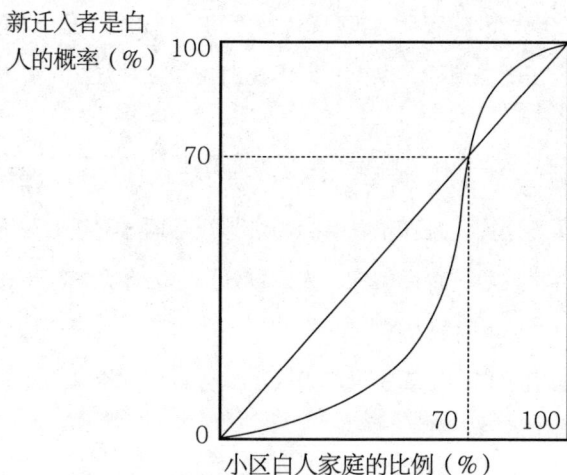

图7-1　美国不同种族居住人群发展情况

纵轴表示一个刚刚迁入的新住户是白人的概率，这一数字以目前的种族混合比例为基础。曲线右上方表示假如一个社区变成了完全的种族隔离，即全是白人，那么下一个迁入的住户就很有可能是白人。假如种族混合比例降到白人有95%或90%，下一个迁入的住户是白人的概率仍然很高。假如种族混合比例沿着白人减少这个方向继续变化，那么下一个迁入的住户是白人的概率就会急剧下降。最后，随着白人的实际比例降至0，这个社区就变成了另外一种极端，即住户全是黑人，那么下一个迁入的住户也很可能是黑人。

在这种情况下，只有当地人口种族混合比例恰好等于新迁入住户种族混合比例时，才会出现均衡，并且保持稳定。然而，这种情况很难出现，社会动力将一直推动整个社区向一个极端的均衡移动。谢林将这一现象称为"颠覆"。现在我们就来看看为什么会出现这种现象。

假定中间的均衡是70%的白人和30%的黑人。极其偶然地，一户黑人搬走了，搬进来一户白人。于是这一社区的白人比例就会稍稍高出70%，那么下一个搬进来的人也是白人的概率就会高于70%。这个新住户加大了向上移动的压力。假设种族混合比例变成75∶25，颠覆的压力继续加大。

这时，新住户是白人的概率超过75%，可以预计整个社区将会越来越隔离。这一趋势将一直发展下去，直到新住户种族比例等于社区人口种族比例。如图7-1所示，这一情况只在整个社区变成全白人社区的时候出现。反之亦然。

问题的根源，在于一户人家的行动对其他人家的影响。从70∶30的比例开始，若有一户白人取代一户黑人，这个社区对打算搬进来的黑人家庭就会减少一分吸引力。但造成这一结果的人并不会受到任何惩罚。

要阻止这个颠覆过程的加速，必须借助于社会政策的实施。

美国芝加哥橡树园作为一个种族和谐混居社区，提供了一个绝妙的样板。这个样板社区采用了两种政策：一是禁止在房屋前院使用写有"出售"字样的招牌；二是提供保险，保证住户的房屋和不动产不会由于种族混合比例改变而贬值。

第一项政策的作用在于，可能被视为坏消息的信息不会扩散，因而在这所房屋出售之前，没有人知道有这么一所房屋要出售，从而避免了居民的恐慌。

然而如果只有第一项政策，居民可能还会觉得他们应该趁着还能出手的时候卖掉自己的房屋。因为他们担心如果等到整个社区"颠覆"以后再卖，房屋已经大大贬值。然而，第二项政策的保险消除了这种可能推波助澜的恐惧。实际上，如果这种保险能够阻止颠覆过程，那么不动产的价值就不会下跌，因而也就不会付出任何代价。

策略的多米诺骨牌

东晋时，有人将大将桓温与王敦相提并论，桓温很不高兴，他最愿意与西晋的将领刘琨比较。刘琨曾经北伐夺取土地，桓温也曾北伐为东晋争得大片土地。刘琨在后世并不如桓温有名，但他有风度有雄才，成为一代英雄人物的标杆。

桓温北伐的时候，遇到一个老婢女。他一问，得知是刘琨家从前的歌伎。桓温非常高兴，赶紧回屋披上最威武的盔甲，再去喊那个老歌伎来，让她仔细瞧瞧，他是不是真的很像刘琨。

这个老歌伎说了一连串可爱而尖锐的排比句："脸面很像，可惜薄了点；眼睛很像，可惜小了点；胡须很像，可惜红了点；身材很像，可惜矮了点；声音很像，可惜细了点。"桓温听了大受打击，回屋一阵风似的把身上的披挂剥下，好几天闷闷不乐。

为什么，因为这位歌伎用了五个"像"字，最终得出的结论却是不言而喻：不像。因为每一个"可惜"虽然只有那么一点点改变，但是加起来完全推翻了桓温与刘琨相像的前提。

头上掉一根头发，很正常；再掉一根，也不用担心；还掉一根，仍旧不必忧虑……长此以往，一根根头发掉下去，最后秃头出现了。哲学上将这种现象称为"秃头论证"。

一群蚂蚁选择了一棵百年老树的树地安营扎寨。为建设家园，蚂蚁们辛勤工作，挪移一粒粒泥沙，又咬去一点点树皮……有一天，一阵微风吹来，百年老树轰然倒下，最终在风雨中零落成泥。生物学中，这种循序渐进的过程也有个名字，叫"蚂蚁效应"。

第一根头发的脱落，第一粒泥沙的离开，都只是无足轻重的变化。当数量达到某个程度，才会引起外界的注意，但此时还只是停留在量变的程度，难以引起人们的重视。一旦量变达到临界点，突变就不可避免地出现了！

在一场博弈中，一部分参与者做了一个选择，另一部分参与者做了另一个选择，但若是把全体参与者作为一个整体，从这个整体的立场出发考察，这些选择可能会造成所有人都意料不到的效果。原因在于，其中一个选择可能对其他人产生更大的影响，而做出这个选择的个体并没有预先将这个影响考虑在内。我们可以用多米诺骨牌来形容这个过程。

加拿大的大不列颠哥伦比亚大学物理学家怀特海德曾经制作了一组多米诺骨牌，共13张，第一张最小，长9.53毫米，宽4.76毫米，厚1.19毫米，还不如小手指甲大。以后每张体积扩大1.5倍，这个数据是按照一张骨牌倒下时能推倒一张1.5倍体积的骨牌而选定的。最大的第13张长61毫米，宽30.5毫米，厚7.6毫米，牌面大小接近于扑克牌，厚度相当于扑克牌的20倍。

把这套骨牌按适当间距排好，轻轻推倒第一张，必然会波及第13张。第13张骨牌倒下时释放的能量，比第一张牌倒下时要扩大20多亿倍。因为多米诺骨牌效应的能量是按指数形式增长的。若推倒第一张骨牌要用0.024微焦，倒下的第13张骨牌释放的能量将达到51焦。

这种效应的物理原理是：骨牌竖着时，重心较高，倒下时重心下降，倒下过程中，将其重力势能转化为动能，它倒在第二张牌上，这个动能就转移到第二张牌上，第二张牌将第一张牌转移来的动能和自己倒下过程中由本身具有的重力势能转化来的动能之和，再传到第三张牌上……所以每张牌倒下的时候，具有的动能都比前一块牌大，因此它们的速度一个比一个快，也就是说，它们依次推倒的能量一个比一个大。

不过怀特海德毕竟没有制作第32张骨牌，因为它将高达415米，两倍于纽约帝国大厦。如果真有人制作了这样的一套骨牌，那摩天大厦就会在一指之力下被轰然推倒！

我们有没有办法通过对一种不好的均衡状态的干预，使其向我们期望的方向发生逆转呢？答案是肯定的。也许，下面这个故事可以为我们提供一种不错的思路。

有一个好心人发现一个村子卫生习惯非常差，整个村子脏乱不堪。他想改变他们的习惯，却很难说服村民们。他想了很久，最后买了一条很漂亮的裙子送给了村里的一位小女孩。

小女孩穿上裙子后，女孩的父亲发现，女孩脏兮兮的双手和蓬乱的头发与漂亮的裙子极不协调，就给她好好地洗了个澡，并把她的头发梳理整齐。这样，小女孩穿着裙子就十分干净漂亮了。但她父亲发现，家里脏乱的环境很快又把女孩的双手和裙子弄脏了，于是父亲就发动家人把家里好好地打扫了一遍，整个家都变得洁净亮堂了。不过这位父亲又发现从干净的家里出来，门口满是垃圾的过道让人十分别扭，于是他又发动家人把门口过道好好地打扫了一遍，并开始注意保持卫生，不再乱倒垃圾了。

不久，女孩的邻居发现隔壁洁净的环境太令人舒服了，于是也发动家人，把屋里屋外都打扫了一遍，并开始注意保持卫生了……后来，那位好心人再到村里的时候，他发现整个村子变了样：村民们都穿着洁净的衣服，村里的走道打扫得干干净净！

上述理论也适用于我们生活中的其他领域。一个公司的崛起，也许就是开始于一个员工敲开一扇普通的门，千万不要轻视了微小的力量，而要坚持将一丝一毫的力量积累成最后的成功！

成功属于"少数派"

当我们陷入一个不可能解决的逻辑困境，似乎永远也找不到解决办法时，我们往往说是遇到了"第二十二条军规"。

这个说法来自美国作家约瑟夫·海勒的小说《第二十二条军规》。

在小说中，尤萨林找到一位军医帮忙，想让他证明自己疯了。军医告诉他，虽然按照所谓的"第二十二条军规"，疯子可以免于飞行，但同时又规定必须由本人提出申请，而如果本人一旦提出申请，便证明你并未疯，因为"对自身安全表示关注，乃是头脑理性活动的结果"。这样，这条表面讲究人道的军规，就成了耍弄人的圈套。

小说的主人公尤萨林目睹了这种荒谬的现实，在同伴们的鼓励下，逃到中立国瑞典去了。

"第二十二条军规"的这个困境，可以以剑走偏锋的办法破解。

战争期间，某位军官注意到一位士兵行为异常，经常捡起能看到的任何纸张，一边看一边喃喃自语："不是这张，不是这张。"然后把纸放回原处。

于是，军官把士兵送到了医生那里。经过诊断，医生认定士兵精神错乱，并出具了退伍建议书。

士兵拿到建议书，一边看一边笑着说："就是这张，就是这张。"他所用的，就是少数派策略。

"第二十二条军规"设置了一个循环论证的陷阱：如果你能证明自己发疯，那就说明你没疯，你必须承担责任。士兵要跳出这个陷阱，就必须避免主动证明自己发疯，而要让别人证明他发疯。

包括战争期间的退伍在内，一切有限的东西都是稀缺的，都会成为争夺的目标。如果照常规出牌，那么你和其他竞争者的处境都会十分艰难。唯有另辟蹊径，找到多数人没有注意到的那个"生门"，才可能绝处逢生，甚至获得比挤上独木桥的千军万马更高的收益。

熬制心灵鸡汤、弘扬正能量是品牌宣传文案的一贯套路。然而，对于那些工作压力大、生活节奏快的都市人，从早到晚的正能量也容易让人生腻。

2016年，为了宣传旗下的无糖黑咖啡UCC BLACK，日本咖啡品牌UCC推出"每天来点负能量"系列广告，直击现代人的痛点。随后号召网友来参加腹黑语录分享大赛，将活动延伸至社交平台。另外，UCC还在官网推出填写咖啡购买发票的抽奖活动，活动的宣传语"你的发票是不是从来没中奖过？"延续负能量风格，一句"填发票厄运退散"更是抓住多数人的心理，瞬间拉近了产品与消费者之间的距离。

"每天来点负能量"剑走偏锋，不仅帮助现代人道出了腹中苦水，还点出了UCC BLACK"无糖、零卡路里"的特点，可以说是巧妙的少数派策略的广告。

这个故事，也为我们提供了一个跳出人云亦云、人求亦求怪圈的途径，那就是改变以自己的需求为中心的传统想法，另辟蹊径。

第 8 章
枪手博弈

用策略弥补实力的不足

谁能最后活下来

南宋末年，面对蒙军汹汹南下，世仇金朝依然故我的情况下，南宋朝廷有两派意见，一派扶持金朝，以之为对抗蒙军的屏蔽；一派认为应趁此机会灭亡金朝，并由此振奋精神，再图抵抗蒙军南下的企图。

南宋大臣乔行简认为，在蒙军势力兴起的形势下，金已经由过去的仇敌转而为今天的缓冲国，只要金能抵御蒙军的进攻，南宋继续向金输纳岁币也是未尝不可的。蒙军实力很强，已经具备了灭亡金朝的能力，等到蒙军灭金朝之后，对宋朝并不是一件好事。若不与金朝绝交，继续输纳岁币，则有利于金人抗蒙，这样，南宋也有机会组织力量，对抗蒙军南下。

当时，蒙古实力最强，金国次之，南宋实力最弱。因此乔行简的策略无疑是上策。

然而，由于金兵曾经掳取徽、钦二帝北归，包括皇室在内的朝廷上下被洗劫一空。宋朝对金人恨之入骨，最终选择了不与金朝结盟。不仅如此，太学诸生黄自然、黄洪一千人等还到丽正门跪伏请愿，要求斩掉乔行简。

与此同时，金人对南宋不屑一顾，借南宋拒绝输纳岁币之机，发动了对南宋的战争，最终将宋朝推向蒙古一边。1231年，蒙古军队借道四川等地，北渡汉水，于1232年取得三峰山大捷，歼灭了金军有生力量。两年后，蒙军再次进攻金朝，南宋也出兵助粮一起攻金，最后合围蔡州，城破后，金朝最后一个皇帝死于乱军之中，金至此灭亡。宋金之间一百余年的对峙至此结束，靖康之耻终于得以洗雪。

但这一结果对南宋而言并非福音，因为它继而面对的是比女真人更为强悍的蒙军。蒙军在灭亡金政权之后并没有停止南下的步伐，而是将南宋政权作为他们的下一个目标。1279年，南宋正式亡于蒙古。

如果南宋和金朝有战略眼光，捐弃前嫌，结盟对抗共同的强大敌人蒙古，恐怕也不至于那么快就先后灭亡了。竞争中，没有永远的敌人。为了自己的利益，要随时准备同自己以前的对手合作以对付更危险的敌人。对于这个问题，在博弈论中有一个专门的模型来描述，那就是枪手博弈。

在美国一个西部小镇上，有三个快枪手反目成仇，而且到了不可调和的地步。这一天，他们三个人在街上不期而遇，每个人的手里都握住了枪把，气氛紧张到了极点。因为每个人都知道，一场生死决斗马上就要发生。

三个枪手对于彼此之间的实力对比都了如指掌：枪手老大枪法精准，十发八中；枪手老二枪法不错，十发六中；枪手老三枪法拙劣，十发四中。那么我们来推断一下，假如三人同时开枪，谁活下来的机会大一些。

假如你认为是枪手老大，结果可能会让你大吃一惊：最可能活下来的是老三——枪法最劣的那个家伙。

这是为什么呢？在这个世界上，最激烈、最残酷的竞争，往往是在人们的大脑里决定胜负的。我们现在把这个枪战过程还原一下，就会明白了。

假如这三个人彼此痛恨，都不可能达成协议，那么作为枪手老大，他一定要对老二开枪。这是他的最佳策略，因为此人威胁最大。这样他的第一枪不可能瞄准老三。

同样，老二也会把老大作为第一目标，很显然，一旦把老大干掉，下一轮（如果还有下一轮的话）和老三对决，他的胜算较大。相反，如果他先打老三，即使活到了下一轮，与老大对决也是凶多吉少。

老三呢？自然也要对老大开枪，因为不管怎么说，老二尽管还是比自己强，可到底比老大枪法差一些，如果一定要和某个人对决下一场的话，选择老二，自己获胜的机会要比与老大对决大一点。

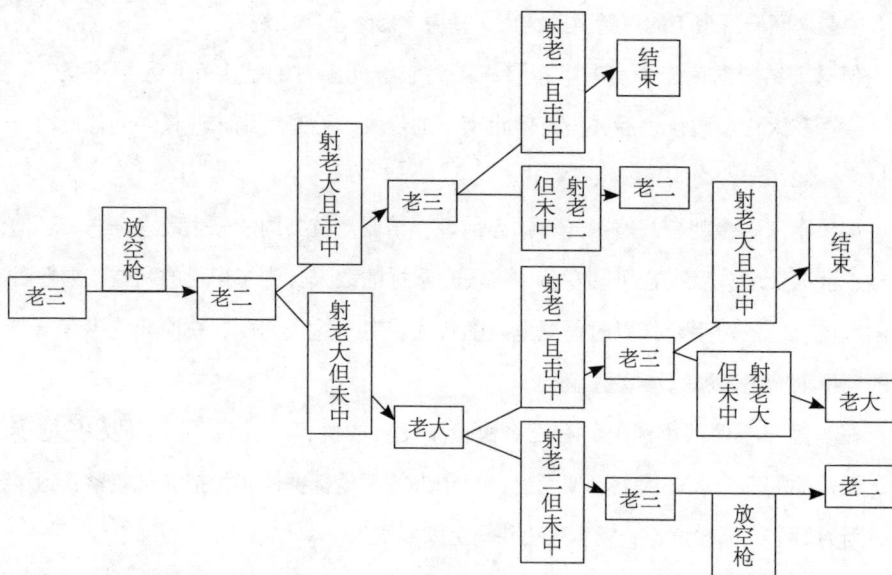

图8-1　枪手博弈

于是，一阵乱枪过后，老大还能活下来的机会少得可怜，只有将近一成，老二是两成，而老三则有十成把握活下来。也就是说，老三很可能是这一场混战中笑到最后的人。

现在如果换一种玩法（在很多情况下，规则决定结果）：三个人轮流开枪，谁的机会更大？

比如说，顺序是老大、老二、老三，老大一枪干掉了老二，现在，就轮到老三开枪了——尽管老三枪法不怎么样，但这个便宜还是很大的：那意味着他有将近一半的机会赢得这次决斗（毕竟老大也不是百发百中）。如果老二幸运地躲过了老大的攻击呢？他一定要回击老大，这样即使他成功，下一轮还是轮到老三开枪。自然，他的成功概率就更大了。

最有意思的一个问题来了：如果三人中首先开枪的是老三，他该怎么办？他可以朝老大开枪，即使打不中，老大也不太可能回击，毕竟这家伙不是主要威胁，可是万一他打中了呢？下一轮可就是老二开枪了……可能你会觉得有点奇怪：老三的最佳策略是乱开一枪！只要他不打中任何对手，不破坏这个局面，他就总是有利可图的。

这个故事告诉我们：在多人博弈中常常由于复杂关系的存在，而出现出人意料的结局。一位参与者最后能否胜出，不仅仅取决于自己的实力，更取决于实力对比关系以及各方的策略。

类似这样的博弈，现实中并不少见，所以，有时当你面对多个强大对手时，不要马上放弃，认真分析一下，或许有一种策略能让你笑到最后。同样，如果你觉得自己在参与者中实力最强时，也不要掉以轻心，因为虽然实力最强，并不意味着获胜的概率最大。

当然，如果老三的命中率只有 1/30 甚至更差，老大、老二的命中率不变，那无论老三采用什么样的策略，都无法改变存活率最低的情况。逆袭需要策略思维，但策略思维是一种软实力，还是要以一定的硬实力为基础的。

奥地利经济学家R.H.鲁尼恩曾经总结出一个"鲁尼恩定律"：赛跑时不一定快的赢，打架时不一定弱的输。如果说赛跑对个人实力的依赖还比较大的话，那么打架特别是在打群架时，实力对结果的影响有时远远不如策略大。一个人的实力再弱，只要没有弱到不堪一击的地步，他也完全有可能通过合适的策略，成为笑到最后的赢家。

但是在认识到这种情况的前提下，如何采取恰当的策略就成为关键。下面我们根据上面所说的同时开枪和相继开枪两种情况，分别论述应采取的最佳策略。

同时出招的策略

博弈实际上就是互动的策略性行为。在每一次利益对抗中，人们都是在寻求制胜之策。博弈的精髓在于参与者的策略是相互影响、相互依存的。这种相互影响或互动通过两种方式体现出来。

第一种互动方式是同时发生，比如囚徒困境故事的情节。参与者同时出招，完全不理会其他人走哪一步。但每个人都知道这个博弈游戏存在其他参与者。因此，每个人必须设想一下若是自己处在其他人的位置，会做出什么反应，从而预计自己应如何选择策略，会带来什么结果。

现在让我们来看一个策略对抗的例子。

无论对方如何行动，自己均应采取最优策略，这正是博弈论研究的主题。为了理解这一点，我们还可以看一个新闻大战的案例。

每个星期，杂志A和杂志B都会暗自较劲，要做出最引人注目的封面故事。一个富有戏剧性或者饶有趣味的封面，可以吸引站在报摊前的潜在买主的目光。因此，每个星期，A的编辑们一定会举行闭门会议，选择下一个封面故事。

他们这么做的时候，很清楚在此时B的编辑们也在关起门来开会，选择下一个封面故事。同时，B的编辑们也知道A的编辑们正在做同样的事情，而A的编辑们也知道B的编辑们知道这一点……

这两家新闻杂志投入了一场策略博弈。由于A与B的行动是同时进行的，双方不得不在毫不知晓对手决定的情况下采取行动。

假定本周有两个大新闻：一是父亲节活动；二是国足大比分输球。

编辑们选择封面故事的时候，首要考虑的是哪一条新闻更能吸引报摊前的买主（无论采用哪一条新闻做封面故事订户都买了这本杂志）。在报摊前的买主当中，假设30%的人对父亲节活动感兴趣，70%的人对国足大比分输球感兴趣。这些人只会在自己感兴趣的新闻变成封面故事的时候掏钱买杂志；假如两本杂志用了同一条新闻做封面故事，那么感兴趣的买主就会平分为两组，一组买A，另一组买B。

现在，A的编辑可以进行如下推理："假如B采用国足大比分输球做封面故事，那么，假如我采用父亲节活动，我就会得到整个'父亲节活动市场'（全体读者的30%）；假如我采用国足大比分输球，我们两家就会平分'国足大比分输球市场'（我得到全体读者的35%），因此，国足大比分输球为我带来的收入就会超过预算。假如B采用父亲节活动，那么，假如我采用同样的故事，我会得到15%的读者，假如我采用国足大比分输球，就会得到70%的读者；第二方案同样会为我带来更大的收入。因此，我有一个优势策略，那就是采用国足大比分输球做封面。无论对手采用哪一条新闻，我的结果都会比其他策略更胜一筹。"

表8-1   封面博弈的形势

A/B	国足大比分输球	父亲节活动
国足大比分输球	35/35	70/30
父亲节活动	30/70	15/15

图8-2可以更形象地表现出编辑的推理过程。

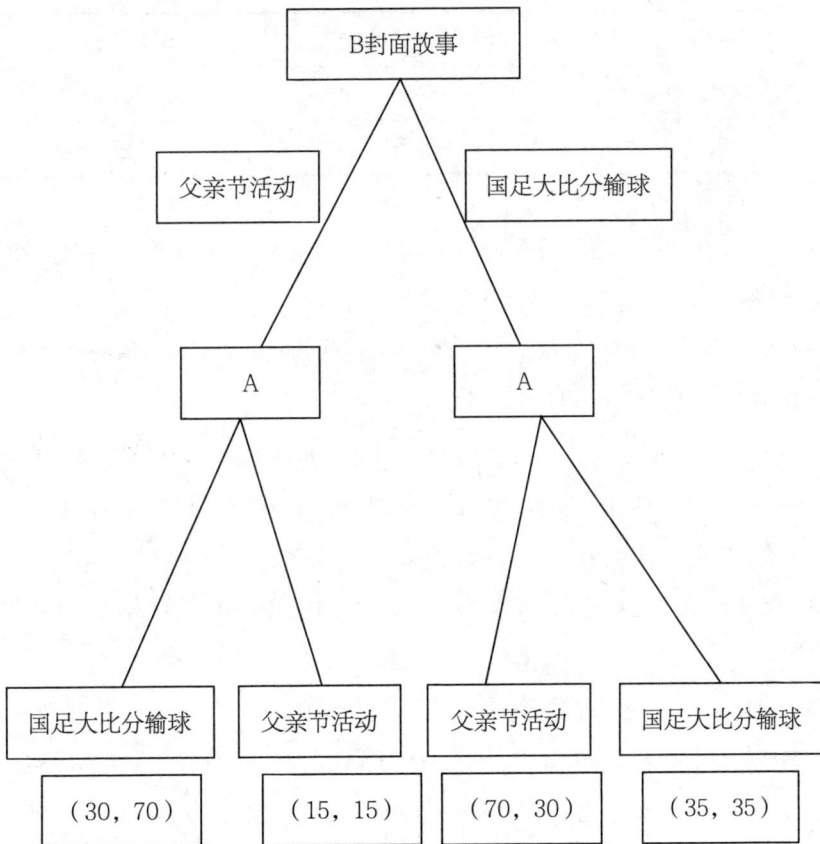

图8-2   封面博弈中的推理过程

在每个参与者都有优势策略的情况下，优势策略均衡是非常合乎逻辑的。但遗憾的是，在诸如上述新闻大战之类的大多数博弈中，优势策略均衡是不存在的。

有时候，某参与者有一个优势策略，其他参与者则没有。只要略微修改一下A与B的封面故事大战的例子，就可以了解这种情形。

假设读者略偏向于选择A。两个杂志选择同样的新闻做封面故事，喜欢这个新闻的潜在买主当中有60%的人选择A，40%的人选择B。

表8-2　封面博弈的变化形式

A/B	国足大比分输球	父亲节活动
国足大比分输球	42/28	70/30
父亲节活动	30/70	18/12

对于A，国足大比分输球仍然是优势策略；但对于B，如果也做同样选择，那么只能得到28%的读者，小于选择父亲节活动的30%。

假如A选择国足大比分输球，B选择父亲节活动就能得到更好的销量，对于B，父亲节活动市场总比国足大比分输球市场要大。

B的编辑们不会知道A的编辑们将会选择什么，不过他们可以分析出来。因为A的优势策略，一定就是他们的选择。因此，B的编辑们可以推断A已经选了国足大比分输球，并据此选择自己的最佳策略，即父亲节活动。

由此可见，在那些不存在策略均衡的博弈中，我们仍然可以根据优势策略的逻辑找出均衡。

我们可以把这些例子归纳为一个指导同时行动的博弈的法则，即：假如你有一个优势策略，请照办。不要担心你的对手会怎么做。假如你没有一个优势策略，但你的对手有，那么就当他一定会采用这个优势策略，相应地，你要选择你自己最好的做法。

相继出招的策略

同时出招之外，还有一种方式是参与者的行动相继发生，参与者轮流出招。

相继出招的博弈有一个总的原则，就是每一个参与者必须预计其他参与者接下来会有什么反应，据此盘算自己的最佳招数。这种向前展望，倒后推理的方法非常重要，值得我们作为确定策略时的一个基本准则。

我们同样可以用发生在两大媒体之间的一场战争作为案例来说明。不过，这一次双方"交火"的"武器"是价格。

在美国报界，两家报纸A和B堪称是一对劲敌。A批评B是"每日白日梦"。而后者也反唇相讥，把对手贬得一钱不值。两家报纸不仅热衷这种口水战，而且还会经常为拼抢市场份额而斗智斗勇。

1994年，A的老板将它的零售价从原来的四十美分提高到了五十美分。他认为，报纸想要平衡运营的话，零售的合适价位应该是五十美分，于是率先采取了行动。

然而，令他没有想到的是，对手B却并没有跟进提价，而是仍然把价格停留在四十美分。这样，它就相当于变相地展开了一场价格战。结果，A由于提高零售价，失去了不少读者和广告收入。

他认为对方坚持不了太久就会跟进涨价。可是令他恼火的是，对方一直按兵不动。他认为是时候小小地展示一下自己的实力，让对方明白：如果有必要，他有能力发动一场报复性的价格战。

当然，显示报复能力的最可信的证明，就是真的发动一场全面的价格战。但是，这样必然也会对自己造成损失，形成两败俱伤的局面。他的目标，是既要让对方感受到威胁的可信性，又不至于使自己伤筋动骨。

于是，他又将A的价格从五十美分降回到四十美分，并且扬言会进一步降价。但B仍然没有任何反应。不久，他果然将A在S地区的价格降到了二十五美分，它的销量立竿见影地上升了。

该市以M区为中心，还包括P、K、L和S四个区。应该说，在S区降价，只是向对手进行一次试探性的示威。但这一行动终于让B意识到：对方的威胁有可能升级为一场价格战。

B既不敢也不愿激怒A，再者涨价对它来讲也并不吃亏。于是，B放弃了借机抢占市场的投机心理，将报纸的零售价提高到五十美分。不久，A的价格重新提高至五十美分。至此，在经过互动的试探与推理之后，两个对手终于找到了新的平衡点。一场剑拔弩张的价格战就此偃旗息鼓。

从这个博弈过程中我们可以看出，两者的博弈需要向前展望，倒后推理，见招拆招。如果参与博弈的不止两方，会出现什么情形呢？下一节我们会进行分析。

三方博弈的联盟

从上面我们已经知道，在相继出招的动态博弈中，每一位参与者的策略都必须基于对另一方策略的预测。可是在现实世界的博弈中，参与者往往并非两个。这时候，除了预测对手的行动之外，还必须对第三方的策略有清醒的认识。

在《三国演义》中，有这样一段故事。

东吴大将陆逊火烧连营，战败了蜀军，然后率数万大军追击刘备。吴军一直追到鱼腹浦，忽见到前面的一片乱石堆挡住去路，一阵杀气，冲天而起，却不见一兵一卒。

陆逊问当地的人，一位老者告诉他们："这里叫鱼腹浦。诸葛亮入川的时候，用石头排成阵势于沙滩之上。"陆逊心中诧异，于是带了人马去阵中观看，忽然狂风大作，飞沙走石，遮天盖地。

陆逊回寨，叹了口气："孔明真'卧龙'也！我比不上他啊！"

他急忙下令班师。

但是，今天我们回过头来再看这段故事，只能作为一段美丽的传说来看。实际上，当时使陆逊放弃追击刘备的人，并不是诸葛亮，而是曹丕。

在当时，魏、蜀、吴三国就像三个实力各不相同的枪手，在两两火并之前，必须同时小心第三方。在当时，刘备大军几乎全军覆没，面临被吴国入侵及至吞并的危险。假如当时没有曹魏的存在，阻止吴军长驱直入几乎是不可能的事情。

尽管蜀国面临灭亡的危险，但曹魏的存在构成了必要的制约。

假如吴军真要长驱直入攻打蜀国，就必须从北部与曹魏接壤的边境抽调兵力。曹魏虽然不会贸然入侵全副武装的吴国，不过，如果陆逊率大军深入蜀地，曹丕必定难以抗拒这种诱惑。借机一举干掉这个曾经让他父亲从赤壁狼狈逃窜的麻烦邻居，这样的大好机会他绝不会放过。

陆逊正是通过倒后推理，预计到一旦他们进攻蜀国，曹魏军必然大举南下，因此才迅速回兵。不久，果然听说了曹魏调兵遣将南下的消息。

这实际上是一个典型的三方博弈。早在冯·诺伊曼和摩根斯顿创作《博弈论与经济行为》时，就已经对三方博弈进行了研究。在三方博弈中，两个参与者有可能联合起来对抗第三方，而这在两方博弈中是不可能发生的。在博弈论中，把协调相互策略的参与者称为联盟。

我们用表8-3来表示三国时期的博弈，矩阵中间的数字为各国的收益，顺序为曹魏、西蜀、东吴。我们假设三个国家的实力相对平衡，一方受到另两方合攻的收益为-2，组成联盟合攻一方而受到对方反攻的收益为1，组成联盟合攻一方而不受攻击时的收益为3。例如在最左上角的策略组合中，曹魏和东吴同时攻蜀，而蜀国进攻吴国，则曹魏/西蜀/东吴的收益为3/-2/1。进攻一方同时也受到一方进攻的收益为0，例如在最右上角的策略组合中，魏攻蜀，蜀攻吴，吴攻魏，则三国的收益均为0。

表8-3　三国博弈

		东吴			
		攻蜀		攻魏	
		西蜀		西蜀	
		攻吴	攻魏	攻魏	攻吴
曹魏	攻蜀	3/-2/1	1/-2/3	-1/1/3	0/0/0
	攻吴	3/1/-2	0/0/0	-2/3/1	1/3/-2

这是一场存在多个纳什均衡的博弈，在现实中出现哪一个是不确定的。由于三国大联盟不是一个纳什均衡，因此两方结盟对付第三方是肯定会出现的。也正因如此，三国时期的两大战略家诸葛亮和鲁肃，都以维护吴蜀联盟为追求。

枪手博弈和类似的故事，给我们的启示意义在于，弱者可能通过放弃自己的攻击机会，而取得更好的结果。中国古代的哲学家老子说："夫唯不争，故天下莫能与之争。"其中就包含着深刻的博弈论智慧。

因此，你的幸存机会不仅取决于你自己的本事，还要看你威胁和威胁你的人。就像上文所讲的枪手老大虽然是最厉害的神枪手，他的幸存概率却最低。最强者生存的概率居然就这么一点点！而枪法最差的枪手老三，如果采用最佳策略，反而能使自己得到更高的幸存概率。

仅仅把思考停留在只有三个对手的情况下，仍然是一种相对简单的模式。现在让我们考虑一下，假如三个敌人可以达成稳定状态，四个又如何？

现在我们在上面魏、蜀、吴的例子中，加入辽东的公孙渊。假如曹魏要打吴国的主意，很有可能遭到公孙渊的入侵。如果当时公孙渊的力量足够强大，这确实是曹魏面临的一个严重威胁。如果这样，吴国不必担心曹魏入侵，就是因为曹魏一想到公孙渊就不敢大意。因而西蜀也就不可能指望曹魏来抑制吴国的吞并野心。但是公孙渊当时鞭长莫及，倒后推理的链条在曹魏这里中断，而西蜀最终也因此得到了安全。

这个例子，可以让我们把国与国之间的复杂关系考虑在内，从而得到更多细节，用于分析一国入侵别国的企图究竟有多大。

　　不过，还有一个重要的结论：博弈的结果在很大程度上取决于参与者的人数。参与的人越多越好，参与的人越少越糟，即便在同一个博弈里也是如此。但是，两个敌对国家难以和平共处、三个敌对国家就能恢复稳定局面的结论，并不意味着若有四个敌对国家就更好。在三国的那个例子里，四个的结果跟两个是一样的。

进攻方向的选择

　　欧洲军事理论家克劳塞维茨说："战争不过是一场较大规模的决斗。"下面这个故事可以给我们一些启发。

　　民国时期，广西出现三足鼎立之势：黄旭初和李宗仁合在一处有两万多人，陆荣廷有三万多人，沈鸿英有两万多人。不久，陆荣廷与沈鸿英在桂林鏖战，相持三个多月不分胜负。

　　这时，坐山观虎斗的李宗仁忽闻陆、沈开始媾和，便与白崇禧和黄旭初商讨有关战事。白崇禧对李宗仁说："陆、沈相急，已三个多月，我们隔岸观火，现在火势将熄，我们若不趁火打劫，就会失去大好时机。"

　　黄旭初说："李总司令，健生兄，你们认为陆、沈二人，我们先打陆好呢，还是先打沈好？"

　　李宗仁认为："就道义来说应先讨沈，因为沈氏反复无常，久为两粤人民所共弃，对他大张挞伐，定可一快人心。至于陆荣廷，广西一般人士无多大恶感。"

　　白崇禧说："我认为应先打陆，有三条理由。第一，陆驻在桂林、南宁，为广西政治中心，防务空虚，易于进攻。第二，陆与湖南相通，湖南又得吴佩孚援助，应于其支援未至时，出其不意，攻其不备。第三，攻打沈鸿英，胜了，陆之势力犹在，广西仍然不能统一；败了，则更不能打陆、沈。我们之处境如楚汉相争之韩信，联陆则沈败，联沈则陆败，我们应当联弱攻强，避实击虚。"

　　黄旭初说："我也认为应当先打陆荣廷。陆、沈交战，陆荣廷将其主力调至桂林增援，其后方南宁必定空虚，因此，我军袭击南宁必定成功。而且陆荣廷在桂林被围三个月，已气息奄奄，我们如攻沈，就等于救了他的命，我们纵然将沈军击败，伤亡也必大。"

　　三人经过充分的协商，最后做出"先陆后沈"的决策，决定先攻陆荣廷。

　　李宗仁于1924年5月23日领衔发出通电，请陆荣廷下野。通电发出以后，联军遂分水陆两路向南宁分进合击。6月25日，李宗仁指挥的左翼军兵不血刃占领南宁。由白崇禧指挥的右翼军扫荡宾阳、迁江、上林之敌后，即向左回旋进击武鸣，也未遭激烈抵抗，两军会师南宁。

　　被围于桂林的陆荣廷，失去南宁之根据地，只得逃入湖南。随后，李宗仁趁热打铁，和黄旭初、白崇禧合作，在不到三年的时间里将沈鸿英、谭浩明等一一剪除，于1925年秋占据广西。

　　对于这几场以少胜多的著名战役，给了历代研究者无数启示。但是实际上，这场胜利除了当时的有利环境等因素外，李宗仁和白崇禧对于攻击方向和先后顺序的安排，也充满了博弈论的智慧。

　　美国普林斯顿大学博弈论课程中有这样一道练习题：

　　在一次军事演习中，红军要用两个师的兵力，攻克蓝军占据的一座城市。而蓝军的防守兵力是三个师。红军与蓝军每个师的装备、人员、后勤等完全相同，自然战斗力相同。

　　由于一个红军师与一个蓝军师的战斗力完全相同，因此两军相遇时，人数居多的一方取胜；战争中都是"易守难攻"，因此当两方人数相等时，守方获胜。同时，军队的最小单位为师，不能够再往下分割。只要红军可以突破防线，就算红军胜利；反之则蓝军胜利。

　　不妨假想，红军进攻蓝军有两个方向，分别是A、B两个方向。相应地，蓝军的防守方向也是这两个。这样，进攻方红军的战略有如下三个。

　　（1）两个师集中向蓝军防线的A方向进攻。

　　（2）兵分两路，一个师向蓝军防线的A方向进攻，另一个师向蓝军防线的B方向进攻。

（3）两个师集中向蓝军防线的B方向进攻。

防守方蓝军则有如下四种不同的防守策略。

（1）三个师集中防守A方向。

（2）两个师防守A方向，一个师防守B方向。

（3）一个师防守A方向，两个师防守B方向。

（4）三个师集中防守B方向。

我们依次用排列组合来罗列双方各种策略组合下的结果，见表8-4。

表8-4　红蓝双方博弈矩阵

红军策略/ 蓝军策略	（1）	（2）	（3）	（4）
（1）	蓝军胜	蓝军胜	红军胜	红军胜
（2）	红军胜	蓝军胜	蓝军胜	红军胜
（3）	红军胜	红军胜	蓝军胜	蓝军胜

这个博弈中，红军没有劣势策略，而蓝军有劣势策略。很明显，蓝军选择第一种策略，也就是派三个师防守A方向劣于第二种策略，也就是派两个师防守A方向，一个防守B方向。

因为，蓝军选择第二种策略的任何一个结果，都不比选择第一种策略的结果要差，在图中能够看出三种结果：红军选择第一种策略时，蓝军选择第二种策略与第一种策略相同，都是蓝军胜利；红军选择第二种策略时，蓝军选择第二种策略是蓝军胜利，而第一种策略则是红军胜利，自然选择第二种策略要好；红军选择第三种策略时，蓝军选择第一种、第二种策略结果相同，都是红军胜利。由此可见，蓝军选择第二种策略自然好于第一种。同理，蓝军选择第三种策略也好于第四种策略的结局。

也就是说，蓝军策略选择中的第一种和第四种都是劣势策略。

劣势策略就是从理性人的角度来看是蓝军一定不会采用的策略，红军知道蓝军不会选择第一种、第四种策略，红军和蓝军都知道，博弈可以简化成如表8-5所示的局面。

表8-5 简化后的红蓝双方博弈矩阵

红军策略/蓝军策略	（2）	（3）
（1）	蓝军胜	红军胜
（2）	蓝军胜	蓝军胜
（3）	红军胜	蓝军胜

这个简化的博弈中，蓝军反而没有劣势策略，红军却有一个劣势策略，也就是第二种策略，选择分兵两路进攻防线。很明显，红军选择第二种策略的结局就是根本不可能胜利，理性的红军自然不选择这个劣势策略。博弈矩阵得到了进一步的简化，见表8-6。

表8-6 再次简化后的红蓝双方博弈矩阵

红军策略/蓝军策略	（2）	（3）
（1）	蓝军胜	红军胜
（3）	红军胜	蓝军胜

这个时候，红蓝双方的形势是相同的，即红军尽管在总兵力上劣于蓝军，但实际上它只要运用谋略，攻其不备，其获胜的可能与守方是相同的。

在博弈论中，"以弱胜强"的道理就是这样。正如在中国春秋时期的城濮之战中，总兵力占优势的楚国联军，并不能保证在某个局部（比如右军）拥有优势；而总兵力处于弱势的晋军，却可以巧妙地集中优势精锐兵力，在楚军的右军方向取得头一场战斗的胜利，然后再击败左军，通过歼灭其两翼，使楚军大败。

再如在企业竞争中，也是一样。资本、规模、品牌、人力等都处于劣势的企业，可以在某个局部领域集中自己所有的资源并加以整合，造成在细分领域的优势，从而成为竞争的赢家。360公司创始人周鸿祎说："单点敢不敢做到极端，这点很重要。正如我经常做的一个比喻，'欲练神功，必先自宫'。如果你自己觉得看到了点，就一定要放手去做。你总是想还有很多包袱，还有很多顾虑，就稍微做一点改良，这是最可怕的。因为你是给对手提了个醒。如果他比你更有魄力，做得更彻底，甚至比你更有资源，那么他就能很快掉转枪口，迎头赶上。"

置身事外的智慧

即使是枪手之间的博弈，在枪弹横飞之前甚至之中，也仍然会出现某种回旋空间。对尚未加入战团的一方来说，越是保持自己的含糊态度，保持一种对另外两方的威胁态势，其地位越重要。这需要一种置身事外的艺术。

《清稗类钞》中记载的一个故事，可以说是一个绝妙的例子。

清朝末年，湖广总督张之洞与湖北巡抚谭继洵关系不太融洽，遇事多有龃龉。谭继洵就是后来大名鼎鼎的"戊戌六君子"之一谭嗣同的父亲。

有一天，张之洞和谭继洵等人在黄鹤楼举行公宴，当地大小官员都在座。座客里有人谈到了江面宽窄问题，谭继洵说是五里三分，曾经在某本书中亲眼见过。张之洞沉思了一会儿，故意说是七里三分，说自己也曾在另外一本书中见过这种记载。

督抚二人相持不下，在场僚属难置一词。于是双方借着酒劲儿呛起来，谁也不肯丢自己的面子。于是张之洞就派了一名随从，快马前往当地的江夏县衙，召县令来断定裁决。

当时江夏的知县是陈树屏，听来人说明情况，急忙整理衣冠飞骑前往黄鹤楼。他到了以后刚刚进门，还没来得及开口，张、谭二人同声问道："你管理江夏县事，汉水在你的管辖境内，知道江面是七里三分还是五里三分吗？"

陈树屏早就知道他们这是借题发挥，对两个人这样闹很不满，但是又怕扫了众人兴；再说，这两方他都得罪不起。他灵机一动，从容不迫地拱拱手，言语平和地说："江面水涨就宽到七里三分，而水落时便是五里三分。张制军是指涨水而言，而中丞大人是指水落而言。两位大人都没有说错，这有何可疑的呢？"

　　张、谭二人本来就是信口胡说，听了陈树屏这个有趣的圆场，拊掌大笑，一场僵局就此化解。

　　学会了置身事外，你的处世水平当然就上升到了一个更高的档次。有一句谚语叫作：涉入某件事比从该事脱身容易得多。这可以说是对置身事外的超然智慧的一种反向总结。

　　如果你的两个朋友为了小事发生了争执，你已经明显感到其中一个是对的，而另一个是错的，现在他们就在你的对面，要求你判定谁对谁错，你该怎么办？

　　其实一个精明的人，这时候不会直接说任何一个朋友的不是。因为这种为了小事发生的争执，影响他们做出判断的因素有很多，而不管对错，他们都是朋友。当面说一个人的不是，不但会极大地挫伤他的自尊心，让他在别人面前抬不起头，甚至很可能会因此失去他对你的信任；而得到支持的那个朋友虽然一时会感谢你，但是等明白过来，也会觉得你帮了倒忙，使他失去了与朋友和好的机会。

　　也许有很多人认为，这种置身事外、谁也不得罪的做法是一种墙头草的行径。大丈夫敢作敢为，必须敢于挺身入局表明自己的立场。其实这是对置身事外策略的一种误解。置身事外不过是一种博弈手段，其目标是为了在冲突的最初阶段更好地保护自己，并且在将来挺身入局的时候，能够占据更为游刃有余的地位，进而更好地掌握这个局面。

第9章
智猪博弈

事半功倍的顺风车

小猪躺倒大猪跑

2017年6月1日，特朗普宣布美国退出195个国家于2016年签署、147个国家已经正式批准的《巴黎协定》。继退出TPP（跨太平洋伙伴关系协定）之后，这位不按套路出牌的总统又让世界吃了一惊。

他的理由冠冕堂皇：这一协议会让美国处于不利位置，而让其他国家受益。他认为，一方面，它会增加美国财政"不必要的负担"。基于此，特朗普甚至提议2018财年联邦政府预算也停止向一些联合国应对气候变化项目拨款，并大幅度削减美国环保局的预算。另一方面，他认为《巴黎协定》会影响数量庞大的就业岗位。之前特朗普曾经宣称，协定可能使美国失去多达270万个就业岗位。

也就是说，作为一个人均碳排放量是中国2.4倍的大国，美国决定在减排问题上搭其他大国的便车，而不再承担自己的责任。要看明白这一点，可以了解一下"智猪博弈"的博弈策略。

假设猪圈里有两头猪同在一个食槽里进食，一头大猪，一头小猪。我们假设它们都是有着认识和实现自身利益的充分理性的"智猪"。

猪圈周长很长，一头安装了一块控制饲料供应的踩踏板，饲料的出口和食槽却安在另一头。猪每踩一下踏板，另一边就会有相当于10份饲料进槽，但是踩踏板以及跑到食槽所需要付出的"劳动"，加起来相当于要消耗2份饲料。

两头猪可以选择的策略有两个：自己去踩踏板或等待另一头猪去踩踏板。如果某一头猪选择自己去踩踏板，由于踏板远离饲料，它将比另一头猪后到食槽，从而减少吃到饲料的数量。假定大猪先到（小猪踩踏板），大猪将吃到9份饲料，小猪只能吃到1份饲料；若小猪先到（大猪踩踏板），大猪和小猪将分别吃到6份和4份饲料；若两头猪同时踩踏板，同时跑向食槽，大猪吃到7份饲料，小猪吃到3份饲料。若两头猪都选择等待，那就都吃不到饲料。

智猪博弈的收益矩阵可以用表9-1所示。表9-1中的数字，表示不同选择下每头猪所能吃到的饲料数量减去前去踩踏板的成本（体力消耗）之后的净收益水平。

表9-1　智猪博弈的收益矩阵

大猪/小猪	踩踏板	等待
踩踏板	5，1	4，2
等待	9，-1	0，0

那么，这个博弈的均衡解是什么呢？这个博弈的均衡解是大猪踩踏板，小猪等待，这时，大猪和小猪的净收益分别为 2 个单位和 4 个单位。这是一个"多劳不多得，少劳不少得"的均衡。

在找出上述智猪博弈的均衡解时，我们实际上是按照"重复剔除严格劣势策略"的逻辑思路进行的。这一思路可以归纳如下：首先找出某个参与人的严格劣势策略，将它剔除，重新构造一个不包括已剔除策略的新博弈；继续剔除这个新的博弈中某一参与人的严格劣势策略；重复进行这一过程，直到剩下唯一的参与人策略组合为止。剩下这个唯一的参与人组合，就是这个博弈的均衡解，称为"重复剔除的占有策略均衡"。

在智猪博弈收益矩阵中可以看出：小猪踩踏板只能吃到1份，不踩踏板反而可能吃上4份。对小猪而言，无论大猪是否踩动踏板，小猪将选择"搭便车"策略，也就是舒舒服服地等在食槽边，这是最好的选择。

由于小猪有"等待"这个优势策略，大猪只剩下了两个选择：等待就吃不到；踩踏板得到4份。所以"等待"就变成了大猪的劣势策略，当大猪知道小猪是不会去踩动踏板的，自己亲自去踩踏板总比不踩强，只好为自己的4份猪食，不知疲倦地奔忙于踩踏板和食槽之间。

也就是说，无论大猪选择什么策略，选择踩踏板，对小猪是一个严格劣势策略，我们首先加以剔除。在剔除小猪踩踏板这一选择后的新博弈中，小猪只有等待一个选择，而大猪则有两个可供选择的策略。在大猪这两个可供选择的策略中，选择等待对大猪是一个严格劣势策略，我们再剔除新博弈中大猪的严格劣势策略等待。剩下的新博弈中只有小猪等待、大猪踩踏板这一个可供选择的策略，这就是智猪博弈的最后均衡解，从而达到重复剔除的优势策略均衡。

智猪博弈与囚徒困境的不同之处在于：囚徒困境中的犯罪嫌疑人都有自己的严格优势策略；而智猪博弈中，只有小猪有严格优势策略，而大猪没有。

在一场博弈中，如果每个参与人都有严格优势策略，那么严格优势策略均衡是非常合乎逻辑的。但在绝大多数博弈中，这种严格优势策略均衡是不存在的，而只存在重复剔除的优势策略均衡。所以，智猪博弈听起来似乎有些滑稽，但它是一个根据优势策略的严格逻辑找出均衡的博弈模型。

智猪博弈模型可以用来解释为什么占有更多资源者，比如本章开头的故事中的美国，必须承担更多的义务。这样的现象，在现代国际和国内政治生活中都十分普遍。

那么，这是不是不公正呢？对于这个问题，学者赵汀阳的回答是：每个人都有各自的利益、意愿和优势资源，要满足每个人的利益在逻辑上永远不可能，因此公正问题是无解的。绝对意义上的公正是个伪问题，任何可能的制度都是不公正的。

比比皆是的智猪

2018年6月16日，俄罗斯能源部部长诺瓦克表示，俄罗斯总统普京与沙特阿拉伯王储萨勒曼决定，共同提议无限期延长2017年1月OPEC（石油输出国组织）和非OPEC产油国达成的原油减产协议。原协议2018年年底到期。

那么，在减产协议即将到期时，沙特阿拉伯为什么会与俄罗斯一致提议延长减产协议呢？这其中又有着怎样的博弈？

OPEC的一个重要特点，是成员的生产能力各不相同。沙特阿拉伯的生产能力远远超出其他成员。我们把它与一个小成员比如科威特相比，就很容易明白其中的奥秘。

假定在合作的情况下，科威特应该每天生产一百万桶石油，沙特阿拉伯则生产四百万桶。对于它们两家，作弊意味着每天多生产一百万桶。换言之，科威特有两种选择，分别是一百万桶和二百万桶；沙特阿拉伯的两种选择则为四百万桶和五百万桶。

基于双方的不同选择，投入市场的总产量可能是五百万桶、六百万桶或七百万桶。假定相应的边际利润（每桶价格减去每桶生产成本）分别为十六元、十二元和八元。由此得出利润表（如表9-2所示）。每一个格子里，左下方的数字是沙特阿拉伯的利润，右上方的数字是科威特的利润。

表9-2　沙特阿拉伯与科威特的利润（单位：百万美元/天）

沙特阿拉伯/科威特	100	200
400	6400/1600	4800/2400
500	6000/1200	4000/1600

科威特有一个优势策略：作弊，每天生产二百万桶。沙特阿拉伯也有一个优势策略：遵守合作协议，每天生产四百万桶。在此局面之下，沙特阿拉伯一定遵守协议，哪怕科威特作弊也一样。

囚徒困境就此破解：因为沙特阿拉伯出于纯粹的自利心理，有一个遵守合作进行减产协议的激励。

假如通过减产，石油的市场价格攀升，OPEC全体成员的边际利润上扬。据OPEC年度统计报告，2017年OPEC石油出口价值增长了28%，这反映出自该组织通过减产措施提高了产油国的收入。假如它的产量只占OPEC总产量一个很小的份额，它自然不会发现，原来向整个联盟提供这种"公共服务"对自己也有好处。不过，假如它占的份额很大，那么，上扬的边际利润会有很大一部分落在它自己手里。因而，为此牺牲一些产量也是值得的。

对世界的头号产油国俄罗斯来说，遵守减产协议的激励同样来自这种考虑。与

OPEC最大产油国沙特阿拉伯共同努力将减产协议延续下去，自然也就成为俄罗斯的优势策略。

这也是我们选作例子的两个国家的抉择。这个例子描述了走出囚徒困境的另一个途径：找出那个大家伙，让它遵守合作协议，并容忍其他人作弊。在许多国家内部，一个大政党和一个或多个小政党必须组成一个联合政府。大政党一般愿意扮演负责合作的一方，委曲求全，确保联盟不会瓦解；而小政党则坚持它们自己的特殊要求，选择通常偏向极端的道路。

在国际生活中，正如亨利·基辛格在《大外交》中所指出的："几乎是某种自然定律，每一世纪似乎总会出现一个有实力、有意志且有知识与道德动力，希图根据其本身的价值观来塑造整个国际体系的国家。"而这样的国家，也就责无旁贷地担当起国际事务中的"大猪"角色。

从17世纪到18世纪，"大猪"的位置先后由法国和英国占据。到了19世纪，梅特涅领导下的奥地利重新建构了"欧洲协调"，但是这种主导地位不久又让给了俾斯麦主政下的德国。

到了20世纪，最能左右国际关系的国家则非美国莫属。再没有任何一个国家能够像美国一样，如此一厢情愿地认定自己负有在全球推广其价值观的责任，因而对海外事务的介入达到如此高的程度。美国在防务联照开支中自愿地承担如此比例的份额，似乎大大便宜了西欧和日本。美国经济学家曼库尔·奥尔森将这一现象称为"小国对大国的剥削"。

在社会生活的其他领域也是如此。在一个股份公司当中，股东都承担着监督经理的职能，但是大小股东从监督中获得的收益大小不一样。在监督成本相同的情况下，大股东从监督中获得的收益明显大于小股东。

因此，小股东往往不会像大股东那样去监督经理人员，而大股东也明确无误地知道小股东会选择不监督（这是小股东的优势策略），大股东明知道小股东要搭大股东的便车，但是大股东别无选择。大股东选择监督经理的责任、独自承担监督成本，是在小股东占优选择的前提下必须选择的最优策略。

这样一来，与智猪博弈一样，从每股的净收益（每股收益减去每股分担的监督成本）来看，小股东要大于大股东。

这样的客观事实，就为那些"小猪"提供了一个十分有用的成长方式，那就是"借"。《三十六计》第二十九计为："借局布势，力小势大。鸿渐于陆，其羽可用为仪也。"这是指利用别人的优势造成有利于自己的局面，虽然兵力不大，却能发挥极大的威力。大雁高飞横空列阵，全凭无数长翼助长气势。

猪圈里的跟随策略

在《孙子兵法·虚实篇》中，有这样几句精辟的论述："凡先处战地而待敌者佚，后处战地而趋战者劳。故善战者，致人而不致于人。"这是说先机重要。不过，先一步下手固然可以获得一定的优势，但是如果不能把这种优势转化为最后胜利的一部分，反而会陷入被动，给对方造成机会。

看一下智猪博弈就能明白这一点，小猪的优势策略就是坐等大猪去踩踏板，然后从中受益。换句话说，小猪在这个博弈中具有后动优势，大猪去不去踩，小猪的损失都不如大猪的多。大猪不去，双方都没的吃；大猪踩踏板，小猪可以多吃。

不过在现实中，选择后发策略的未必就是实力较弱的小猪。《水浒传》中有一段描述，在柴进家中洪教头要与林冲较量，使出毕生功夫，大叫着向林冲进攻。林冲退后几步，看准洪教头的破绽，飞快地一棒扫上去，立时把洪教头打翻在地。

这是对后发制人生动而传神的描写，其实也正是基于实际情况对博弈智慧的运用。下面我们用生活中的一个案例来说明这一点。这个例子来自维纳什·K.迪克西特和巴里·奈尔伯夫的著作《策略思维》。

该书作者之一巴里·奈尔伯夫毕业的时候，为了庆祝一番，参加了剑桥大学的五月舞会（大学正式舞会）。

庆祝活动包括在赌场下注。每人都得到20元的筹码，截至舞会结束之时，收获最大的那位将免费获得下一年度舞会的入场券。到了准备最后一轮轮盘赌的时候，巴里手里已经有了七百元的筹码，独占鳌头。第二名是一位拥有三百元筹码的英国女子，他们的决赛将是怎样的呢？

为了帮助大家更好地理解接下去的策略行动，我们先来简单介绍一下轮盘赌的规则。轮盘赌的输赢取决于轮盘停止转动时小球落在什么地方。典型的情况是，轮盘上刻有0～36共37个格子。假如小球落在0处，就算庄家赢了。一般玩法是赌小球落在偶数还是奇数格子（分别用黑色和红色表示），赔率是一赔一，比如一元赌注变成两元，取胜的机会是18/37。

在这种玩法下，即便那名英国女子把全部筹码押中，也不可能稳操胜券；因此，她选择一种风险更大的玩法。她把全部筹码押在小球落在3的倍数上。这种玩法的赔率是二赔一（假如她赢了，她的三百元就会变成九百元），但取胜的机会只有12/37。

现在，那名女子把她的筹码摆上桌面，表示她已经下注，不能反悔。

那么，巴里应该怎么办？巴里应该跟随那名女子的做法，同样把三百元筹码押在小球落在3的倍数上。这么做可以确保他领先对方四百元，最终赢得那张入场券：假如他们都输了这一轮，巴里将以400：0取胜；假如他们都赢了，巴里将以1300：900取胜。那名女子根本没有其他选择。即使她不赌这一轮，她还是会输，巴里照样取胜。

相反，如果巴里不押3的倍数，那么他有一半的机会以大比数胜出，同时也有一半的机会输掉。巴里的目标是战胜对方，而不是尽可能赢得筹码，他显然不应该冒这种险，而应该采取稳赢不输的跟随策略。

表9-3　巴里和女子在不同情况下的筹码分布

巴里/女子	押3的倍数	
	开出3的倍数	未开出3的倍数
300元押3的倍数	1300/900	400/0
300元不押3的倍数	400/900	1300/0

而从女子的角度考虑，她唯一的希望在于巴里先赌。假如巴里先在黑色下注二百元，她应该怎么做？她应该把她的三百元押红色。把她的筹码押黑色对她没有半点好处，因为只有巴里能赢，她才能赢（而她只有六百元，排在巴里的九百元后面，这种赢显然毫无意义）。

自己赢而巴里输，才是她唯一的反败为胜的希望所在，这就意味着她应该在红色下注。而从表9-4中我们可以看出，女子唯一能胜过巴里的情况在表的右下角，也就是她押中了红色的时候。

表9-4　巴里和女子在不同情况下的筹码分布

巴里/女子		300元押黑色	300元押红色
200元押黑色	开黑色	900/600	900/0
	开红色	500/0	500/600

在这个关于轮盘赌的故事里，先行者处于不利地位。那名女子先下注，巴里可以选择一个确保胜利的策略。假如巴里先下注，那名女子也可以选择一个具有同样取胜机会的赌法。

在博弈游戏里，抢占先机、率先出手虽然可能有机会影响其他参与者的行动，却会暴露你的行动，其他参与者可以观察你的选择，同时做出自己的决定，并努力利用这一点占你的便宜。可你未必能准确推算你的对手将会采取什么行动。第二个出手可能使你处于更有利的策略地位。

占优势时更应保守

1983年美洲杯帆船赛决赛前四轮结束之后，丹尼斯·康纳的"自由"号暂时以3胜1负的成绩排在首位。

那天早上，第五轮比赛即将开始，整箱整箱的香槟送到"自由"号的甲板。而在观礼船上，船员的妻子全都穿着美国国旗红、白、蓝三色的背心和短裤，迫不及待地要在他们夺取美国人失落一百三十二年之久的奖杯之后参加合影，可惜事与愿违。

比赛一开始，由于"澳大利亚Ⅱ"号抢跑，不得不退回起点线后再次起步，"自由"号获得了三十七秒的优势。

澳大利亚队的船长伯特兰打算转到赛道左边，他希望风向发生变化，帮助他们赶上去。丹尼斯·康纳决定将"自由"号留在赛道右边。

没想到这一回伯特兰押对了宝，风向果然按照澳大利亚人的心愿偏转，"澳大利亚"Ⅱ号以一分四十七秒的巨大优势赢得这轮比赛。人们纷纷批评康纳，说他策略选择错误，没有跟随澳大利亚队调整航向。再赛两轮之后，"澳大利亚"Ⅱ号赢得了决赛桂冠。

此次比赛是研究"跟随"策略的一个很有意思的反例。

成绩领先的帆船，通常都会照搬尾随船只的策略。一旦遇到尾随的船只改变航向，那么成绩领先的船只也会照做不误。实际上，即便尾随的船只采用一种显然非常低劣的策略，成绩领先的船只也会照样模仿。

这是因为帆船比赛与在舞厅里跳舞不同，在这里，成绩接近是没有任何意义的，只有最后胜出才有意义。假如你成绩领先了，那么，维持领先地位的最可靠办法就是看见追随者怎么做，你就跟着怎么做。但是如果你的成绩落后了，那么就很有必要冒险一击。

曾经在一次欧洲篮球锦标赛上，保加利亚队与捷克斯洛伐克队相遇。当比赛剩下八秒时，保加利亚队以二分优势领先，基本上已稳操胜券。但是，那次锦标赛采用的是循环制，保加利亚队必须赢球分差超过五分才能取胜。可要用仅剩的八秒钟再赢三分，谈何容易。

这时，保加利亚队的教练突然请求暂停。暂停后，比赛继续进行。球场上出现了众人意想不到的事情：只见保加利亚队员突然运球向自家篮下跑去，并迅速起跳投篮，球应声入网。

全场观众目瞪口呆，全场比赛时间到。但是，当裁判员宣布双方打成平局需要加时赛时，大家才恍然大悟。保加利亚队这出人意料之举，为自己创造了一次起死回生的机会。

加时赛的结果，保加利亚队赢了六分，如愿以偿地出线了。

股市分析员和经济预测员也会受这种模仿策略的感染。一方面，业绩或影响领先的分析员总是想方设法随大流，制造出一个跟其他人差不多的预测结果。这么一来，大家就不容易改变对这些分析员的能力的看法。另一方面，初出茅庐者则会采取一种冒险的策略：他们喜欢预言市场会出现繁荣或崩溃。通常他们都会说错，以后再也没人听信他们。不过，偶尔也会有人做出正确的预测，一夜成名，跻身名嘴行列。

产业和技术竞争提供了进一步的证据。在技术竞赛当中，就跟在帆船比赛中差不多，追踪进入的新公司，倾向于采用更加具有创新性的策略，而龙头老大们则愿意模仿跟在自己后面的公司。

在个人电脑市场，IBM的创新能力远不如将标准化的技术批量生产、推向大众市场的本事那么闻名。新概念更多是来自其他新近创立的公司。冒险性的创新是这些公司脱颖而出夺取市场份额的最佳策略，大约也是唯一途径。

这一点不仅在高科技产品领域成立。宝洁作为尿布行业的IBM，也会模仿金佰利发明的可再贴尿布黏合带，以再度夺回市场统治地位。

跟在别人后面出手有两种办法：一是一旦看出别人的策略，你立即模仿，好比帆船比赛的情形；二是再等一等，直到这个策略被证明成功或者失败之后再说，好比电脑产业的情形。而在商界，等得越久越有利，这是因为，商界与体育比赛不同，这里的竞争通常不会出现赢者通吃的局面。结果是，市场上的领头羊们，只有当它们对新生企业选择的航向同样充满信心时，才会跟随这些企业的步伐。

局面不利要冒险换牌

假如在一个游戏节目里，主持人指出标有1、2、3的三扇门给你，而且明确告诉你，其中两扇门背后是山羊，另一扇门后有名牌轿车。你要从三扇门里选择一扇，并可以获得所选门后的奖。既然是三选一，很清楚，选中汽车的机会就是1/3。

在没有任何信息帮助的情况下，你选了一扇（比如1号门）。但主持人并没有立刻打开1号门，而是打开了3号门，门后出现的是一只羊。这时，主持人问你是否要改变主意选2号门。

现在你就面临一个策略问题了：改还是不改？

这个问题是作家赛凡特女士在一篇文章中提出来的。她的思路大致如下：如果你选了1号门，你就有1/3的机会获得一辆轿车，但也有2/3的机会，车子是在另外两扇门后。接着，好心的主持人让你确定车子确实不在3号门以后，1号门有车子的概率维持不变，而2号门后有车子的概率变成2/3。实际上，3号门的概率转移到了2号门上，所以你当然应该改选。

这个游戏以及作家的推理，一经刊登就引来数以千计的读者来信。读者多半认为她的推论是错的，主张1号、2号门应该有相同的概率，理由你已经把选择变成2选1，也不知道哪扇门背后有车，因此概率应该跟丢掷铜板一样。

有趣的是，赛凡特又提供一项有用的资讯：一般大众的来信里，有90%认为她是错的；而从大学寄来的信里，只有60%反对她的意见；在后续的发展里，一些统计学博士加入自己的意见，且多半认为概率应该是1/2。赛凡特很惊讶，不过坚持己见。

把现实问题抽象为数学问题尤其是与概率相关的问题时，一定要万分小心，因为它有时并没有我们想象得那么简单。

实际模拟一下，是最简单不过的验证方法。每个人都可以理解，也可以亲自动手验证。我们用扑克牌来模拟一下：用三张盖起来的牌当作门，一张A，两张鬼牌，分别当作车子和山羊，连续玩十几次看看。很快就可以发现：换牌是比较有利的，就和赛凡特说的一样。

那么，在3号门出现山羊后1号、2号门的概率变化，为什么又引发如此激烈的争论呢？是不是所有参与争论的人，都有一些自己没有意识到的假设，即使用扑克牌模拟也是如此？

一个公平游戏，所以初始概率每个门都是1/3。你选了1号门，因为你一无所知，所以猜对的概率是1/3。但是主持人打开了3号门，而没有人问他为什么要开3号门。这一点并不是无关紧要的，而是十分关键的。

这里有几种可能性。第一种可能，主持人并不知道汽车在哪个门后面，而只是想制造一下紧张气氛，只要你选1号，他就一定开3号门，不管3号门后是不是车。如果3号门后面出现羊，那你的运气不错；如果是车，那么游戏就告一段落，你输了。

在这种可能性下，那么3号门后不是车，并不改变1号和2号门后有车的概率。你可以换，也可以不换。

第二种可能是，主持人并没有故弄玄虚，而是知道汽车在哪扇门后面，并且知道绝不能打开有车子的那扇门。因为这会破坏悬疑气氛，提早结束游戏，使观众失去兴趣。

在这种可能性下，如果车子在1号门后面，他就可以随便开2号门或3号门。如果车子没有在1号门后面，那么他所开的一定是没有车子的那扇门，开3号门相当于告诉你车子在2号门的后面，因此2号门就有2/3的机会。在这种情况下，那你就应该赶快换。虽然换选未必保证你一定会获胜，但还是使获胜机会加倍了。

表9-5　最初的选择是你与自然力的对赌

你/汽车	在1号	在2号	在3号
选1	1/0	0/1	0/1
选2	0/1	1/0	0/1
选3	0/1	0/1	1/0

表9-6　打开3号门的动作，替你删除了部分可能性

你/汽车	主持人				
	不知道车在哪个门后		知道车在哪个门后		
	在1号	在2号	在1号	在2号	在3号
选1号	1/0	0/1	1/0	0/1	
选2号	0/1	1/0	0/1	1/0	
选3号					1/0（？）

也就是说，因为对主持人掌握信息所做的假设不同，各种答案都可能是对的。如果主持人开门是随机的，车子又不在他开启的那扇门的后面，那么剩下的两个门的概率就真的各有50%，你换选不会有任何的损失。如果他知道车子在哪扇门后，一开始就决定在这个阶段绝不去开有车的那扇门，那么他让你先看3号门后是什么的同时，你就应该利用这项信息而换选。

我们把这个故事和巴里赌博的故事结合起来，就会发现一个比较有普遍意义的启示：当我们在博弈中处于不利地位时，冒更大的风险去换牌是优势策略。而当自己处于有利地位时，采取保守策略，跟着对方出牌则是明智的。

冒险策略越早越好

越早冒险越好，这一点在网球选手看来很容易理解：他们都知道应该在第一发球的时候冒风险，第二发球则必须谨慎。这么一来，如果这一发成功，那么你就可以一举领先；就算你一发失误，比赛也不会就此结束，你仍然有时间考虑选择其他策略。

因为风险与收益是成正比的，所以想要冒险获得较大收益的话，那么越早进行越好。因为你越早进行冒险，成功的话你就会越早掘到第一桶金，甚至让自己的筹码比对手遥遥领先；而失败的话也还有翻盘的机会，来得及争取。

我们基于这个结论，可以发现一种全新的投资方式。

传统的投资工具组合一般采用"三分法"，即将全部资金分成三部分，1/3用来进行储蓄、保险；1/3进行股票、债券等投资；还有1/3用于房地产、黄金、珠宝等实物投资。而被称为"100减去目前年龄"的投资法（见图9-1）则建议，如果你现年二十岁，至少应将手中资金的80%拿出来进行投资，进行创富；而如果我们已经六十岁，那么也可以拿出40%的资金买一些保险和基金。

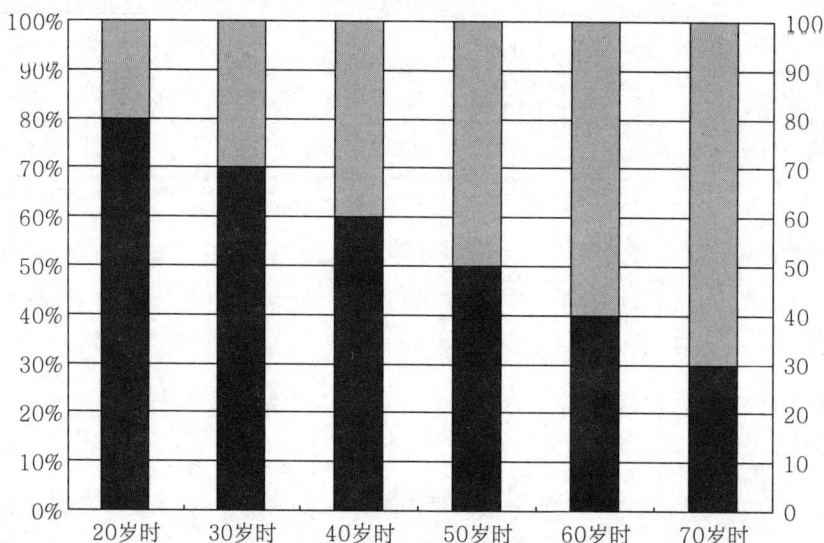

图9-1　100减去目前年龄投资法

二十岁到三十岁时，退休的日子还遥遥无期，风险承受能力是一生中最强的，可以采用积极成长型的投资模式。按照上面的投资公式，可以将70%～80%的资金投入各种证券、股权、基金等。

三十岁到五十岁时，家庭成员逐渐增多，对承担风险的态度需要比上一阶段相对保守，但仍以让本金尽快成长为目标。这一期间，可将资金的50%～60%投在证券、股权、基金等方面，剩下的40%投在有固定收益的投资标的。投在证券方面的资金可分配为40%投资股票，10%购买基金，10%购买国债。投资在固定收益投资标的部分也应分散。这种投资组合的目的是保住本金之余还有赚头，也可留一些现金供家庭日常生活之用。

五十岁到六十岁时，孩子已经成年，是赚钱的高峰期，就需要将60%资金投于有固定收益的投资标的，如储蓄，其余资金可投入股市或汇市。此种投资组合的目标是维持保本功能，并留些现金供退休前的不时之需。

不仅是投资方面如此，在人生的其他方面也应学会运用这种思维方式，来看待所面临的成败。曾经有人说，一个人起码要在感情上失恋一次，在事业上失败一次，在选择上失误一次，才能长大。

《韩非子》中说："刻削之道，鼻莫如大，目莫如小。鼻大可小，小不可大也；目小可大，大不可小也。举事亦然，为其后可复者也，则事寡败矣。"

这段话的意思是说：雕刻的技巧，鼻子最好先刻得大一点，眼睛最好先刻得小一点。鼻子刻大了可以削小，刻小了却无法加大了。眼睛刻小了可以修大，刻大了却无法改小。做任何事都是这样，对那些不能恢复挽回的事情，要特别谨慎小心，这样失败的可能性才会减少。

和雕刻一样，一个策略也要给自己留下继续下去和挽回损失的余地。如果一开始丧失了这种余地，那么它就是一种错误的策略。不要永远说失败是成功之母那样的老话，失败来得越早越好，要是四十岁甚至五十岁之后再经历失败，有些事很可能就来不及了。

管理中要杜绝搭便车

博弈分析中，只要规则是不变的，一般博弈结果就是确定的；而规则一旦改变，所有参与者的策略都要改变。在智猪博弈的模型中，"小猪躺着大猪跑"的现象是故事中的游戏规则所导致的。但一个群体当中，小猪搭便车时的社会资源配置并不是最佳状态。因为假如"小猪"的策略总是对的话，那么"大猪"就必将越来越少了。这时，就需要改变博弈规则。

一般人对团队的刻板印象是，团队精神会激励其成员更加努力地工作，从而提高整体生产力。然而，20世纪20年代末，德国心理学家马克斯·瑞格曼（Max Ringelman）的"拔河研究"：三个人拔河的力量相当于一个人的2.5倍，而八个人的力量还不到一个人的4倍。这就表明团队绩效有时是小于个人绩效总和的。

其他一些相似的实验，基本上支持了这一发现。团队规模的增大，与个人绩效是负相关的。就总的生产力来讲，多个人组成的团队，其整体生产力大于一人的生产率，但团队规模越大，成员个体的生产力却越低。其原因就是当团队中的个人贡献无法衡量时，人人都想成为团体中的小猪，从而表现出强烈的投机主义倾向，积极性不同程度地下降。

从管理的角度看，智猪博弈是一则激励失效的典型案例。为使资源最有效配置，规则不应激励搭便车的"小猪策略"，一个政府如此，一个公司也是如此。几乎所有管理者都会自然而然地提出这样一个问题：什么样的规则，才能激励小猪和大猪抢着踩踏板呢？

事实上，能否杜绝"搭便车"现象，关键在于游戏规则的核心指标设置。在智猪博弈的模型中，规则的核心指标是：每次落下的食物数量和踏板与投食口之间的距离。如果改变一下核心指标，猪圈里还会出现同样的"小猪躺着大猪跑"的景象吗？试试看。

改变方案一：减量方案。投食量仅为原来的一半。结果是小猪、大猪都不去踩踏板了。小猪去踩，大猪将会把食物吃完；大猪去踩，小猪也将会把食物吃完。谁去踩踏板，就意味着为对方贡献食物，所以谁也不会有踩踏板的动力了。

如果目的是想让猪们去多踩踏板，这个游戏规则的设计显然是失败了。

改变方案二：增量方案。投食量为原来的两倍。结果是小猪、大猪都会去踩踏板。谁想吃，谁就会去踩踏板。反正对方不会一次把食物吃完。小猪和大猪相当于生活在物质相对丰富的乌托邦社会，都有足够的食物，所以竞争意识都不会很强。

对游戏规则的设计者来说，这个设计的成本相当高（每次提供双份的食物）；而且因为竞争不强烈，想让猪们去多踩踏板的目的仍然没有达到。

改变方案三：减量加移位方案。投食量仅为原来的一半，但同时将投食口移到踩踏板附近。结果呢，小猪和大猪都在拼命地抢着踩踏板。等待者不得食，而多劳者多得。

对游戏设计者来说，减量移位方案是一个最好的方案。成本不高，而收获最大，可以说是一个最佳的方案。

我们用智猪博弈来分析一下公司的激励制度设计。如果奖励力度太大，又是持股，又是期权，公司职员个个都成了百万富翁，成本高不说，员工的积极性并不一定很高。这相当于智猪博弈增量方案所描述的情形。但是如果奖励力度不大，而且见者有份（不劳动的小猪也有），一度十分努力的大猪也不会有动力了——就像智猪博弈减量方案所描述的情形。

最好的激励机制设计就是减量加移位的办法，奖励并非人人有份，而是直接针对个人（如业务按比例提成），既节约了成本（对公司而言），又消除了"搭便车"现象，能实现有效的激励。

这个办法的总体思路就是提高"小猪"的投机成本。

许多人并未读过智猪博弈的故事，但是在自觉地使用小猪的策略。股市上等待庄家抬轿的散户；等待市场中出现具有赢利能力的新产品，继而大举仿制牟取暴利的游资；公司里不创造效益但分享成果的人；等等。

然而，世上的事不会总是这么简单。譬如股市"小猪"特别多，都想让"大猪"来拉动股价以从中获利。而股市里的"大猪"往往是些"大鳄"，他们"踩动踏板"的同时会设置大量的陷阱，以提高"小猪"们的投机成本。如此一来，又会引出许许多多的问题，稍有不慎，大的动荡便随之而来。

除了杜绝搭便车以外，如何平衡"大猪"和"小猪"之间的利益关系，也是需要各个领域中的专家深入思索的问题。

因此，对制定各种经济管理的游戏规则的人来说，必须深谙智猪博弈指标改变的个中道理。

第 10 章
警察与小偷博弈

猜猜猜与变变变

从点球大战谈起

2008年，莫斯科的欧冠决赛之夜进入点球大战，切尔西队的阿内尔卡站在了曼联球队守门员范德萨的面前，准备罚点球。范德萨大吼一声，伸展开双臂，指了指自己的左边，意思说："我知道你就要往左边踢，你们那点小九九被我看穿了！来呀！"

常规来说，点球点距离门线是英制的12码，约10.98米。对顶尖球员来说，只需0.2秒就能把球从点球点踢到门线。因此球一旦踢出，守门员是不可能有时间反应并有效扑救的，他必须在球被踢起之前猜测球的方向，并由此决定向哪边倾斜重心。而球员也必须对守门员的方向判断进行猜测，以便把球踢向相反的方向。因此，攻守双方都会尽力猜测对方的想法，并且掩饰自己的选择。

在阿内尔卡之前，切尔西队的6个点球全部射向门将的左边，范德萨没有一次扑对方向。这时，阿内尔卡面临着一个困境：阿内尔卡知道范德萨爱扑右边，而范德萨知道阿内尔卡知道他爱扑右边，这个点球应该射向左边还是右边呢？

要回答这个问题，需要用到博弈论中的一个模型——警察与小偷博弈。

某个小镇上只有一名警察，他要负责整个镇的治安。现在我们假定，小镇的一头有一家酒馆，另一头有一家银行。再假定该地有一个小偷，要实施偷盗。因为分身乏术，警察一次只能在一个地方巡逻；而小偷也只能去一个地方。若警察选择了小偷偷盗的地方巡逻，就能把小偷抓住；而小偷选择了没有警察巡逻的地方偷盗，就能够偷窃成功。

假定银行需要保护的财产价格为两万元，酒馆的财产价格为一万元。

警察怎么巡逻才能使效果最好？

一种最容易被警察采用而且确实也更为常见的做法是，警察对银行进行巡逻。这样，警察可以保住两万元的财产不被偷窃。但是此时，假如小偷去了酒馆，偷窃一定成功。这是警察的最好做法吗？

答案是否定的，因为我们完全可以通过博弈论的知识，对这种策略加以改进。

警察的一个最好的策略是，警察抽签决定去银行还是酒馆。因为银行的价值是酒馆的两倍，所以用两个签代表银行，比如抽到1号、2号签去银行，抽到3号签去酒馆。这样警察有2/3的机会去银行进行巡逻，1/3的机会去酒馆。

而在这种情况下，小偷的最优策略是：以同样抽签的办法决定去银行还是去酒馆偷盗，与警察不同的是抽到1号、2号签去酒馆，抽到3号签去银行。这样小偷有1/3的机会去银行，2/3的机会去酒馆。

表10-1　警察与小偷博弈

小偷/警察	巡逻银行	巡逻酒馆
偷银行	小偷被抓	小偷窃走2万
偷酒馆	小偷窃走1万	小偷被抓

警察与小偷之间的博弈，如同"剪刀、石头、布"的游戏。

在这样一个游戏中，不存在纯策略均衡，对每个小孩来说，采取出"剪刀""布"还是"石头"的策略应当是随机的，不能让对方知道自己的策略，哪怕是策略的倾向性也不行。一旦对方知道自己出某个策略的可能性增大，那么这个小孩在游戏中输的可能性也就增大了。因此，每个小孩的最优混合策略，是采取每个策略的可能性是1/3。在这样的博弈中，每个小孩各取三个策略的1/3是纳什均衡。

还有一种常见的混合策略就是猜硬币游戏。比如在足球比赛开场，裁判将手中的硬币抛掷到空中，让双方队长猜硬币落下后朝上的一面是正面还是反面。由于硬币落下朝上一面的正反面是随机的，概率应该都是1/2，那么，猜硬币游戏的参与者选择正反的概率都是1/2，这时博弈达到混合策略纳什均衡。

这类博弈与囚徒困境博弈案例有一个很大的差别，那就是没有纯策略纳什均衡点，只有混合策略均衡点。这个混合策略均衡点下的策略选择是每个参与者的最优（混合）策略选择。

所谓纯策略是指参与者在他策略空间中选取唯一确定的策略，是参与者一次性选取的，并且坚持选取的策略；而混合策略是指参与者在各种备选策略中采取随机方式选取的，参与者可以改变他的策略，而使之满足一定的概率。

在每个参与者都有优势策略的情况下，优势策略均衡是非常合乎逻辑的。一个优势策略优于其他任何策略，同样，一个劣势策略则劣于其他任何策略。

但通过警察与小偷博弈我们看到，并非所有博弈都有这样的优势策略，哪怕这个博弈只有两个参与者。实际上，优势策略只是博弈的一种特例。特别是零和博弈，即一方所得是另一方的所失，此时只有混合策略均衡。对任何一方来说，都不可能有纯策略的优势策略。

回到点球的问题上，如果一个球员总是选择一个方向，那么守门员自然就能判断出他下一个点球的方向，因此他必须时不时选择自然边以外的方向。假设选择左右的概率各为50%，按照美国布朗大学的经济学家帕兰乔斯的数据，如果守门员选择左边，那么射手的成功率为50%×（58%＋93%）＝75.5%；选择右边，成功率为50%×（70%＋95%）＝82.5%。也就是说，如果射手随机选择左右方向，成功率最低也能达到75.5%。

然而，阿内尔卡最终把球踢向了右边。范德萨扑住了这个球，彻底断送了切尔西队的冠军梦。如果他懂点博弈论，也许会明白随机策略的重要性。而且，右脚球员多选择左边是非常必要的，队友的成功已经证明了这一点。

当电话打到一半时

在警察与小偷的博弈中，双方采取混合策略的目的是战胜对方，是一种对立者之间的斗智斗勇。实际上，即便在双方打算合作的时候，往往也会出现混合策略博弈。

　　小汪和小花是大学校园里的一对恋人，小汪和小花打电话打到一半突然断了，两人该怎么办？一方面，假如小汪马上再给小花打电话，那么小花应该留在电话旁（且不要给小汪打电话），好把自家电话的线路空出来。另一方面，假如小花等待小汪给她打电话，而小汪也在等待，那么他们的聊天就永远没有机会继续下去。

　　一方的最佳策略取决于另一方会采取什么行动。这里又有两个均衡，一个是小汪打电话而小花等在一边，另一个则是小花打电话而小汪等在一边。

　　这两个人需要进行一次谈话，以帮助他们确定彼此一致的策略，也就是应该选择哪一个均衡达成共识。一个解决方案是，原来打电话的一方再次负责打电话，而原来接电话的一方则继续等待电话铃响。这么做的好处是原来打电话的一方知道另一方的电话号码，反过来却未必是这样。

　　另一种可能性是，假如一方可以免费打电话或者电话费用比另一方低廉，而另一方则没有这样的优越条件（比如小汪的电话是包月的，而小花用的是计时收费电话），那么，解决方案是由前者负责第二次打电话。

　　但是在更多的情况下，双方并没有上面的约定或条件，那就只有决定自己是不是应该给对方打电话。那么这种随机行动的组合成为第三个均衡：假如我打算给你打电话，有一半机会可以打通（这时你恰巧在等我打电话），还有一半机会发现电话占线（这时你也在给我打电话）；假如我等你打电话，那么，我同样会有一半机会接到你的电话（这时你恰巧给我打电话），还有一半机会接不到你的电话（你也在等我的电话）。

　　在这些例子中，选择怎样的协定并不重要，只要大家同意遵守这一协定即可。

　　对混合策略概念的传统解释是，局中人应用一种随机方法来决定所选择的纯策略。这种解释在理论与实际上均不能令人满意。约翰·海萨尼（John C. Harsanyi）对此提出了更确切的解释方法。

　　他认为，每一种真实的博弈形势，总是受到一些微小的随机波动因素影响。在一个标准型博弈模型中，这些影响表现为微小的独立连续随机变量，每个局中人的每一策略均对应一个。这些随机变量的具体取值仅为局中人所知，这种知识即成为私有信息；而联合分布则是博弈者的共有信息。海萨尼把这称为变动收益博弈。

　　变动收益博弈适用于不完全信息博弈理论，各随机变量的取值类型影响着每一个博弈者的收益。在适当的技术条件下，变动收益博弈所形成的纯策略组合与对应无随机影响的标准型博弈的混合策略组合恰好一致。海萨尼证明，当随机变量趋于零时，变动收益博弈的纯策略均衡点，转化为对应无随机影响的标准型博弈的混合策略均衡点。

变动收益博弈理论提供了对混合策略均衡点具有说服力的解释：局中人只是表面上以混合策略进行博弈，但是实际上，他们是在各种略为不同的博弈情形中以纯策略进行博弈的。这种解释是具有重大意义的概念创新，也是海萨尼对博弈论所采用的贝叶斯研究方法奠定的一块基石。

举例来说，小汪接到小花的电话，说十分钟以后在校园见面，但是不巧，尚未说到见面地点小花的手机就没电了。任何一个地方，图书馆、餐厅、自习室或者小树林边，只要两个人来到同一地点就行，否则男孩就准备迎接女朋友的电闪雷鸣吧！

表10-2　约会博弈

小汪/小花	图书馆	餐厅	自习室	小树林边
图书馆	皆大欢喜	失败	失败	失败
餐厅	失败	皆大欢喜	失败	失败
自习室	失败	失败	皆大欢喜	失败
小树林边	失败	失败	失败	皆大欢喜

这引出一个典型的协同博弈，有多个纳什均衡，那么该筛选出哪一个呢？

谢林给出的主意是，有一些均衡由于两人所共知的特征格外显眼，它是个焦点：如果今天是他们定情两周年的日子，那就到女孩子答应他求爱的小树林吧；如果没有什么特殊的情况，现在快到午饭的时间，也许餐厅就是不错的选择。

谢林把在众多的均衡（纳什均衡）中实际更可能发生的均衡称为聚点，并指出，文化、宗教、社会规范和历史传统等有助于聚点的形成。博弈分析的目的是为了预测均衡，而均衡的多重性将使博弈分析的价值大打折扣，而聚点概念则可以在一定程度上缓解上述矛盾。

乱拳打死老师傅

一位学艺归来的拳师，与老婆发生了争执。老婆摩拳擦掌，跃跃欲试。拳师心想："我学武已成，难道还怕你不成？"

没承想，他还没摆好架势，老婆已经张牙舞爪地冲上来，三下五除二，竟将他打得鼻青脸肿，还手不得。事情过后，有人问他："你既然学武已成，为何还败在老婆手下？"

拳师说："她不按招式出拳，我怎么招架？"

拳师之间的切磋，往往是双方按一定套路拳来脚往。就像京剧里的武戏，动作是程式化的。如果换上一个不按套路来的对手，即便是老拳师也会非常狼狈，甚至被直取命脉。

这里的"乱拳"，可以看作是随机混合策略的一种形象叫法。宋代《棋经十三篇》中早已指出："自古及今，弈者无同局。《传》曰：日日新。"每局棋都不同，每次的策略也要有点新变化。

有一个游戏叫作"一、二、三射击"或者"手指配对"。在这个游戏中，其中一个选手选择"偶数"，另外一个选手则得到"奇数"。数到三的时候，两个选手必须同时伸出一个或者两个手指。假如手指的总数是偶数，就算"偶数"选手赢；假如手指的总数是奇数，就算"奇数"选手赢。

那么怎样才能保证自己不被对手所赢呢？

有的人回答是"瞎出"。这话说对了一半，除了操作方式之外，从博弈论的角度来看，"瞎出"也存在着一种均衡模式，必须加以计算。

因为只有奇、偶两种格局，整个局面是如此对称，以至于各个选手的均衡混合策略应该都是50：50。我们这就验证一下：假如"奇数"选手出一个指头和两个指头的机会是各一半，那么，"偶数"选手无论选择出一个还是两个指头，平均每场游戏将会赢得0分。

表10-3 猜手指博弈

偶数选手/奇数选手	一个指头	两个指头
一个指头	1/-1	-1/1
两个指头	-1/1	1/-1

因此，假如他的策略也是50∶50，那么他的平均所得就是0分。同样的证明反过来也适用。因此，两个50∶50混合策略对彼此都是最佳选择，它们合起来就是一个均衡。

这一解决方案就是混合策略均衡，它反映了个人随机混合自己的策略的必要性。

《三国演义》有一段写到孙、刘、曹三家赤壁鏖兵，周瑜和诸葛亮共同制定破曹之策。两人各自在掌心中写一字，同时展开，发现都是"火"字，可谓英雄所见略同。然而在《三国志平话》中，却记载了这场博弈的另外一个版本。

在《三国志平话》中"赤壁鏖兵"一节说，在赤壁决战前，周瑜会集众将商议破曹之策，命众人各将己意写于掌心。结果发现众将和周瑜写的都是"火"字，只有诸葛亮写了个"风"字。他说，火攻必须要有风助，自己愿助一场大风。周瑜不信："风雨是天地阴阳造化，你能起风？"

诸葛亮说，自从有天地以来，只有三人会祭风，一个是帮助轩辕黄帝降伏蚩尤的风后，一个是帮助舜帝困住三苗的皋陶，再一个就是他诸葛亮，到时他愿助东南风一阵。几天后，到了决战之日，黄盖驾诈降船进发，点起火来。诸葛亮披着黄衣，披头跣足，登上祭风台。望见西北方向火头已起，立刻叩牙作法，东南风大起。结果，曹军大败。

后面这个故事，把诸葛亮和周瑜之间的斗智写得更为精彩。其实对诸葛亮来说，掌心里写火或风都没有关系，关键在于要和周瑜不同，以便显示出自己作为西蜀代表的独特作用来。而周瑜自然要显示他并不比诸葛亮笨，尽量要使双方的计策相同。我们假设，诸葛亮和周瑜都彼此知道双方必然会在火和风这两个字中选择，如果两个人写的一样，诸葛亮输；而如果写的不一样，周瑜输。这样，双方就形成如表10-4所示这样一个博弈。

表10-4　赤壁定策博弈

周瑜/诸葛亮	火	风
火	1/-1	-1/1
风	-1/1	1/-1

而事实上，只要周瑜在写的时候，在火和风之间采取50∶50的均衡混合策略，诸葛亮的输赢比也就是50∶50。不过这样一来，就没法突出诸葛亮"多智近妖"的特点了。

很多情况下，我们不应该将不可预测性等同为输赢机会相等，而是应该通过系统地偏向一边而改善自己的表现，只不过这样做的时候应该确保对方不能预见。这与输赢机会相同的手指配对游戏是不同的。

在警察与小偷博弈中，警察系统地偏向银行，就是一种合理而且容易理解的改善方法。但是同时，警察必须打乱自己的巡逻顺序，让小偷永远处于猜测之中，没有办法获得准确预测的优势。这样，他才能减少小偷的赢面。

从警察和小偷的不同角度计算最佳混合策略，会得到一个有趣的共同点：两次计算会得到同样的成功概率，也就是说，警察若采用自己的最佳混合策略，就能将小偷的成功概率拉低到他们采用自己的最佳混合策略所能达到的成功概率。

这并非巧合，而是两个选手的利益严格对立的所有博弈的一个共同点。

这个结果称为"最小最大定理"，由数学家冯·诺伊曼创立，是博弈论的第一个里程碑。这一定理指出，在二人零和博弈中，参与者的利益严格相反（一人所得等于另一人所失），每个参与者尽量使对手的最大收益最小化，而他的对手则努力使自己的最小收益最大化。

他们这样做的时候，会出现一个令人惊讶的结果，即最大收益的最小值（最小最大收益）等于最小收益的最大值（最大最小收益）。双方都没办法改善自己的地位，因此这些策略形成这个博弈的一个均衡。

最小最大定理的普遍证明相当复杂，不过，结论却很有用，应该记住。假如你想知道的只不过是一个选手之得或者另一个选手之失，你只要计算其中一个选手的最佳混合策略并得出结果就行了。

所有混合策略的均衡具有一个共同点：每个参与者并不在意自己在均衡点的任何具体策略。一旦有必要采取混合策略，找出你自己的均衡混合策略的途径，就是让对手觉得他们的任何策略对你的下一步都没有影响。

听上去，这像是朝向混沌无为的一种倒退。其实不然，因为它正好符合零和博弈的随机化动机：一方面要发现对手有规则的行为，并相应采取行动。反过来，另一方面也要避免一切会被对方占便宜的模式，坚持自己的最佳混合策略。

因此，采取混合或者随机策略，并不等同于毫无策略地"瞎出"，这里面仍然有很强的策略必要性。基本要点在于，运用偶然性，防止别人利用你的有规则行为占你的便宜。

不可预测的算计

Mike、John和Jim不想当兵。在征兵的时候，Mike在身上刺了一大堆文身，于是就不用当兵了。John作风比较硬朗，把自己的一条胳膊折断了，也不用当兵了。

Jim觉得上面的这些方法都太疼了，不知道怎么办。Mike和John对他说："这好办啊，我们把你的牙齿全部打掉就可以了。"

Jim同意了，结果被打得满地找牙。第二天他去了征兵处，回来以后哭着说："他们说我太胖了，今年不用当兵了……"

这个笑话，可以看作是策略随机性的一个案例。

众所周知，一个国家每年都需要征召适龄的青年入伍。如何激励到了法定年龄的青少年去登记，等待政府征召入伍，就成为一个很需要博弈智慧的工作。

不过，政府掌握着一个有利的条件：规矩是由它制定的。我们不妨想象政府有权力惩罚一个没有登记的人。那么，它怎样才能利用这一手段促使大家都去登记呢？

政府可以宣布要按照百家姓的顺序追究违法者。排在第一位的每一个姓赵的人知道，假如他不去登记就会受到惩罚。惩罚的必然性已经足以促使他乖乖登记。接下

来，排在第二位的每一个姓钱的人就会认为，既然所有姓赵的都登记了，惩罚就会落
到自己身上。这么依次分析下去，那些稀有姓氏欧阳、公孙和诸葛家的人也都会去
登记。

可是问题在于，人数是如此众多，政府数不到诸葛们，而且等不到政府数完前几
位，一定有人没有登记，而且已经受到惩罚。于是后面的人就不必担心被追究了。在
人数众多的情况下，可以预计会有一个很小数目的人群出差错。如果一场博弈的参与
者按照某种顺序排列，通常就有可能预计到排在首位的人会怎么做。这一信息会影响
下一个人，接下去影响第三个人，如此沿着整个行列一直影响最后一个人。

真正有效的激励机制，是不要预先宣布任何顺序，而是随机抽取。关键一点在
于可以实施惩罚的数目，完全不必接近需要激励的人群的数目。所谓杀一做百，惩罚
一千名违法者，可以对数以百万计可能违法的人群产生恐吓作用。

我们不妨再举一个例子。市场上，假设A品牌定期举行购物券优惠活动，比如每隔
一个月的第一个星期天进行，那么B品牌可以通过提前一个星期举行购物券优惠活动的
方式予以反击。

当然，这么一来B的路数也变得具有可预见性。A可以照搬B的策略，将自己的优
惠活动提到B前面去。这种做法最终导致刺刀见红的残酷竞争，双方的利润都会下跌。
假如双方都采用一种难以预见或者多管齐下的混合策略，那么很可能会降低竞争的惨
烈程度。

使用随机策略本身既简单又直观，不过，要想在实践当中发挥作用，我们还得做
一些细致的设计。比如，对于网球运动员，光是知道应该多管齐下，时而攻击对方的
正手，时而攻击对方的反手，这还不够。他还必须知道，他应该将30%的时间还是64%
的时间用于攻击对方的正手，以及应该怎样根据双方的力量对比做出选择。

在橄榄球比赛里，每一次贴身争抢之前，攻方都会在传球或带球突破之中选择其
一，而守方则会把赌注押在其中一个选择上，做好准备进行反击。在网球比赛里，发
球一方可能选择接球一方的正手或反手，而接球一方则准备在回击的时候选择打对角
线或直线。

在这两个例子里，每一方都对自己的优点和对方的弱点有所了解。假如他们的选
择可以同时考虑到怎样利用对方所有的弱点，而不是仅仅瞄准其中一个弱点，那么这

个选择应该算是上上之策。

球员都很明白，必须多管齐下，来些出其不意的奇袭。理由在于，假如你每次都做同样的事情，对方就能集中全部力量最大限度地还击你的单一策略，还击效果会更好。

多管齐下并不等于说，要按照一个可以预计的模式交替使用你的策略。若是这样的话，你的对手也能通过观察得出一个模式，从而最大限度地利用这个模式还击，其效果几乎跟你使用单一策略一样好。

总而言之，实施多管齐下的随机策略，诀窍在于不可预测性。

纯粹的随机策略

居住在加拿大东北部拉布拉多半岛的印第安人，每天都要面对一个问题：选择朝哪个方向进发去寻找猎物。

他们寻找答案的方式，在文明人看来十分可笑。这种方法类似于中国古代烧龟甲占卜：把一块龟甲放在火上炙烤，直到骨头出现裂痕，然后请部落的专家来破解这些裂痕中包含的信息，裂痕的走向就是他们当天寻找猎物应去的方向。令人惊异的是，这种完全是巫术的决策方法，竟然使他们经常能找到猎物，所以这个习俗在部落中沿袭下来。

在每一天的决策活动中，印第安人无意中运用了波特所说的"长期战略"。按通常的做法，如果头一天满载而归，那么第二天就应该再到那个地方去狩猎。在一定时间内，他们的生产可能出现快速增长。但正如美国学者彼得·圣吉说的，有许多快速增长常常是在缺乏系统思考、掠夺性利用资源的情况下取得的，其增长的曲线明显呈抛物线状，在迅速到达顶点后将迅速地下滑。如果这些印第安人过分看重他们以往取得的成果，就会陷入因过度猎取猎物资源而使之耗竭的危险之中。

他们以往取得的成果，就如同投掷硬币时翻出的正面。但是翻出一次正面之后，如果再投掷一次，翻出正面与反面的概率却是相等的。人们往往会忘记这样一个事实，在连续猜测时不停地从正面跳到反面，或者从反面换为正面，很少出现连续押正面或反面的情况。事件的独立性，是概率学上的一个重要概念。

很多情况下，人们因为看到前面已经有了大量的未中奖人群，而去买彩票或参与累计回报的游戏。殊不知，每个人的"运气"都独立于他人，并不因为前面的人没有中奖你就多了中奖的机会。大奖就像是没有出世的孩子，在诞生之前，他的性别和生日没有人知道。

假如我们抛十次硬币，没有一次抛出正面，下一次抛出正面的可能性就会大于上次吗？抛硬币出现正反的决定性因素很多，包括硬币的质地和你的手劲，第十一次投掷翻出正面的机会，还是跟翻出反面的机会相等，根本没有"反面已经翻完"这回事。

拉斯维加斯的很多赌场，老虎机上都顶着跑车，下面写着告示，告诉赌客已经有多少人玩了游戏，车还没有送出，只要连得三个大奖，就能赢得跑车云云。但得大奖的规则并无变化，每人是否幸运和前面的"铺路石"毫无关系。

同样，在彩票中，上周的号码在本周再次成为得奖号码的机会，跟其他任何号码相等。这告诉我们什么呢？

有很多东西根本是不可预测的，与其让主观猜测干扰我们的决策，不如采取纯粹的随机方式。然而如果我们刻意选择随机，反而有可能无法超越真实与谎言的对立，而暴露出自己的某种规律性。要克服这一点，我们虽然没有龟甲可以使用，但是仍然可以选择某种固定的规则，来使自己的策略无法被预测。

但这种规则必须绝对秘密而且足够复杂，使对手很难破解。反过来，假如我们真能发现博弈对手打算采取一种行动方针，而这种行动方针并非其均衡随机混合策略，那你就可以利用这一点占他的便宜。

博弈的特点就是相互猜测，你对对手的策略进行猜测，对手也在对你的策略进行猜测。取胜的基本思路是要考虑对手的思路，考虑对手也在猜测你，无时不在寻找你的行动规律，以便有的放矢地战胜你。

不过，正是在这种猜测与反猜测的过程中，每一场博弈才会精彩纷呈。不过作为局中人，我们只有掌握了博弈的基本策略，才能享受其中的乐趣。否则，要么早早出局，要么从头到尾都被别人牵着鼻子走，结局都不会太好。

随机抽查的策略

三名数学家和三名经济学家结伴同行坐火车。数学家买了三张车票，他们精于计算，一人一票，三人三票。经济学家则另有打算，三个人只买了一张票。

数学家怀着幸灾乐祸的心情，静候好戏上演。因为他们知道三个经济学家分享一张票，一定会被稽查捉个正着，罚款免不了。

稽查来查票了，经济学家远远看见他逐个车厢查票，他走近时，他们一窝蜂挤入洗手间；当稽查敲厕所门时，一位经济学家从门缝中扬了扬手中的车票，稽查看了看车票，走开了。

翌日，他们换车，这一回数学家学乖了，三人只买一张票，但经济学家连一张票也没买，数学家心情兴奋之至，因为估计经济学家这一趟肯定无法过关。

当稽查远远走来时，和昨天经济学家的做法一样，三名数学家以第一时间挤进洗手间，而经济学家紧跟其后。当数学家听到有人敲门时，数学家从门缝中扬了扬手中的车票。不料，门外是经济学家冒充的稽查，悄无声息地把这张车票没收了。

经济学家们取得这张票，躲进另一个厕所，当稽查来敲门时，一位经济学家伸出手扬了扬手中的车票顺利过关，但数学家因为没有票而被罚款。

事实上，从博弈论的角度来看，在车上抽查和税务局查偷漏税一样，是完全现实且能够形成有效监管的。

在生活中，抽查作为监管方的一种随机策略，能够以较低的监管成本促使人们遵守规定，因此已经被广泛应用到了很多领域中。

在深圳，违章停车的罚金是停车场收费的多倍。多数地方停车场的收费标准是十元，那么按照每次违停二十元的标准进行处罚，能不能使司机都不再违停呢？有可能！不过，条件是交警必须在司机每次违停时都抓到他们。如果违停两次以上才被抓住一次，那么违停就是司机的优势策略。很显然，这种监管方式虽然严格，但是成本过高，深圳的交警数量增加几倍也是不够用的。

在这种情况下，抽查就成为一个同样管用、代价又小的策略，就是提高罚金的数目，使其高达每次二百元。这样，哪怕二十次违停只有一次会被逮住，也足够让司机乖乖把车开到停车场了。这样，既能用现有数量的交警完成这项工作，又能达到使多数司机不敢违停的目标。

交警选择这样一种随机策略，比任何有规则的行动都更为理性而成功。而且还可以在违停现象异常增加的时候，通过调整巡查的频率，来改变提高抓获违停的概率，从而改变这种现象。成功的关键，在于让违规者无法预测。

火车票实行实名售票以后，在车站和车上抽查车票和身份证，与交警监管违停有很多相同之处。如果在进站时让每位乘客都接受检查，从而确定是不是有人有身份证跟自己不符的票，不仅浪费时间，费用高昂，而且确实没有必要。

而随机的抽查，不仅可以查出那些违规者，还能有效地阻吓潜在的以身试法者。不过，这么做和处罚违章停车一样，其成功的关键在于提高处罚的力度，甚至在实行初期使其大大超出其所犯过失也是可行的。

也就是说，对违规行为的惩罚不仅要与过失相称，而且要与抽查被抓住的概率结合在一起考虑。因为被抓住的概率低，所以要比对必然被抓住的过失处以更高的惩罚。

事实上，在抽查的情况下，不仅开头故事中被抓住的数学家，就是经济学家恐怕也不敢再逃票。

猜不透的虚张声势

稳健是博弈的要务，想赢别人一定要先把赢的每一个环节都考虑周到，不能让对手发现任何真实的规律。否则，想赢别人的时候，往往也正是你的弱点暴露得最明显的时候。如果没有真正了解对手的策略就仓促出手，对手就可能乘机抓住你的弱点。不过反过来，又可以通过释放某些信息，而让对手以为找到了我们的规律而上当。

20世纪90年代初，中国火腿肠行业的老大是春都，拥有70%的市场占有率。1995

年年底，后起之秀双汇打起了价格战，率先推出猪肉成分由85%调低到70%的（其他成分为淀粉、油、盐、味精等）100克火腿肠，单价由1.1元降到0.9元。

春都接获密报后，迅速应战，把全部产品的售价和猪肉含量都调到了这个档次。随后，双汇继续推出下调肉含量和价格的产品：60%、50%、40%，一直调到15%！单价也降到了最低：0.5元！双汇每调一次，春都都忙着跟进。最终，春都牌火腿肠的单价无一例外都降到了0.5元。

但是，春都万万没有想到，他们的跟进策略恰恰中了双汇的上屋抽梯之计。

原来，双汇火腿肠里的猪肉含量和价格每调低一次，这一档次的火腿肠在其总产量中的比例就减少10%，由最初的90%变为80%、70%、60%……最后当单价降到0.5元时，这一档次火腿肠仅占总产量的10%，其他火腿肠仍然维持原来的含量和价格。在广告上，双汇大力宣传这种低价低质的火腿肠，但在市场上，各种档次和价格的双汇牌火腿肠形成了产品系列，丰俭由人，选择余地会很大。而春都火腿肠却全部变成了低质低价的，在消费者中的口碑越来越差。

眼看市场表现越来越差，春都突然明白过来，恢复了高质高价火腿肠的生产和销售，却为时已晚：消费者再也不愿光顾，经销商也不来进货了，失去了大片市场。

实际上，在双汇大力宣传其低质低价火腿肠的时候，春都就应该警惕了。如果对方真的要争夺低价市场，必然会封锁消息偷偷地调整，绝不会以广告战的形式发出警报。这种警报，恰恰说明双汇虚张声势诱敌深入。

博弈的过程，实际上也是相互揣摩与试探的过程。在多数情况下，阻止竞争对手获得有用的信息是理性的策略。基于这一点的认识，判断双汇的反常举动，就可以知道不过是在发出干扰信息。

在不知道春都如何应对的时候，为了争夺市场而发出价格战的信息，是正确的策略吗？如果可以以虚张声势的方法获胜，那么就可以占上风。但是问题在于，一方在发出信息的时候，对手也在观察这种信息的真实意图。如果真实意图被对手发现了，情况会怎么样？

对双汇来说，在广告上发出威胁信息，似乎扰乱了春都的反应。不过要判断效果如何，要看春都在没有任何信息的情况下会怎么做。干扰信息虽然会透露出一种担心，却可以使对手不知如何是好，无法制定出应对的策略，但同样会使对手无法决定具体的进攻路线。

有这样一个故事，说的是一名交警把警车停在一间酒吧外面，准备随时逮捕那些胆敢酒后驾车的司机。

待了一会儿之后，他看见一个年轻人摇摇晃晃地从酒吧里走了出来，费了半天劲才找到自己的车钻了进去，然后发动汽车。警察得意地点了点头，全神贯注地观察着那个年轻人，随时准备出击。

然而，他全然没有发觉酒吧里陆续有不少人出来，开着车离开了。等到停车场上的汽车几乎走光了，那个年轻人还没有把车发动起来。这名警察实在忍无可忍，冲过去把那个年轻人从驾驶室里揪了出来，对他进行酒精测试。

然而测试结果令人震惊，酒精含量是0。警察怒气冲冲地要那个年轻人解释这一切，年轻人笑着说："今天我的任务是负责吸引你的注意。"

这个局的主谋一定是一位博弈论高手，因为他知道：警察既然来了，信息干扰是难以让他离开的，不过因为他要逮的并不是某一个具体的司机，让年轻人装作酒鬼来虚张声势，才能成功地干扰他的攻击方向。

第11章
斗鸡博弈

让对手知难而退

二虎相争必有一伤

试想有两只实力相当的斗鸡遇到一起，每只斗鸡都有两个选择：一是退下来，二是进攻。如果斗鸡甲退下来，而斗鸡乙没有退，那么乙获得胜利，甲则很丢面子；如果斗鸡乙也退下来，则双方打个平手；如果斗鸡甲没退，而斗鸡乙退下去，那么甲则胜利，乙失败；如果两只斗鸡都前进，那么将会两败俱伤。

因此，对每只斗鸡来说，最好的结果是对方退下去，而自己不退。但是这种选择可能导致两败俱伤的结果。

不妨假设两只斗鸡均选择前进，结果两败俱伤，这时两者的收益是-2个单位，也就是损失为2个单位；如果一方前进，另外一方后退，前进的斗鸡获得1个单位的收益，赢得了面子，而后退的斗鸡获得-1的收益即损失1个单位，输掉了面子，但没有两者均前进受到的损失大；两者均后退，两者均输掉了面子获得1的收益即损失1个单位。当然这些数字只是相对的值。具体如表11-1所示。

表11-1　斗鸡博弈的收益矩阵

甲/乙	前进	后退
前进	-2/-2	1/-1
后退	-1/1	-1/-1

由此看来，斗鸡博弈描述的是两个强者的对抗冲突。那么，如何能让自己占据优势，得到最大收益，确保损失最小呢？

这也像武侠小说中所描写两大高手比试内力一样，当两人以内力对决的时候，每个人都欲罢不能，因为对方的内力正源源不断地攻来，自己一撤内力则非死即伤；而对方呢，处境一点儿不比自己强。

当然两个人不进入或退出这种比试内力的境地，可能也是一个均衡。退出对决僵持，在小说中一般需要借助外力或者二人凑巧同时撤回内力才能达到。

斗鸡博弈最为典型的代表，莫过于俄罗斯轮盘赌了。

它的起源说法众多，一说是19世纪俄罗斯狱卒逼囚犯玩的赌命游戏，还打赌哪个囚犯会没命；另一说则是在第一次世界大战时，战败的沙俄士兵在军营里用这种游戏助兴。但不管怎样，这种赌博方式起源于俄罗斯是没有疑问的。

与其他使用扑克、骰子等赌具的赌局不同的是，俄罗斯轮盘赌的标的是人的性命。俄罗斯轮盘赌的规则很简单：在左轮手枪的六个弹槽中放入一颗或多颗子弹，任意旋转转轮之后，关上转轮。

游戏的参与者轮流把手枪对着自己的头，扣动扳机；中枪的当然是自动退出，怯场不敢开枪者也算输，坚持到最后没死的就是胜者。旁观的赌博者，则对参与者的性命押赌注。

正是因为谁也不愿做"胆小鬼"，很多人做了枪下之鬼。1978年，美国芝加哥摇滚乐队的首席歌手特里·卡什在参加这种游戏时，被子弹夺去性命。在扣动扳机之前，他嘴里不停地念叨"没事，这一发没装子弹"。

在国际舞台上，20世纪美苏两个超级大国在冷战期间的军备竞赛，用斗鸡博弈来解释也是最合适不过的了。

攻击的"仪式化"

在斗鸡博弈中，如果一方前进而另一方后退，那么前进的一方可以获得最大的收益值，而后退的一方也不会损失太大，因为失去面子总比伤痕累累甚至丧命要好得多。

在自然界中，所有的动物都有四种先天性的本能：觅食、性、逃跑和攻击。作为一种先天行为，同物种间的相互攻击是有一定的积极功能的：胜者可以获得更多的异性和食物，而从种群的范围来看，争斗也可以在客观上使个体的空间分布更为合理，不至于因为过于密集而耗尽食物。但攻击也有消极后果。其极端的后果将是种族衰落乃至消亡。因此恰当地使用攻击手段是一切动物必须解决的问题。

动物最主要的手段，是将同种间的攻击变成"仪式化"行为。两头公牛交锋时，各自用其巨大的牛角将地皮铲得尘土飞扬，以显示自己的力量。弱势者往往从这一仪式中认识到自己的弱势，及时退却，而强势者从不追赶。

哺乳类动物中没有嗜杀同类的现象。最嗜杀的狼，恰恰拥有最好的抑制能力，从不向同类真正地实施武力。如果没有了这种抑制力，狼很可能早就灭绝了。

人类作为一种高级的社会动物，除了食物与异性之外，还要追求心理的满足包括社会地位等，这也就决定了我们争斗的理由与起因比自然界中要复杂百万倍。阶级地位越是接近的个体，形成斗鸡博弈关系的可能性越高，关系的紧张程度越高。因为阶级地位接近的动物，在争夺同样的资源。

但是，也正因人类比其他的动物高级，他们也更能通过学习，运用更高级的博弈智慧。或者说，他们的"仪式化"行为也更为复杂和多样，从而能够成功地避免两败俱伤的结局。

　　春秋时代，郑国曾经派子濯孺子去攻打卫国，战败后逃跑，卫国派庾公之斯追击。

　　子濯孺子说："今天我的痛风病发作了，拉不了弓，我活不成了。"他问给他驾车的人："追击我的是谁呀？"驾车的人回答："庾公之斯。"

　　子濯孺子便说："我死不了啦。"

　　驾车的不明白："庾公之斯是卫国的名射手，他追击您，您反而说您死不了啦，这是什么道理呢？"

　　子濯孺子回答说："庾公之斯跟尹公之他学的射箭，尹公之他又是跟我学的射箭，尹公之他是个正派人，他所选择的学生、朋友一定也是正派人。"

　　庾公之斯的战车很快追了上来，见子濯孺子端坐不动，便问道："老师为什么不拿弓呢？”

　　子濯孺子说："我今天病发作了，拿不了弓。"

　　庚公之斯说："我跟尹公之他学射，尹公之他又跟您学射。我不忍心拿您的技巧反过来伤害您。但是，今天我追杀您，是国家的公事，我也不能完全放弃。"

　　于是，庚公之斯抽出箭，在车轮上敲了几下，把箭头敲掉，用没有箭头的箭向子濯孺子射了四次，然后回去了。

　　实际上，这种做做样子的攻击对庚公之斯来说是很有效的，一方面他保全了自己不杀伤老师的正人君子的名声；另一方面，另外也为自己留下了一条后路——万一将来走投无路落在子濯孺子手里的时候，后者肯定也会手下留情。

　　在华容道上，关羽截住了曹操，曹操就是用自己之前对关羽的一番照顾，加上一句："将军深明《春秋》，岂不知庚公之斯追子濯孺子之事乎？"从而为自己解了围。由此可见，这种仪式化的攻击观念，是深入人心且被很多人运用过的。

　　人在社会上也是如此，如果凡事一定要争个输赢胜负，那么必然会给自己造成不必要的损失。这不仅是大自然中的一种现象，在人类社会中也随处可见。在这方面，西方政坛上"费厄泼赖"式的宽容，也就是网开一面，避免把对手逼入死角的政治斗争，相形之下显得更为可取。

　　这不仅是一种感性和直观的认识，而且有着博弈论的依据。这种依据就是斗鸡博弈，在这种博弈中，只有一方先撤退，才能双方获利。特别是占据优势的一方，如果具有这种以退求进的智慧，提供给对方回旋的余地，也将给自己带来胜利，那么双方都会成为利益的获得者。

　　有时候，双方都明白二虎相争，必有一伤的道理，也都不愿意成为牺牲者，可是他们往往又过于自负，觉得自己会取得胜利。所以，只要把形势说明，让他觉得自己没有稳操胜券的能力，僵持不下的斗鸡博弈就会被化解了。

　　由此我们可以看出，在现实中运用博弈论中的斗鸡定律，是要遵循一定条件和规则的。哪一只斗鸡前进，哪一只斗鸡后退，不是谁先说就听谁的，而是要通过实力的比较以及双方策略的运用。在策略的运用过程中，很重要的工具就是承诺和威胁。如果承诺和威胁运用得好，就可以在保护自己的前提下有效地影响对手的行动，不战而屈人之兵。

愣的也怕不要命的

在斗鸡博弈中，只会有一方获胜，双赢是不存在的。因此，它更多的是零和博弈。正因为是零和博弈，双方在一定程度上就要比"胆量"：软的怕硬的，硬的怕愣的，愣的怕冲的，冲的怕不要命的。

自古以来，山西霍泉在洪洞和赵城之间，两地百姓为了争夺用水权经常大打出手。两地人越打越狠，后来双方断绝了一切关系，除了打架时候见面之外，老死不相往来。据《山西通志》记载："洪赵争水，岁久，至二县不相婚嫁。"

到了唐朝，上级责成两地官员想办法解决纷争。洪赵两地官员也不知道是谁出了一个馊到家的主意：举办一个挑战赛，在煮沸的油锅里放十枚铜钱，两地各选代表捞钱，捞几枚就得几分水。两地官员担任挑战赛评委，当然不会在油锅里加醋、硼砂等材料玩骗人的鬼把戏，所有比赛道具都是真材实料的。

两地老百姓为了生存，只得来到比赛现场。洪洞的人们虽然不服气，但还想观望一下赵城的人有没有胆量捞铜钱。就在此时，赵城一名青年抢前一步，走到油锅前。他大喝一声，一伸手就从油锅里捞出七枚铜钱。

洪洞的人见状，只好服输。然而，这名青年也因严重烫伤而死。为了纪念这位青年，赵城人在泉边修建了一座好汉庙。现在当地还有这样的民谣："洪赵二县人性硬，为争浇地敢拼命。油锅捞钱断输赢，分三分七也公平。"

这个故事印证了"愣的也怕不要命的"这句话。但是在现实世界中，有很多看似疯狂甚至不计后果的举动，往往不是出自视死如归的勇士，而恰恰出自一些精打细算的超级战略家。因为恰恰是这种表现，他们的威胁总是更容易就使别人信以为真。

不可否认，在实力相对较弱却又不得不卷入关系自身生死存亡的博弈时，实力弱的一方胆量过人，也许还有胜的可能，如果胆量也弱，则必败无疑。越愿意走到战争边缘的一方，越能够在脆弱的和平钢丝上提高自己的优势。这里的胆量，不仅仅是视死如归的决心，还包括实施冒险策略的魄力。在很多情况下，后者比前者更重要。

不计后果的战略家

普特南是美国独立战争期间的重要将领之一，早期曾经参加过法国和印度之间的战争。

在法印战争期间，有一位英国少将向普特南提出决斗。普特南知道对方的实力，如果真刀真枪地打起来，自己取胜的可能性很小。

于是他邀请这位颇有实力的英国少将到他的帐篷里，采用另一种决斗方式。两个人都坐在一个很小的炸药桶上，每个炸药桶外都有根烧得很慢的导火线，谁先移动身体就算谁输。

在导火线燃烧时，不少人跑了出去。导火线烧了一半的时候，英国少将显得烦躁不安，而普特南则悠然地抽着烟斗。不一会儿，旁观的人全都跑出了帐篷。少将再也受不了了，一下从小桶上跳了起来，承认自己输了。

后来，普特南偷偷地告诉对方说："这桶里装的是洋葱，不是炸药。"

在这里，普特南获胜的秘密在于边缘策略的运用：将双方一起置于一个灾难的边缘，迫使对方撤退。

所谓边缘策略，简单说就是创造并控制发生灾难的风险，借以迫使对手让步。在这个过程中，必须先形成"不确定的威胁"，某种程度丧失掌握全局的自由度；由于灾难会使双方受到很大的损伤，才能借此改变对手的行动。

上面的这个故事，可能让很多人认为：视死如归或者失去理性是赢得斗鸡博弈最关键的因素。但事实上，比失去理性更重要的是对赌局的判断和采取的策略。

我们用电影《王牌对王牌》中的一个情节来说明这个问题。谈判专家丹尼劫持了警署人员以后，警方找了一个谈判员法利来和丹尼谈判。

丹尼知道此人只是个二流货色，他想要另一著名谈判专家克里斯·西比来帮自己洗清冤屈，于是决定先逼走法利："知道吗，法利？永远不能对绑架者说'不'，这是规矩。来，我们练习一下。我能见克里斯吗？"

法利回答："是的。"

丹尼马上接口说："好，很好，你学得很快。能给我一支机枪吗？"

法利一时不知如何回答。丹尼追问："快给我答案，你怎么像个小学生？"

法利继续踌躇着。

丹尼换了一个问题："喂，你知道安芝吗？安芝是个小姑娘，你听说过吗？"

法利下意识地顺口回答："噢，不。"

丹尼："怎么，不？你又说不了，好，游戏结束了。"

室内传来"砰"的一声枪响，接下来便是一片死寂。过了一会儿，屋里传来了助理塞勒的声音："我们都还好，只是拜托别再说'不'了。否则我们就都没命了。"

警方马上屈服了。几分钟以后，克里斯终于赶到了。

越是敢于说出"游戏结束了"这几个字的一方，越是容易占到谈判中的上风。因为他表现得更加不怕两败俱伤。

在博弈中，左右我们判断的是经验，一种并不太科学的"归纳法"。当失败的主观概率加大时，我们会想办法避免。当种种迹象表明你心里最想的，实际并不是你的最优策略时，铤而走险的对手就会出现，当他们猜对了的时候，这种赌徒精神就会赋予那些胜利者一点传奇色彩。

但是这样做，赢面毫无疑问会比较小。所以，大多数人有过一两次不愉快的体验后就老实了，那种一条道走到黑的二杆子精神毕竟只属于少数疯子。电影《东邪西毒》里面的欧阳锋说"要让别人不拒绝你，你就要先拒绝别人"，欧阳锋不是疯子，但是他被看作疯子这一点，却可以使他在博弈中更好地达到目标。

因为同样一个威胁，如果由以疯狂闻名的人发出，就可以成功奏效；可是如果换了一个头脑正常、沉着冷静的人，发出这样的威胁，人们就会觉得难以置信。从这个意义上讲，明显的不合理性可以变成良好的策略上的合理性。在某些特殊情况下，甚至可以有意培育这么一种名声。

通过浪费来赢利

在明代冯梦龙的《智囊》中，记载了这样一个故事。

东海的钱翁本来住小房子，致富以后，想在城里居住。有人告诉他有一栋很不错的房屋，不少人准备买，已经有人出到七百金的价钱，房主也认同了。

钱翁看过房屋以后，竟然以一千金与卖家订了契约，并事先把三百金当作定金交给了卖家。交易成功以后，他的儿子们说："这栋房屋已经议好价了，现在忽然增加三百金，我们这不是在浪费金钱吗？"

钱翁笑着说："你们不了解，我们是小户人家，卖家违约把房屋卖给我们，不稍微加些钱给他，怎能堵住众人的嘴？人的欲望得不到满足，争端就不会平息。我们用千金买得七百金的房屋，卖家的欲望得到满足。这样一来，我们家就可以在这所房子里生老病死，把它作为钱氏世世代代的产业，没有意外之患了。"

不久以后，当地有不少房屋的卖主都因有人出更高的价而要求买主补贴或转让，甚至打起了官司，只有钱家买的这栋房子没出现争端。

这个结局验证了钱翁向儿子所说的道理，不过这种结果的获得，实在并不仅仅在于卖家的欲望得到满足，而是因为钱翁看似荒唐的"浪费"，有效地吓退了其他的竞买者。

这里面的博弈智慧在于：有时候"浪费"反而能获得战略利益。显然，在买房的博弈中，钱翁和潜在的竞买者都希望能够得到房子，对手相信自己是一个不折不扣的男子汉。比如说如果竞买者相信钱翁买下房子的决心，那么他就会退出。

而钱翁宣告自己决心的方式就是"浪费"。

在这场交易中，交了定金以后再退出是愚蠢策略，如果钱翁当初要退出，就不要交三百金的定金，这样对他比较有利。但也正因意识到这一点，对手就会明白，既然钱翁已经把三百金交给了卖家，他就一定会以一千金的价格把房子买到手。

钱翁出价一千金并交出三百金的定金，相当于发出他一定要买下房子的信息。在这种形势下，对手就会选择退出，宁可当胆小鬼。

2007年公映的好莱坞电影《斯巴达三百勇士》，所描写的是第二次希波战争时期的温泉关战役。

公元前480年，当时波斯国王薛西斯一世率四十六个属国的五十万大军，水陆并进，迅速占领希腊北部，8月中旬南进至温泉关。

因为这一年恰逢古希腊的奥运会，所以希腊人只派出了七千人来迎战，其中斯巴达国王李奥尼达带领了三百人前来。由于波斯军获悉潜入希腊联军背后的小径，使联军腹背受敌，李奥尼达随即命令联军后撤，自己则带着三百名壮士死守隘口拒敌。

在电影中，有这样一个发人深思的情节：波斯国王薛西斯一世与李奥尼达在战场上相见，双方进行对话。薛西斯一世劝李奥尼达投降，威胁说："想要对抗我，不是很聪明的举动。因为我的敌人全死得很惨，因为我为了获胜，会很乐意牺牲手下……"

李奥尼达毫不犹豫地回答说："而我，会为了我的手下牺牲自己！"

很多观众会为李奥尼达的英雄气概所感动，但是从博弈论的角度来看，薛西斯一世的话反映了他能够攻略希腊的原因：乐意牺牲手下。

实际上，一个统帅乐意牺牲手下来消灭敌人，比乐意牺牲自己的策略对敌人更具有威慑力。薛西斯一世的策略，从本质上看也是一种更为残忍的烧钱策略——他愿意烧掉的是士兵的生命。现代社会中也存在着很多这样的博弈，比如竞投黄金时段的标王或巨额的捐款等。

"烧钱"的老板并非不明白，广告对销售的促进价值并没有那么大，也就是说，请明星并不值得花那么多钱。然而他就是要通过这样人人皆知的浪费，来展示自己争夺市场的决心。用这样的决心来吓退对手，才是他的真正目的。

也许吓退对手的收益，也远远无法与"浪费"的钱相比，但除了简单粗暴的"浪费"，似乎也确实没有别的策略能达到这样的效果。

让老板加薪的博弈

两只实力相当的斗鸡，如果它们双方都选择前进，那就只能是两败俱伤。在对抗条件下的动态博弈中，双方可以通过向对方提出威胁和要求，找到双方能够接受的解决方案，而不至于因为各自追求自我利益而无法达到妥协，甚至两败俱伤。

但是这种严格优势策略的选择，并不是一开始就能做出的，而是要通过反复的试探，甚至是激烈争斗后才能做出严格优势策略的选择。

哪一方前进，不是由两只斗鸡的主观愿望决定的，而是由双方的实力预测所决定的。当两方都无法准确预测双方实力的强弱时，那就只有通过试探。而在试探的时候，要有分寸，更要有勇气。

如果你是一位职场人士，那么你与老板之间所进行的最为惊心动魄的博弈，一定是围绕薪水进行的。一个要让收入更适合自己的付出，而另一个则要让支出更适合自己的赢利目标，两只斗鸡在办公桌前迎头相遇。

首先，作为员工，如果想要让老板给你加薪，那么就必须主动提出来。你不提，不管用什么博弈招数都没用。

在向老板要求加工资时，除了把加工资的理由一条一条摆出来，详细说明你为公司做了什么贡献而应该提高报酬之外，最重要的应该是确定自己提出的加薪数额。你提出的数额，应该超过你自己觉得应该得到的数额。注意，关键是"超过"。鉴于你与老板之间的地位不平等，这就需要试探的勇气，事先一定要对着镜子，好好练习一下这个"超过"的数额。这样你见了老板就不会欲言又止、吞吞吐吐了。

一般人请老板加工资，提的数额都不多。但是这种低数额的要求对他们有害无益。

你提的数额越低，在老板眼里你的身价也会降低。标价过低的东西，比标价过高的东西更容易把买主吓跑。反过来，如果提的数额合理而且略高一些，会促使老板重新考虑你的价值，对你的工作和贡献做更公正的评价。你就是得不到要求的数额，老板也可能对你更好，比如会改变你的工作条件。

他改变了看你的视角，看得更清楚，所以会对你刮目相看。既然他认为只有狮子才能大开口，那么你就要相信自己是一只狮子，是狮子就一定要大开口。

你如果不在乎别人小看，就别要求提工资，就是要求也是很小的幅度。那样，你会发现分配的工作最苦最累，办公室最差，停车位最远，工作时间最长。总之，你要是不重视自己，也别指望老板会看重你。要求的数额低，就是小看自己。

其实，在你与老板之间形成的博弈对局中，老板会综合对你的能力和价值的了解，判断出该给你加薪的幅度，并以此作为讨价还价的依据。如果你的理由充分，又有事实根据，可能跟老板对你的看法有出入，即心理学上所谓的"认知不一致"。

老板会设法协调一下这两种不一致的看法。但是，如果你不把这种"认知不一致"暴露出来，在加薪的对局中你就会处于下风，因为他一直抱着成见。你提供了不同的看法，就迫使他重新评价你，以新的眼光看待你，最后达成双赢的可能性反而更高。

这就是如何在避免两败俱伤的前提下为自己争取利益的智慧。正如本节开头所说的，在需要勇气的同时，更需要揣摩与试探的策略。

第 12 章
协和谬误

欲罢不能的困局

不能承受的代价

假如有一款网络游戏，你已经玩了三年，并且已经陆续投入了三万元。由于最近有事不能上线，只能花钱请代练来帮忙，这会使你每个月多支出一千元，这时你会怎么选择——是花钱请代练还是干脆放弃游戏呢？

换一种条件，假如你玩这款游戏只有一年，投入也只有五千元。那么在有事无法继续的情况下，又会怎么选择呢？

又假如有一部电影可以在网上免费观看，你看了十分钟后，发觉这部电影十分无聊。这时候你会选择继续看下去呢还是放弃？

换一种条件，假如你看的这个电影是在视频网站上花了二十元钱购买的，那么在发觉它很无聊时，又会怎么选择呢？

有心理学家向二十五岁至四十岁的公司职员群体中发放问卷一百份，回收九十三份，其中有过网络消费经验的有效问卷为八十份。

实验结果：在网络游戏的问题上，第一种条件下有六十三人选花钱请代练，十七人选放弃；第二种条件下，四十六人选代练，三十四人选放弃。在是否继续看无聊电影的问题上，第一种条件下有十四人选继续看下去，六十六人选放弃。而在付费的条件下，有六十七人选继续看下去，十三人选择放弃。

你玩还是不玩，游戏就在那里；你看还是不看，电影就在那里。可为什么人们在不同的条件下选择会有如此大的差异呢？是什么力量迫使他们付出更大代价继续呢？

答案是：协和谬误。

1962年11月29日，英、法两国政府签署协议，决定合作研制协和式超音速客机，并商定研制费用双方各承担50%。该种飞机机身大、设计豪华且速度快，其研制可以说是一场豪赌。单是设计一个新引擎的成本就可能高达数亿英镑。想开发更新更好的飞机，实际上等于把公司作为赌注押上去。难怪政府也会牵涉进去，竭力要为本国企业提供支持。

项目开展不久，英法两国政府发现：继续投资开发这样的机型，花费会急剧增加，但这样的设计定位能否适应市场还不知道；然而停止研制也是可怕的，因为以前的投资将付诸东流。随着研制工作的深入，他们更是无法做出停止研制工作的决定。

到1976年协和式飞机正式投入航线运营时，英法两国的投资已经超过了八亿英镑，超出最初预算近6倍。协和式飞机至少要卖出64架才不会亏损，但实际上，因耗油大和维修成本太高也不适应市场竞争，加上巴西、新加坡等国都因协和式飞机噪声过大、污染严重而拒绝其着陆，前后一共只有16架飞机投入过运营，英法政府为此蒙受了很大的损失。

在这个研制过程中，如果英、法政府能及早放弃飞机的开发工作，会使损失减少，但他们没能做到。2003年6月，最后一架协和式飞机退役，英法两国才算是从这个无底洞中脱身。

在这里，我们说英法政府是遇到了"沉没成本效应"。所谓沉没成本，又称沉落成本、沉入成本、旁置成本，是指业已发生或承诺、无法回收的成本支出，如因失误造成的不可收回的投资。

凡是你在正式完成任务之前投入的成本，无论是金钱还是时间和精力，一旦任务不成功，就会白白损失掉，成为沉没成本。如果对沉没成本过分眷恋，只会继续原来的错误，造成更大的亏损。而且前期投入的成本越大，越会导致人们在后期继续为其投入更多的成本。

沉没成本对决策产生如此重大的影响，以至于很多聪明一世的人都无法自拔。有很多时候，我们开始做一件事，做到一半的时候发现并不值得，或者会付出比预想多得多的代价，或者有更好的选择。但此时已经箭在弦上，不得不发，沉没成本已经很大，思前想后，只能将错就错地走下去。但实际上，走下去往往会带来更大的损失。

对于这一点，炒股的朋友更容易理解。因为他们或多或少都有由浅入深被套的经历，原因就在于最初的"不甘心"。如果在股票发生亏损后能够及时止损，就可以把损失降到较低的限度。而一旦犹豫不决，沉没成本就越来越大，就更不愿意做壮士断腕之举，导致最终难以自拔。

从理性的角度来说，沉没成本不应该影响我们的决策，更不应影响我们的生活。然而，我们常常由于想挽回已经无法收回的沉没成本，而做出很多不理性的行为，从而陷入沉没成本的泥潭。有时候，这种努力本身反而会让你越陷越深，更加无法自拔。

沉没成本的模型

王子猷是东晋著名书法家王羲之的第五个儿子，为人处世洒脱豪放，是个十分有趣的人。在《世说新语》中记载了他这样一件逸事。

王子猷居住在山阴（今浙江绍兴市），一次夜里下大雪，他从睡眠中醒来，打开窗户，命令仆人斟上酒。四处望去，一片洁白银亮，于是起身慢步徘徊，吟诵着左思的《招隐诗》，忽然间想到了戴逵。

戴逵也是当时的一位名士，住在曹娥江上游的剡县。于是，王子猷即刻连夜乘小船前往，经过一夜，到了戴逵家门前却又转身返回。

他的仆人问他为何这样。王子猷说："我本来是乘着兴致前往，兴致已尽，自然返回，为何一定要见戴逵呢？"

许多现代人读了这个故事，都感叹王子猷与众不同的傻气：舟车劳顿，付出了这么大的成本，来到朋友门前。本来推门就可以见到朋友，却不入而返。岂非缺心眼儿？

但事实上，王子猷比现代人聪明得多。雪夜兴起，意欲访友。要达成这一目标，所付出的成本是雪夜跋涉。而当他到达朋友门前时，无论他见与不见，付出的成本已然沉没，决定见与不见就不应以它为依据。根据兴致来决定，反而是理性的选择：一夜未眠已经疲劳，而且兴致已过，这时候造访朋友，虽然只需要轻叩柴门，但一场没有兴致的拜晤又有何价值可言呢？

那些认为王子猷付出了一夜舟旅的成本，怎么也要顺便见戴逵的现代人，才是陷入了沉没成本效应之中。也正因如此，他们才不如王子猷活得洒脱自在，往往在很多时候泥足深陷，无法自拔。

问题来了，为什么现代人经常不自觉地陷入"沉没成本效应"呢？对此，很多学者都尝试进行解释。

美国社会心理学家利昂·费斯汀格提出认知不一致理论：我们一旦对某项目的大量任务进行了支出，那么任务的重要性就会被重新高估。与以前没有投资支出的时候相比，这种高估会导致对项目进一步扩大资源支出。在这种情况下，与没有沉没成本的人相比，有沉没成本的人往往会过高估计项目成功的可能性。因此，人们往往在预算内的钱扔完之后，继续补充预算，扔进更多"无辜"的钱。

这一解释，与期望理论的解释十分契合。期望理论是由曾经获得诺贝尔经济学奖的美国心理学家丹尼尔·卡尼曼和阿莫斯·特沃斯基所创立的，它认为，可供选择的结果与某些重要的参照状态比较时，会导致估价收益和损失是相对意义上的，而不是绝对意义上的。

期望理论的三个命题，可以用来解释沉没成本对决策的影响。

首先，假设个人能够依据参照点估计收益和损失的结果；其次，假设个人受确定性效应的影响，那么确定的结果要比可能的结果好；最后，对于收益的效用函数假设是凹的，而损失的效用函数是凸的，并且比收益陡峭。

期望理论对于收益和损失总是有一个参照点，在给定项目情况下，参照点将是投资成本与总资源支出量的比例关系。此时，我们用沉没成本与某个总预算支出的比率形式表示，即给定同样的成本支出，当且仅当沉没成本在预期预算中有较高比例，个人才应该继续投资。同时，人们对各种刺激的敏感性是不同的，当连续行动决策受沉没成本影响时，连续的可能性将是沉没成本数量的函数。

价值函数是关于风险决策的一种描述性模型，一个主要特征是人们并不根据最终资产，而是根据一个参照点对选择进行评估。如果一个选择的结果在参照点之上，这个选择就被认为是赢利；相反在参照点之下，选择的结果就被认为是损失。

因为边际价值递减，价值函数对赢利来说是凹的，而对损失则是凸的。价值函数的这种S形状表明，人们在赢利条件下通常是风险厌恶的，而在损失条件下是风险寻求的。价值函数的另一个特征是它对损失比对赢利更陡峭。这意味着损失显得比赢利更突出。例如一百美元盈利的压力，要比一百美元损失的压力小很多。参照点通常与现有资产相关，即与现状有关。然而，丹尼尔·卡尼曼和阿莫斯·特沃斯基指出："一些情形下，人们对损失和盈利的编码与不同于现状的期望或渴望水平有关。"

期望理论对沉没成本效应的解释，意味着以前的投资没有被全部折现。在这些事例中，人们的期望不是从现状开始（图12-1中的A点），而是从价值函数损失的一侧开始（图12-1的B点）。根据这一解释，以前的投资被看作是损失，当决策者评估下一次的行为时，仍存在于决策者的大脑中。

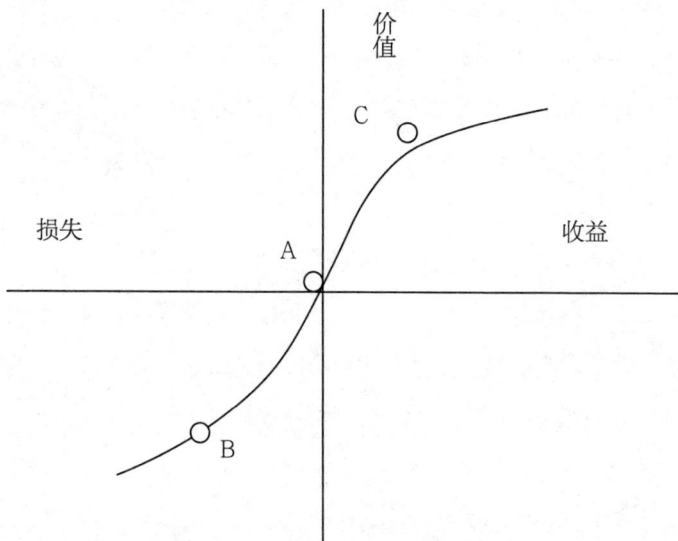

图12-1　价值函数

因为价值函数对损失来说是凸的，进一步的损失不会引起价值的更大规模减少。相反，从B点可以看出，赢利会引起价值的大规模增加。希望有好的结果（也可能使损失进一步增加）而向沉没成本增加资金，这种有风险的再投资比完全撤出投资（会导致肯定的损失）更有可能发生。

以上各种心理解释，都指出沉淀成本效应存在有其合理性。期望理论突出风险认知和风险态度的重要性。要摆脱沉淀成本效应，需要提高我们的心理应对、组织和处理信息的能力。

认赔服输的智慧

失去一个人的感情，明知一切已无法挽回，却还是那么执着，而且一执着就是好几年，还要借酒浇愁，形销骨立。这是很多男女在面对变心的另一半时的本能反应。但是其实这样一点用也没有，只会损失更多。丘吉尔说，世上有两件事最难对付，一是倒向这边的墙，一是倒向另一边的女人。假如爱人真的倒向了另一边，干脆放手就是了。

在我们身上的任何一种损失，一定有自身的原因在里面。当问题发生，不仅不知反省，反而花加倍的时间来为自己开脱，只能使自己的损失更加扩大。被人骂了一句，花了无数时间生气难过，道理相同。为一件事情发火，不惜损人不利己，不惜血本、不惜时间地进行报复，不是一样无法从沉没成本中自拔？

无论沉没成本是由自己还是别人的原因造成的，既然已经无可挽回，那么我们不应纠缠不休，而应该当什么也没发生，尝试以一种归零的心态来进行下一步的决策。

那么具体来说，怎么才能让自己摆脱沉没成本的羁绊呢？

一个比较明智的做法是，在一些事情的沉没成本变得不可接受之前，及时放弃它。具体来说，一是在进行一项工作之前的决策要慎重，要在掌握了足够信息的情况下对可能的收益与损失进行全面的评估；二是沉没成本一旦形成，就必须要承认现实，认赔服输，避免造成更大的损失。

在很多情况下，我们就像伊索寓言里的那只狐狸，想尽了办法，付出了努力，却由于客观原因最终没有吃到那串葡萄。这时，即使坐在葡萄架下哭上一天，暴跳如雷也是无济于事的，反而不如用一句"这串葡萄一定是酸的，让馋嘴的麻雀去吃吧"来安慰自己，求得心理上的平衡。这种调整期望的落差，转而接受柠檬虽酸却也别有滋味的事实，很有点据于儒、依于道而逃于禅的味道，却不至于伤害了自尊与自信。

因此我们可以说，酸葡萄心理不失为一种让我们摆脱沉没成本的困扰，接受现实的好方法，而且可以消除心理紧张，缓和心理气氛，减少因产生攻击性冲动和攻击行为而造成更大的损失和浪费。从这个意义上来讲，它又不失为一种时间管理的方法。

事实上确实如此，生活中最大的效率其实在于：真正有勇气来改变可以改变的事情，有度量接受不可改变的事情，有智慧来分辨两者的不同。

覆水难收不必再收

母亲让孩子拿着一个大碗去买酱油。孩子来到商店，付给卖酱油的人两角钱，酱油装满了碗，可是提子里还剩了一些。卖酱油的人问这个孩子："孩子，剩下的这一点酱油往哪儿倒？"

"请您往碗底倒吧！"

说着，这孩子把装满酱油的碗倒过来，用碗底装回剩下的酱油。碗里的酱油全洒在了地上，可他全然不知，捧着碗底的那一点酱油回家了。孩子的本意是希望母亲赞扬他聪明，善用碗的全部，而妈妈却说："孩子，你真傻。"

实际上，很多人都在扮演那个故事里的孩子，自作聪明地企图把碗的全部空间都用上，期望可以把酱油全部拿回家，最后却因小失大。

这就像我国东北地区的黑熊一样。每年收秋时节，黑熊总要从山林里走出来，到玉米地里去掰玉米棒子。据一些见过它劳动的人说，掰玉米棒子的黑熊显得神态自然，好像在向人们示威：这里祖辈都是我的地盘，你们在这里种庄稼，俺来收点租子理所当然。

不过，黑熊因为不会使用筐或者篮子，因此只能掰下一个玉米棒子夹在腋下。不过，当它掰下一个再向腋下夹的时候，前面的那个就会掉在地上。因此，它一路下来忙到了地头，忙活了半天，腋下还是只有一个玉米。它坐在地头把这个玉米啃完，抹抹嘴就回林子里睡觉了。

当我们企图把所有的赢利空间利用殆尽，当我们想尽可能多地获得一些东西时，一定要考虑一下，你是不是也像只有一个碗的孩子，或者只有两只胳膊的黑熊。

本节开头那个孩子打酱油的故事还有第二部分。他端着一碗底的酱油回到家里，正在做饭的母亲问道："孩子，两角钱就买这么点酱油吗？"

他很得意地说："碗里装不下，我把剩下的装碗底了。你着什么急呀，这面还有呢！"

说完，孩子把碗翻过来，把碗底的那一点酱油也洒光了。

我们做任何事情都是有代价和成本的，就像用碗底装酱油的代价就是碗里酱油都洒掉了。不过，既然已经做错了，把酱油洒掉了，接下来所能做的，就只有保护碗底的这点酱油不再洒掉。可惜的是，我们在很多时候都像这个孩子一样，因为无知或者挽回错误的冲动，把碗又翻过来看，把碗底的酱油也洒掉了。

古人说，人非圣贤，孰能无过？做错了以后应该如何面对，直接关系到为错误付出的代价。

一旦做错了一件事，这件事也就算结束了，我们在检讨过之后，就必须全力以赴地去做下一件事。人生就像跨栏比赛，我们不应该碰倒栏杆，即使碰倒了，也只需要在最短的时间内跳过去就是了。如果一味地为碰倒栏杆而惋惜和后悔，那么最终的成绩必然会大受影响。

既然已经错了，就不要一味地懊悔，在错误中不停地纠结，而必须要有"不悔"的勇气与智慧，放弃那些已经无可挽回的东西，帮助我们节省时间。要帮助自己做出放弃的决定，换一个角度来看问题，考虑一下：在没有付出成本或者付出成本比较低的情况下，你会如何决策。

比如说，你以每股八元买进一只股票，但现在价格是每股六元，你应该抛售吗？

做这个决策时，你要试想一下：假如我手里没有这只股票，我会买吗？假如我是以每股四元或者每股两元买入这只股票的，在已经赢利的情况下我会继续持有吗？如果这两个答案是肯定的，那么即使现在已经赔了两元，你也不应把它出手。假如答案是不定的，那就证明你对这只股票的前景并不看好，所以最好还是割肉抛了它。

也就是说，你应当把这两种情景（购买和抛售）应当当作一体的两面来思考。在一些大的项目上面，实际上也应该动用这种思维方式。当你知道已经做了一个错误的决策时，就不要再对已经投入的成本斤斤计较，而要看你对前景的预期如何。

当我们知道有些酱油已经洒掉了，无法挽回了的时候，最明智的就是抑制住自己把碗再翻过来的冲动。因为这种冲动，有可能把剩在碗底的那一点酱油也搭进去。

覆水难收，就不必再收。

强迫自己去成功

当你面对一堵很难攀越的高墙时，不妨先把帽子扔过墙去。这意味着你别无选择，为了找回帽子，必须翻越这堵高墙。正是面临这种无退路的境地，人们才会集中精力奋勇向前。在当今社会激烈的竞争中争得属于自己的位置，不给自己留退路，从某种意义上讲，也是给自己一个向梦想冲刺的机会。

本章谈到那么多例子，都是因为沉没成本的存在而舍不得理性地放弃。既然正常人通常会陷入沉没成本误区，我们也可以巧妙地利用沉没成本谬误。碰到一些不理性的放弃行为时，沉没成本又可以把你往理性的方向拉一把，使行为更有目的性。

例如，很多女性都会为自己制订一个健身计划，比如每周至少去三次健身俱乐部做有氧操，但她们中大多数不能按计划实施。为了帮助你有计划、有规律地进行锻炼，可以给自己设置一个沉没成本。在每月初甚至每个季度初把所有的费用预先支付，并且不可以退费，这样嫌麻烦不愿去锻炼的时候，也会因为已经付了钱而改变主意，还是坚持去健身。

一旦在某个城市找到工作，换一个地方重新安置下来的代价就会变得很高；一旦买了一台电脑，习惯了怎样使用其操作系统，再去学另一种操作系统，其代价就会变得很高。

第13章
蜈蚣博弈

从终点出发的思维

海盗们如何分赃

围棋是对弈双方按照一先一后次序行动的博弈。对于一人一步的相继行动的博弈，每个参与者都必须向前展望或预期，估计对手的意图，从而倒后推理，决定自己这一步应该怎么走。也就是说，在相继行动的博弈里，存在一条线性思维链：假如我这么做，我的对手可以那么做，反过来我应该这样应对……

这种博弈通过描绘博弈树进行研究。只要遵循"向前展望，倒后推理"的法则，就能找出最佳行动方式。

这种方法在博弈论上有一个名字，叫作"倒推法"。

大多数人基于社会常识，预测一场谈判的结果就是妥协。这样结果的好处是能够保证"公平"。我们可以证明，对于许多常见类型的谈判，一个50∶50的妥协也是倒后推理的结果。

如果你对自己的头脑很有自信，来看看下面这个问题。

有五个海盗抢到100枚金币，在如何分赃问题上争吵不休。最后他们决定：

（1）抽签决定各人的号码（1、2、3、4、5）。

（2）由1号提出分配方案，然后五人表决，如果方案超过半数同意就通过，否则他将被扔进大海喂鲨鱼。

（3）1号死后，由2号提方案，四人表决，当且仅当超过半数同意时方案通过，否则2号同样被扔进大海。

（4）依次类推，直到找到一个每个人都接受的方案（当然，如果只剩下5号，他当然接受一人独吞的结果）。

假定每个海盗都是经济学假设的"理性人"，都能很理智地判断得失，做出选择。为了避免不必要的争执，我们还假定每个判决都能顺利执行。那么，如果你是第一个海盗，你该如何提出分配方案使自己的收益最大化？

据说，凡是在二十分钟内答出此题的人，都有望在美国赚取八万元以上的年薪，还有人干脆说这其实就是微软员工的入门测试题。

希望拿到年薪八万元或者进入微软的大有人在，你可能也是其中之一。如果是这样，你不妨先停下来，花上二十分钟，好好做做这道题。如果你没有这份耐心，就接着往下看。

这道题十分复杂，严格的规定给人的第一印象是：如果自己抽到了1号，那将是不幸的事。因为头一个提出方案的人，能活下来的机会微乎其微。即使他自己一分不要，把钱全部送给另外四人，那些人可能也不赞同他的分配方案，那么他只有死路一条。

如果你也这样想，那么答案会大大出乎你意料，经过博弈分析，最优的方案是：1号海盗分给3号1枚金币，分给4号或5号海盗2枚，独得97枚。分配方案可写成［97，0，1，2，0］或［97，0，1，0，2］。

只要你没被吓坏，你就可能站在这四人的角度分析：显然，5号是最不合作的，因为他没有被扔下海的风险，从直觉上说，每扔下去一个，潜在的对手就少一个；4号正好相反，他生存的机会完全取决于前面还有人活着，因此此人似乎值得争取；3号对前两个的命运完全不同情，他只需要4号支持就可以了；2号则需要3票才能活，那么，你……思路对头，但是太笼统了，不要忘了我们的假设前提：每个人都十足理性，都不可能犯逻辑错误。所以，你应该按照严格的逻辑思维去推想他们的决定。

从哪儿开始呢？前面我们提过"向前展望，倒后推理"，推理过程应该是从后向前，因为越往后策略越容易看清。

5号不用说了，他的策略最简单：巴不得把所有人都送去喂鲨鱼（但要注意：这并不意味着他要对每个人投反对票，他也要考虑其他人方案通过的情况）。

来看4号：如果1号、2号、3号海盗都喂了鲨鱼，只剩4号和5号的话，5号一定投反对票让4号喂鲨鱼，以独吞全部金币。所以，4号唯有支持3号才能保命。

3号知道这个策略，就会提出［100，0，0］的分配方案，对4号、5号一毛不拔而将全部金币归为己有，因为他知道4号一无所获还是会投赞成票，再加上自己一票他的方案即可通过。

不过，2号推知3号的方案，就会提出［98，0，1，1］的方案，即放弃3号，而给予4号和5号各1枚金币。由于该方案对4号和5号来说比在3号分配时更为有利，他们将支持他而不希望他出局而由3号来分配。这样，2号将拿走98枚金币。

不过，2号的方案会被1号所洞悉，1号将提出［97，0，1，2，0］或［97，0，1，0，2］的方案，即放弃2号，而给3号1枚金币，同时给4号或5号2枚金币。

由于1号的这一方案对于3号和4号或5号来说，相比2号分配时更优，他们将投1号的赞成票，再加上1号自己的票，1号的方案可获通过，97枚金币可轻松落入腰包。这无疑是1号能够获取最大收益的方案了！

难以置信，是不是？难道上面的推理真是毫无破绽吗？应该说，还真有一个模糊不清之处：其实，除了无条件支持3号之外，4号还有一个策略是许多专家都没有考虑到的：那就是提出［0，100］的方案，让5号独吞金币，换取自己的活命。

如果这个可能成立的话（不要忘了"完全理性"的假定，既然可以得到所有钱，5号其实并不必杀死4号），那么3号的［100，0，0］策略显然失败了。4号如果一文不得，他就有可能投票反对3号，让他喂鲨鱼。

你可能要反对：作为理性人，4号干吗要做"损人不利己"的事呢？而且，这多少还要冒可能被扔下海的风险。

可是，如果大家都是理性人，5号在得钱后可以不杀死4号，那么对4号来说，投票赞成和投票反对3号是一样的，也就是说，无论他怎么选择都可以。3号当然不应该把希望寄托在4号的随机选择上。因为5号还是可能在不必要的情况下杀死4号，那么4号是不该冒这个风险。

同理，3号也不该冒没有必要的风险。无论是哪种情况，他都应该给4号1枚金币，使其得到甜头，支持自己。这样3号的"保险方案"就是［99，1，0］；相应地，2号的方案也要修改一点，比3号多给4号1枚，使其支持自己，也就是［97，0，2，1］。

对1号来说，倒是不必多掏钱，而是减少了用2枚金币收买4号这一种可能性，也就是说，前面所说的"标准答案"只剩下了一种，即［97，0，1，0，2］。当然，他也可以选［96，0，1，3，0］，但是由于收买4号要比收买5号多花1枚金币，所以也就算不上利益最大化的最佳方案了。

吃饼和移旗的策略

有这样一个笑话，说是甲乙两个人一起吃饼，而且都想比对方多吃。

桌子上一共有两大一小三张饼，甲先拿，他伸手就拿了一张大饼开始吃。乙想了一下，却拿了那张小饼。

不一会，乙就把小饼给吃完了。他对刚刚吃了一半大饼的甲微微一笑，伸手把剩下的那张大饼拿了过来，慢条斯理地吃了起来。

这个故事虽然简单，但无论在理论上还是在实践上，都不失为一个能展示倒后推理的典型案例。在第一轮开始取饼吃饼的时候，其实就应该预见到怎样才能使自己成为下一轮的先行者。

在美国哥伦比亚广播公司拍摄的真人秀节目《幸存者：泰国第五季》中，有一个类似的故事。

这一季的拍摄场地设在泰国一个叫达鲁岛的地方，是首次由选手组织部落的赛季。两名最老的选手Jake与Jan选出自己的队员，组成两个名为Sook Jai和Chuay Gahn的部落。在这一季中，设置了这样一个考验双方推理能力的游戏。

在两个部落之间的地面插着21面旗，要求两个部落轮流移走这些旗。每个部落在轮到自己时，可以选择移走1面、2面或3面旗，不允许不移或者移走超过3面。拿走最后1面旗的　组获胜，无论这面旗是最后1面，还是2面或3面旗中的一面。输了的一组，必须淘汰掉自己的一个组员作为代价。

在游戏开始前，每个部落都有几分钟时间提供给成员们讨论策略。在Chuay Gahn部落的讨论过程中，软件开发人员泰德·罗格斯指出："最后一轮时，我们必须留给他们4面旗。"

这种预见是明智的，因为如果对手面对4面旗时，只能移去1面、2面或者3面旗，这样，己方在最后一轮只要相应地分别移走剩下的3面、2面或1面旗，就可以取胜。事实上，Chuay Gahn就是这样做的，在倒数第二轮中面对6面旗时，拿走了2面。

不过，同样在这一轮，就在Sook Jai从剩下的9面旗中拿走3面返回后，他们中的一个成员斯伊·安也十分敏锐地意识到了这个问题："如果Chuay Gahn现在取走2面旗，我们就糟了。"

但是为时已晚。Sook Jai本来应该醒悟得更早一些：怎样才能在下一轮时给对方留下4面旗呢？方法是在前一轮中给对方留下8面旗！当对方在8面旗中取走3面、2面或1面时，接下来轮到你时，你再相应地取走3面、2面或1面，按计划给对方留下4面旗。也就是说，只要Sook Jai在剩下9面旗时取走1面，就可以扭转败局。

但是，Sook Jai在前一轮面临9面旗，实际上是Chuay Gahn部落的失误造成的：他们在前一轮中从剩下的11面旗中取走了2面。Chuay Gahn部落本来可以再倒后一步，在面对11面旗时取走3面，留给Sook Jai部落8面。这样，才会使Sook Jai走上必输无疑的道路。

同样，类似的推理可以再倒后一步：为了给对手留下8面旗，你必须在前一轮给对方留下12面旗；要达到这个目的，你还必须在前一轮的前一轮给对方留下16面旗，在前一轮的前一轮的前一轮给对方留下20面旗。

所以，Sook Jai在游戏开始时，应该利用先手的机会，只取走1面旗。这样的话，它就可以在接下来每轮给Chuay Gahn分别留下20面、16面……4面旗，确保成为最后的赢家。

但是在游戏中，首先行动的Sook Jai一开始拿走了2面旗，还剩下19面。从倒后推理的角度来说，这是错误的。如果对手Chuay Gahn部落中有一个策略高手，就可以反过来让Sook Jai必输无疑：在面对19面旗时取走3面，给Sook Jai留下16面旗，也就踏上了必胜之路。

但是很遗憾，Chuay Gahn缺乏这样的策略高手。

无论是吃饼还是移旗的游戏，都告诉我们：即使是一个非常简单的博弈，也是需要时间和经验的。我们一旦学会倒后推理，很多看上去让人眼花缭乱的对局，都有着一种必然的输赢逻辑在里面。而且，即便是开始几轮犯了错误，我们也可以利用对手的错误，重新确立自己的优势。

人生的倒后推理

有一个懒汉家徒四壁。某天，他偶然在街上捡到一个鸡蛋，拿回家十分兴奋地对老婆说："我有家当了。"

老婆惊讶地问他家当在哪里，他拿出鸡蛋，慢条斯理地说："就在这里。我拿着这个鸡蛋，去邻居家借他的母鸡孵小鸡，然后从小鸡里挑一只母鸡，拿回家养着下蛋，一个月就可以得到十五只母鸡。只需两年，鸡又生蛋，蛋又生鸡，就可得到三百只鸡，卖掉后就能换回十两银子。我拿着这十两银子，去买五头母牛，牛又生牛，三年可以得到二十五头牛。这二十五头牛又再生牛，三年可得一百五十头牛，足够换三百两银子了。我以这三百两银子放高利贷，三年间，五千金就赚到了。我拿出这些银子的三分之二买地买房，剩下的三分之一买个小妾，你看这不是很好的事情吗？"

老婆一开始听得心花怒放，后来听到他说要买妾，十分生气地一巴掌打了过去，鸡蛋一下子掉在地上打碎了……

这个懒汉的发家计划环环相扣，为什么这么容易就破灭了呢？原来很简单，计划的每一步从因到果的过程都太脆弱了，经不起任何不确定性的碰撞。不是每一个鸡蛋都可以孵出小鸡，即使孵出小鸡，也不一定是只母鸡……

那么，什么样的推理才是真正可靠的呢？

曾经创下台湾空前震撼与模仿热潮的歌手李恕权，是唯一获得格莱美音乐大奖提名的华裔流行歌手，也是《公告牌》杂志排行榜上出现的第一位亚洲歌手。他在《挑战你的信仰》一书中，详细讲述了自己成功历程中的一个细节。

1976年的冬天，19岁的李恕权在休斯敦太空总署的实验室里工作，同时在旁边的休斯敦大学主修电脑。虽然学校、睡眠与工作几乎占据了他全部时间，但只要有闲暇，他总是会把所有的精力放在音乐创作上。

一位名叫凡内芮的善写歌、词的搭档，在他事业起步时，给了他最大的鼓励。当时仅19岁的凡内芮在得州的诗歌比赛中得过很多奖，当时他们合写了许多很好的作品。

她的家族中的长辈是得州有名的石油大亨，拥有庞大的牧场，极为富有，但她的穿着、所开的车与她谦虚诚恳的待人态度，处处体现出很高的修养。凡内芮知道李恕权对音乐的执着。然而，面对那遥远的音乐界及整个美国陌生的唱片市场，他们一点渠道都没有。他们两个人在得州的乡下，突然间，她冒出了一句话："想象你五年后在做什么。"她转过身来说，"嘿！告诉我，你心目中'最希望'五年后的你在做什么，你那个时候的生活是一个什么样子？"他还来不及回答，她又抢着说，"别急，你先仔细想想，完全想好，确定后再说出来。"

李恕权沉思了几分钟，告诉她说："第一，五年后，我希望能有一张唱片在市场上，而这张唱片很受欢迎，可以得到许多人的肯定。第二，我住在一个有很多很多音乐的地方，能天天与一些世界一流的乐师一起工作。"

凡内芮问："你确定了吗？"他十分坚定地回答，而且是拉了一个很长尾音的"是的！"

凡内芮接着说："好，既然你确定了，我们就把这个目标倒算回来。如果第五年，你有一张唱片在市场上，那么你的第四年一定要跟一家唱片公司签上合约。那么第三年一定是要有一个完整的作品，可以拿给唱片公司听，对不对？你的第二年，一定要有很棒的作品开始录音了。那么你的第一年，就一定要把你所有要准备录音的作品全部编曲，排练就位。你的第六个月，就是要把那些作品修饰好，让自己可以逐一筛选。第一个月就是要把目前这几首曲子完工。那么，你的第一个礼拜就要先列出整个清单，排出哪些曲子需要修改，哪些需要完工。"

最后，凡内芮笑笑说："好了，我们现在不就知道你下个星期一要做什么了吗？"她补充说，"噢，对了。你还说五年后，要生活在一个有很多音乐的地方，然后与许多一流的乐师一起忙着工作，对吗？那么第四年应该有自己的工作室或录音室。第三年，可能是先跟这个圈子里的人在一起工作。那么你的第二年，应该不是住在得州，而是已经住在纽约或是洛杉矶了。"

1977年，李恕权辞掉了令许多人羡慕的太空总署的工作，离开了休斯敦，搬到洛杉矶。1983年，他的唱片在中国台湾及亚洲地区开始畅销起来，一天24小时忙着与一些顶尖的音乐高手一起工作。1982年，他的第一张专辑《回》首次在中国台湾由宝丽金和滚石公司联合发行，并且连续两年蝉联排行榜第一名。1984年，专辑《赤子》由宝丽金唱片出版，再次成为年度最畅销唱片。

这就是一个五年期限的倒后推理，而不是一个鸡蛋的向前推理。

从因到果的向前推理过于脆弱，而从果到因的倒后推理却要靠谱得多，因为这个过程每一步不需要成功的确定性，只需要主动改变。我们可以按这个思路，延长或缩短时间，结合自身情况给自己做一个倒推。

当我们在为手头的工作忙得焦头烂额的时候，一定要停下来，静静地问一下自己：五年后你最希望得到什么？你现在所做的工作有助于你达到这个目标吗？如果不能，你为什么要做？如果无法回答这些问题，那么需要检讨自己的价值观，想象一下自己想要成为什么样的人。

如果我们没有清晰的目标，就会为那些有清晰目标的人工作，事实就是如此。也就是说，当你在职场上奔波时，所追求的不是达成自己的目标，而是努力达成别人的目标。

要在最短时间内实现人生目标，我们必须把目前年度的4～10个目标写出来，找出一个核心目标，并依次排列重要性，然后依照自己的目标定一些详细的计划，然后依照计划进行。如果我们根本就没有这样一个目标，那么策略思维根本是一句空话。

从墓志铭想人生

有三个人（分别是美国人、法国人、犹太人）要被关进监狱三年，监狱长给他们三个一人一个要求。美国人爱抽雪茄，要了三箱雪茄。法国人最浪漫，要一个美丽的女子相伴。而犹太人说，他要一台与外界沟通的电话。

三年过后，第一个冲出来的是美国人，嘴里、鼻孔里塞满了雪茄，大喊道："给我火！给我火！"原来他忘了要火。

接着出来的是法国人。只见他手里抱着一个小孩子，美丽女子手里牵着一个，肚子里还怀着第三个。

最后出来的是犹太人，他紧紧握住监狱长的手说："这三年来我每天与外界联系，我的生意不但没有停顿，反而增长了200%。为了表示感谢，我送你一辆劳斯莱斯！"

这个故事告诉我们，决定命运的是选择，而非机会。

什么样的选择决定什么样的生活，我们今天的生活是由三年前所做出的选择决定的；而今天我们的抉择，却不仅将决定我们三年后的生活，而且会影响我们最终离开人世时的样子。

我们每个星期有一百六十八个小时，其中五十六个小时在睡眠中度过，二十一个小时在吃饭和休息中度过，剩下的实际上只有九十一个小时由我们来决定做什么——每天十三个小时。我们每天在这十三个小时里做什么，决定了我们成为什么样的人。从更宏观的角度来看，我们的整个人生不过是从上苍手中借的一段岁月而已，大一岁就归还一年，一直到生命终止。

这段借来的时光，准备怎样应用呢？为了帮助有探索意识的朋友了解这个问题，我们可以借助于一种假设的场景。

假设你正在前往墓地的路上，去向一位你最亲近的人做最后的告别。到了之后，你却发现亲朋好友齐集一堂，却是为了来向你告别。这个场景也许会在五十年以后，也许会在十年以后，但无论如何，我们都将面对这一幕：我们的朋友、同事来到墓地，默默追思你的生平事迹。

这时，你最希望他们对你做出什么样的评价呢？你最希望人们会记住你这一生的什么成就和事迹呢？问题归结到一个最简单的问题，那就是：你希望人们在墓志铭上写上怎样的文字？

18世纪的法国思想家孟德斯鸠，有一篇十分有趣的文章，标题是"一个法国人的墓志铭"。

此地安息着一个生前从不曾得到安息的人。他曾经追随过530队送葬行列。他曾经庆贺过3680名婴儿的诞生。他用永远不同的词句，祝贺友人们所得到的年俸，总数达到260万镑；他在城市所走的道路，总长9600斯大特（古希腊道路的长度）。他在乡村间走过的路，总长36斯大特。他言谈多逸趣，平时准备好365篇现成的故事。此外，从年轻时候起，他从古书中摘录箴言警句180条，生平逢机会，即以显耀。他终于弃世长逝，享年60岁。

这个法国人的一生，是很多人一生的基本写照。其中或许有这样那样的差别，但是正像墓志铭中的法国人一样整天沉醉于各种无聊的事情之中却一事无成。一个不能对自己的一生进行管理的人，整天忙碌却无法取得成就的状态是大同小异的。

你希望你的墓志铭和他一样吗？

伍迪·艾伦曾经说过，生活中90%的时间只是在混日子。大多数人的生活层次只停留在为吃饭而吃，为工作而工作，为回家而回家。他们从一个地方逛到另一个地方，事情做完一件又一件，好像做了很多事，却很少有时间从事自己真正想完成的目标。就这样，一直到老死。很多人临到自己垂垂老矣的时候，才发现自己虚度了大半生，剩余的日子又在病痛中一点一点地流逝。

那么，我们要怎样度过一生，才能不算虚度呢？回答这个问题，可以帮助我们把所有生活层面的东西过滤，提炼出我们最根本的人生目标，发掘我们心底最根深蒂固的价值观，决定我们人生目标的最核心部分。

蜈蚣博弈的悖论

一个人打算向邻居借斧子，又担心邻居不肯借给他，他在前往邻居家的路上不断胡思乱想。

"如果他说自己正在用怎么办？"

"要是他说找不到怎么办？"

想到这些，这人自然对邻居感到不满。

"邻里之间应该和睦相处，他为什么不肯借给我？"

"假如他向我借东西，我一定会很高兴地借给他。"

"可是他不肯借斧头给我，我对他也不应该太客气……"

这人一路上越想越生气，等到敲开邻居的门后，他说的不是"请把你的斧子借给我用一下吧"，而是张嘴说道："留着你的破斧子吧，我才不稀罕你的东西！"

从上面这个笑话中，我们可以想象一些喜欢以己度人者在生活中遇到的尴尬。但是笑过之后，我们却发现，这个借斧头的人所运用的思维方法，居然有着倒推法的影子。

难道倒推法有什么问题吗？

答案是肯定的，这种悖论在博弈论中被称为"蜈蚣博弈悖论"。很多学者已经用科学的方法推导出：倒推法是分析完全且完美信息下的动态博弈的有用工具，也符合我们的直觉，但在某种情况下却存在着无法解释的缺陷。

如下面这样一个博弈。两个博弈方A、B轮流进行策略选择，可供选择的策略有"合作"和"不合作"两种。规则是：A、B各进行策略选择一次为一轮，第一次若A选择不合作，则游戏结束，A、B都得1，接下来轮到B选择，如果B选择不合作，则游戏结束，A得0而B得3；若B选择合作，则双方合作成功，各得2，下一轮就从双方的这一收益基础开始。A、B之间的博弈次数为有限次，假如为99轮。如图13-1所示。

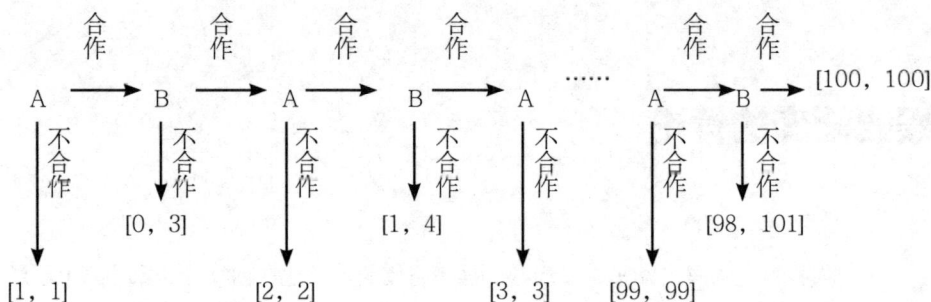

图13-1　蜈蚣博弈的扩展形状很像一条蜈蚣

由于这个博弈的扩展形状很像一条蜈蚣，因此被称为"蜈蚣博弈"。

现在的问题是：A、B是如何进行策略选择的？我们用一对情侣之间的爱情博弈来说明。

爱情就其本质来说是一种交往，交往的目的在于个人效用最大化，不管这个效用是金钱还是愉快幸福的感觉。只要追求个人效用，就必定存在利益博弈。因而，爱情交往是一个典型的双人动态博弈过程，其效用随着交往程度的加深和时间推移有上升趋势。

假定小丽（女）和小冬（男）是这个蜈蚣博弈的主角，这个博弈中他们每人都有两个战略选择，一是继续，一是分手。他们的博弈展开式如图13-2所示。

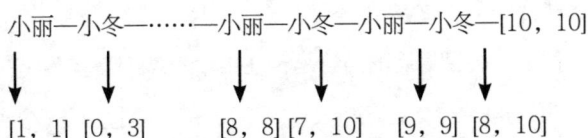

小丽—小冬—……—小丽—小冬—小丽—小冬—[10，10]

[1，1] [0，3]   [8，8] [7，10]   [9，9] [8，10]

图13-2　小丽和小冬的爱情博弈

在图13-2中，博弈从左到右进行，横向箭头代表继续交往战略，竖向箭头代表离开他战略。每个人下面对应的括号代表相应的人与对方分手，导致爱情结束后各自的爱情效用收益。括号内左边的数字代表小丽的收益，右边代表小冬的收益。

可以看到，小冬和小丽的分手战略分别对应的括号里的数字每个都不同，这是因为爱情效用在不断增加，这里假设爱情每继续一次，总效用增加1，如第一个括号中总效用为$1+1=2$，第二个括号则为$0+3=3$，只是由于选择分手战略的人不同，而在两人之间进行分配。

由于男女身心结构和现实因素不同，小丽分手战略只能使效用在二人之间平分，即两败俱伤；小冬选择分手战略则能占到3个便宜。显然，分手战略对被甩的一方来说是一种欺骗行为。

请看，首先，交往初期小丽如果甩了小冬，则两人各得1的收益，小丽如果选择继续，则轮到小冬选择。小冬如果选择甩了小丽，则小冬属受骗，收益为0，小冬占了便宜收益为3，这样完成一个阶段的博弈。可以看到每一轮交往之后，双方了解程度加深，两人爱情总效用在不断增长。这样博弈下去，直到最后两人都得到10的圆满收益，为大团圆的结局——总体效益最大。

遗憾的是，按照倒后推理的逻辑，这个圆满结局很难达到！因为蜈蚣博弈的特别之处是：当A决策时，他考虑博弈的最后一步即第100步；B在"合作"和"背叛"之间做出选择时，因"合作"给B带来100的收益，而"不合作"带来101的收益，根据理性人的假定，B会选择"背叛"。

但是，要经过第99步才到第100步，在第99步，A的收益是98，A考虑到B在第100步时会选择"背叛"，那么在第99步时，A的最优策略是"背叛"——因为"背叛"的收益99大于"合作"的收益98……

按这样的逻辑推论下去，最后的结论是：在第一步A将选择"不合作"，此时各自的收益为1。这个结论是多么令人悲伤啊！

把这种分析代入上面的爱情博弈中，我们可以发现，当双方博弈到如果分手小丽可得收益为10的阶段，小冬是很难有动力继续交往下去的，继续下去不但收益不会增长，而且有被小丽离开反而减少收益的风险。小丽则更不利，因为她从来就没有占先的机会，她无论哪次选择分手策略，都是两败俱伤，而且还有可能被小冬欺骗减少收益的危险。

详细的数学可以证明，每一次交往，无论小冬还是小丽都有选择分手来中止爱情的动机。可是我们在生活中却发现，走进婚姻殿堂的情侣数量，并不像上面的推论得出的那样令人绝望。获得2010年诺贝尔经济学奖的戴尔·莫滕森，曾经把爱情博弈纳入经济模型中进行研究。正如他所发现的："这些模型的一个最重要的结论是，即使个人充分意识到将来可能会分手，但仍然会结成一些可接受的匹配。"

从逻辑推理来看，倒推法是严密的，但结论是违反直觉的。直觉告诉我们，一开始就采取不合作的策略获取的收益只能为1，而采取合作性策略有可能获取的收益为100。当然，A一开始采取合作性策略的收益有可能为0，但1或者0与100相比实在是太小了。直觉告诉我们采取合作策略是好的。而从逻辑的角度看，一开始A应采取不合作的策略。我们不禁要问：是倒推法错了，还是直觉错了？这就是蜈蚣博弈的悖论。

对于蜈蚣悖论，许多博弈专家都在寻求它的解答。在西方有研究博弈论的专家做过实验发现，不会出现一开始选择"不合作"策略而双方获得收益1的情况。双方会自动选择合作性策略，从而走向合作。这种做法违反倒推法，但实际上双方这样做，要好于一开始就采取不合作的策略。

然而，我们会发现，即使双方均采取合作策略，这种合作也不会坚持到最后一步。理性的人出于自身利益的考虑，肯定会在某一步采取不合作策略。只要倒推法在起作用，合作便不能进行下去。也许，下面这个观点显得更为公允：倒推法悖论其实是源于其适用范围的问题，即倒推法只是在一定的条件下和一定的范围内有效。

在一定的条件下它成立的概率比较高。由于逻辑上和现实性方面的局限，它不适用于分析所有完全且完美信息的动态博弈；不恰当地运用倒推法，就会在一些博弈问题中造成矛盾和悖论。不能因为倒推法的预测与实际有一些不符，就否定它在分析和预测行为中的可靠性。只要分析的问题符合它成立的条件和要求，倒推法仍然是一种分析动态博弈的有效方法。

第 14 章
分蛋糕博弈

革命就是讨价还价

创造生活的艺术

在熙熙攘攘上的街市上，我们经常会看到这样的场景。买家看中了一件东西，卖家也看出买家对这件东西感兴趣。于是，讨价还价开始了。

"多少钱？"

"一百八十元！"

"你想抢钱啊。二十元！"

"一百六十元！"

"还是太贵了。四十元！"

"我让一点，一百四十元！"

"我加一点，六十元！"

"最低一百二十元，不然没钱赚了。"

"最高八十元，不然我到别家去买。"

"算了，成本价给你，一百元！"

"那就一百元吧，让你赚就赚吧！"

大家可以看到，他们的出价像钟摆一样，摆过来，摆过去，最后停在一百元上。有人或许会问："他们为何不一开始就以一百元成交呢？双方都省事。"

实际上，一百元是双方博弈后的结果。在它出现之前，谁又知道一百元是成交价呢？除非有一眼看透人心思的神仙现身，否则就只有通过讨价还价才能得到这个价格！因此可以说，讨价还价在这里起着与神仙等同的威力。

1960年，谢林发表了其经典著作《冲突的战略》。在这本书中，他对讨价还价做了非常细致的分析。

从博弈论的角度来看，讨价还价是一个非零和博弈。博弈当事人的利益是对立的，任何一个人效用的增加会损害另外一个人的利益。但博弈当事人的利益也有一致的地方，他们都希望避免两败俱伤，至少达成某种协议。这样就需要在达成协议和争取较优结果中进行权衡。

通过对讨价还价现象的分析，谢林得出结论："在讨价还价的过程中，限制自己的选择往往引致对手让步。"也可以这样理解，对方认为自己不可能做出进一步的让步时，协议就达成了。谢林还进一步描述了能够把自己锁定在有利地位的三个战略，即不可逆转的约束、威胁和承诺。让步是谈判达成共赢必不可少的，任何一方过于强势都不是最优策略。

理论总是枯燥的，放到生活中却是实用的。从买菜到买房子，讨价还价都进行得如火如荼，大有学问。在深圳等地，还出现了并非中介的房屋导购，他们凭借自己对市场的熟悉，专门帮人在买房卖房时讨价还价，以从中获取佣金。

随着商业经济的发展，我们可以说："革命就是讨价还价。"之所以这样说，是因为讨价还价不仅限于商品买卖。讨价还价所创造出的价值，远远超过人类历史上的一切革命。

恋爱就具有讨价还价的机制，可以形成连续博弈，如果双方能产生一个平衡点，那就可以结婚了；反之，则可能是分手。所以自由恋爱要比包办婚姻进步，因为可以讨价还价。而婚姻因为已经形成契约，尘埃落定，没有了讨价还价的机制，古训"男怕入错行，女怕嫁错郎"就已经指出了这种后果的严重性。

父母和孩子之间也存在着讨价还价机制。按照罗登·凯德原理，任何一个父母都会引导孩子向他们期望的方向前进。但孩子在父母的利他主义的影响下，反而被约束，没有自己的选择。这时讨价还价机制开始起作用，孩子通过哭泣等方式影响父母的决定。

爱尔兰剧作家萧伯纳曾经说，经济学是一门最大限度创造生活的艺术。而在很多情况下，这种创造的基础就是讨价还价，或者说，讨价还价是创造生活艺术的一种具体方法。

蛋糕在不断融化

我们来看分蛋糕博弈这样一个讨价还价博弈的基本模型。

桌子上放着的是一个冰激凌蛋糕，两个孩子在就分配方式讨价还价的时候，蛋糕在不停地融化。假设每提出一个建议或反建议，蛋糕都会朝零的方向缩小同样大小。

这时，讨价还价的第一轮由A提出要求，B接受条件则谈判成功，若B不接收条件进入第二轮；第二轮由B提出分蛋糕的条件，A接受则谈判成功，A不接受，于是蛋糕融化，谈判失败。

对A来说，刚开始提出的要求非常重要，如果他所提的条件，B完全不能接受的话，蛋糕就会融化一半，即使第二轮谈判成功了，也有可能还不如第一轮降低条件来的收益大。因此A第一轮提出要求要考虑两点：首先要考虑是否可以阻止谈判进入第二阶段；其次，考虑B是如何考虑这个问题的。

先看最后一轮，蛋糕在第二阶段只有原先的1/2大，因此，A在第二阶段即使谈判成功，也不过只得到1/2个蛋糕，而谈判失败则什么都得不到。从最后一轮再反推到第一轮，B知道A在第二轮时所能得到的蛋糕最多为1/2，因此当A在第一轮时只要占据的蛋糕大于1/2，他就可以表示反对将这个谈判延续到第二轮。

A对B的如意算盘就很清楚，经过再三考虑，他在第一阶段的初始要求一定不会超过1/2的蛋糕大小。因此A在初始要求得到1/2个蛋糕时该谈判顺利结束，这个讨价还价的结果则是双方各吃一半大小的蛋糕。

这种具有成本的博弈最明显的特征就是谈判者整体来说应该尽量缩短谈判的过程，减少耗费的成本。就分冰激凌蛋糕谈判来看，就是尽量不让蛋糕融化太多。

我们再来看看当谈判有三个阶段时会是什么样的结果。为了便于论述，不妨假设这个时候，蛋糕每过一个讨价还价的轮次就融化1/3，到最后一轮结束时，由于过了两个谈判的阶段，蛋糕全部融化。

动态博弈一般都是采用倒推法，从最后一个阶段看，即使谈判成功，A最多只能得到剩下的1/3个蛋糕。B知道这一点，因此在第二阶段轮到自己提要求时，他要求两人平分第一轮剩下的2/3个蛋糕。A在第一轮时就知道B第二轮的想法，于是在第一阶段刚开始提要求时，直接答应给B蛋糕的1/3大小，B知道即使不同意这个条件，进入第二轮也一样是最多得到1/3个蛋糕，到了第三轮几乎分不到蛋糕，因此B一定会接受这个初始条件。

这个三阶段的分蛋糕谈判最终的结果是B分得1/3个蛋糕，A分得2/3个蛋糕。

更为普遍的情况是，假如步骤数目n是偶数，各得一半。假如步骤数目n是奇数，A得到（n+1）/2n，而B得到（n-1）/2n。等到步骤数目达到101，A可以先行提出条件的优势使他可以得到51/101个蛋糕，而B得到50/101个蛋糕。

在这个典型的谈判过程里，蛋糕缓慢缩小，在全部消失之前有足够时间让人们提出许多建议和反建议。这表明，通常情况下，在一个漫长的讨价还价过程里，谁第一个提出条件并不重要。除非谈判长时间陷入僵持状态，胜方几乎什么都得不到了，否则妥协的解决方案看来还是难以避免的。

不错，最后一个提出条件的人可以得到剩下的全部成果。不过，真要等到整个谈判过程结束，大概也没剩下什么可以赢取的了。得到了"全部"，但"全部"的意思是指什么也没有，也就是说，赢得了战役却输掉了整场战争。

煮了吃还是蒸了吃

两个猎人前去打猎，路上发现了一只离群的大雁，于是两个猎人同时拉弓搭箭，准备射杀大雁。这时猎人甲突然说："喂，我们射下来后该怎么吃，是煮了吃，还是蒸了吃？"

猎人乙说："当然是煮了吃。"

猎人甲不同意煮，说还是蒸了吃好。两个人争来争去，很久也没有达成一致的意见。来了一个打柴的村夫，听完他们的争论笑着说："这个很好办，一半拿来煮，一半拿来蒸，不就可以了？"

两个猎人停止争吵，再次拉弓搭箭，可是大雁早已飞走了。

在现实生活的谈判中，任何讨价还价的过程都不能无限制地进行。因为讨价还价的过程总是需要成本的，在经济学上这个成本称之为"交易成本"。就如同冰激凌蛋糕会随着两个孩子之间的讨价还价过程而融化，不妨仅简单地认为被融化的那部分蛋糕就是这个讨价还价过程的交易成本。

因此有很多谈判也和分配蛋糕一样，时间越长，蛋糕缩水就越厉害。

查尔斯·狄更斯的《荒凉山庄》描述了一个极端的情形：围绕贾恩迪斯山庄展开的争执变得没完没了，最后整个山庄不得不卖掉，用于支付律师的费用。

假如一场谈判因为不能达成协定而久拖不决，那么卖家将会失去抢占市场的机会，而买家会失去一次使用新产品的机会。假如各国陷入一轮旷日持久的贸易自由化谈判，它们就会在争吵收益分配的时候丧失贸易自由化带来的好处。这些例子的共同点在于，参与谈判的所有各方都愿意尽快达成协议。

因此，任何马拉松式的谈判一轮轮拖而未果的原因只在于，参与谈判的双方之间，还没有就蛋糕的融化速度（未来利益的流失程度）达成共识。

从数学上可以证明，分蛋糕博弈只要博弈阶段是双数时，双方分得的蛋糕将会是一样大小，博弈阶段是单数时，后提要求的博弈者所得到的收益一定会好于先提出要求的博弈者，然而随着阶段数的增加，双方收益之间的差距会越来越小，每个人分得的蛋糕将越来越接近于一半。

也就是说，向前展望，倒后推理的原理，可能在整个过程开始之前就已经确定了最后结果。

策略行动的时间可能提前，在确定谈判规则的时候就已经开始。预期结果却是A的第一个条件能够被对方接受。谈判过程的第一天就会达成一致，谈判过程的后期阶段不会再发生。不过，假如第一轮不能达成一致，这些步骤将不得不进行下去。在A盘算怎样提出刚好足够引诱对方接受的第一个条件时，这一点非常关键。

由于双方向前展望，可以预计到同样的结果，他们就没有理由不达成一致。也就是说，向前展望，倒后推理将引出一个非常简单的分配方式：中途谈判平分利益。

坚定不移的策略

　　古时候，有一位商人开了一个卖玉器的店铺。

　　有一次，一位同样做玉器生意的顾客来买货。他推荐了一套四件精美细致的玉器，每套要价八百两银子。顾客为了压价，说只看中了其中两件，另外两件并不是太喜欢，因此只愿意出六百两。

　　商人慢悠悠地说："既然你不喜欢这两件，我也不好意思再卖了。"

　　说完，他拿起一件扔在了地上。

　　顾客见自己喜爱的东西被摔碎了，很痛惜，忙向商人阻拦，愿意以六百两买剩下的三件。商人不作声，又拿起另一件。顾客终于沉不住气了，请求商人千万不要再毁了，他愿出八百两把这套残缺不全的玉器全买走。

　　在这里，我们假设有关这套玉器的交易是一个可以分享的馅饼，双方都非常清楚地知道合作对双方有利，却不清楚怎样来共享合作的果实。

　　假设商人所拥有的这套玉器对他自己而言，价值五百两，但对买方而言价值一千两。在这种情况下，对双方来说，都有潜在的交易利益，也就是都有交易谈判的空间。

　　如果顾客在这种情况下买玉器，成交价一定在六百两到一千两之间。

　　当客人对玉器的估价比玉器商人要高时，双方一定可以从交易中得到好处。每当你想和别人讨价还价时，应该首先确定交易有没有任何所得。在上面的故事中，如果那套玉器对顾客的价值不到一千两，那么双方就没必要花时间去谈判。

　　当客人对玉器的估价比商人要高时，成交价会是多少？在信息有限的情况下，我们无法回答，但是可以利用双方对产品的估价，来确定潜在的售价范围。

　　由于双方都不会同意对自己不利的条件，因此商人绝对不会接受六百两以下的价格，顾客的出价也不可能超过一千两。换句话说，六百两和一千两分别代表了双方的退出价格。

　　假定顾客和商人达成了协议，此时大家就不必退出。

可是，如果有一方弃权，那么它所导致的结果，就会对双方的谈判优势造成深远的影响。正如在上面的故事中我们看到的，最不在乎谈判成功与否的一方，也就是商人会占有优势，因为至少从表面上来看，弃权对他的伤害比较小。

卖玉器的商人之所以占优势，更重要的原因，是他运用了谈判中的博尔韦尔策略。

所谓博尔韦尔策略，是指提出合理的条件以后就拒绝再讨价还价的策略，也就是提出一个"不买拉倒"的价格。它以前任通用电气公司管理劳资关系的副总裁莱米尔·博尔韦尔的名字命名，这套出价模型为他的立场建立了公信力。

在上面的故事中，商人把一套玉器中的一件摔碎的举动，实际上就是对顾客提出一个不买拉倒的价格。事实上，如果把交易的利益看作是一块易碎的玉的话，博尔韦尔策略完全可以形象地称为玉碎策略。

如果这一不买拉倒的出价遭到了顾客的拒绝，那么博弈也就宣告结束。但是他这样做有一个前提，那就是出价一定要比六百两稍微低一点。既然顾客对产品的估价是一千两，因此接受任何低于一千两的出价对他都有利。诚如上面的故事所示，哪一方有办法提出不买拉倒的价格，他就可以使交易的利益完全归自己所有。

要有效提出不买拉倒的价格，必须使自己的威胁可信，也就是如果初始的出价遭到拒绝，你就会退出谈判。但退出的威胁多半不可信，因为如果第一次出价遭到拒绝，继续谈判对双方还是有利的。

上面的玉器交易是一个特例，是因为在玉器行业有"黄金有价玉无价"的说法，而且所交易的玉器是不可复制的，摔碎一件以后，相应也就提高了剩下的玉器的价值。在古董或者字画行业中所谓的"孤品"，实际上也是这个意思。

在另外一些场合中，要运用博尔韦尔策略的方法来赢得谈判，树立自己不好惹或者说翻脸无情的名声，也是一个很有效的办法。

假设你正在谈一笔必须在二十四小时内敲定的交易，而且你想要运用博尔韦尔策略，提出一个不买拉倒的价格。在这种情况下，你希望对手在面对接受出价和退出交易这两种选择时，只好选择接受。然而，遗憾的是，这位潜在的对手一定会回过头来，以比较不利于你的价格做出回应。

如果对手认为你达成这笔交易的意愿很强烈，那么他也会认为你不会因为他的还价而拂袖而去。在这种情况下，只有不给他还价的机会，你才可以大幅改善谈判的地位。

比如说，你可以把报价告诉他，然后离开谈判桌几天。这样，你减少了自己的回旋余地，同时减少了对手的选择机会。如果你无法响应对手的还价，那么对手还想做成这笔生意，就只好接受你的出价了。

在实践中，坚持到底、拒不妥协说起来容易做起来难，原因有二。

第一个原因在于，讨价还价通常会将今天谈判桌上的议题以外的事项牵扯进来。大家知道你一直以来都是贪得无厌的，因此以后不大愿意跟你进行谈判。又或者，下一次他们可能采取一种更加坚定的态度，力求挽回他们认为自己将要输掉的东西。在个人层面上，一次不公平的胜利很可能破坏商业关系，甚至破坏人际关系。

第二个原因在于，达到必要程度的拒不妥协并不容易。一种顽固死硬的个性可不是你想有就有，想改变就能改变的。尽管有些时候顽固死硬的个性可能拖垮一个对立者，迫使他做出让步，但同样可能使小损失变成大损失。

因此，只有你摆出一副宁为玉碎、不为瓦全的姿态，用自己的名声或者策略性的手段让对方相信，就算你的出价遭到拒绝，你也绝对不会考虑其他价格，博尔韦尔策略才会奏效。

单数与双数的优势

有一个聪明的男孩，有一天妈妈带着他到杂货店去买东西。老板看到这个可爱的小孩，就打开一罐糖果，要小男孩自己拿一把糖果。但是这个男孩没有任何的动作。于是，老板亲自抓了一大把糖果放进他的口袋中。

回到家中，母亲很好奇地问小男孩：为什么没有自己去抓糖果而要老板抓呢？

小男孩回答得很妙："因为我的手比较小呀！而老板的手比较大，所以他拿一定比我拿多很多！"

这其实揭示了一个博弈论的小招数：一定要耐心，不要暴露某些重要细节，让别人以为你不会出手。当对手迫不及待地想利用你的遗漏时，就可以有力回击。

这在我们的生活中是常见现象：非常急切想买到物品的买方往往要以高一些的价格购得所需之物；急切推销的销售人员，往往也是以较低的价格卖出自己所销售的商品。

正是这样，购物经验丰富的人买东西、逛商场时总是不紧不慢，即使内心非常想买下某种物品也不会在商场店员面前表现出来；而富有销售经验的店员们总是会以"这件衣服卖得很好，这是最后一件"之类的陈词滥调劝说顾客。

事实上，上述的做法是有博弈论的依据的。人们已经证明，当谈判的多阶段博弈是单数阶段时，先开价者具有"先发优势"，而双数阶段时，后开价者具有"后动优势"。

对于任何实际的谈判，谈判者要注意，一方面尽量摸清对方的底牌，了解对方的心理，根据对方的想法来制定自己的谈判策略。另一方面，就是要有耐性，谈判者中能够忍耐的一方将获得利益，这一点凭借直觉可以判断，越是急于结束谈判的人将会越早让步妥协。

在任何时候，特别是在激烈变化的谈判桌上，需要有"每临大事有静气"的定力，在受到对方的压迫和进逼时，一方面守住自己的原则，而不应该慌乱手脚，另一方面等对方筋疲力尽，局面平静下来以后，再相机行事。只有这样，才能进而随缘而动，最终达到目的。

有一个人想处理掉自己工厂里的一批旧机器，他在心中打定主意，在出售这批机器的时候，一定不能低于五十万美元。

在谈判的时候，有一个买主针对这台机器的各种问题，滔滔不绝地讲了很多缺点和不足。但是这个工厂的主人一言不发，一直听着那个人口若悬河的言辞，到了最后，那位买主再没有说话的力气了，突然蹦出一句："我看你这批机器我最多只能给你八十万美元，再多的话，我们可真不要了。"

于是，这个老板很幸运地整整多赚了三十万美元。

沉默并不是简单地指一味地不说话，而是一种成竹在胸、沉着冷静的姿态，尤其在神态上表现出运筹帷幄、决胜千里的自信，以此来逼迫对方沉不住气，先亮出底牌。如果你神态沮丧，像霜打了的茄子一般，只能是自讨苦吃了。沉默只是人们表达力量的一种技巧，而不是本身具有优势力量。

"静者心多妙，飘然思不群。"沉不住气的人在冷静者面前最容易失败，因为急躁的情绪已经占据了他们的心灵，他们没有时间考虑自己的处境和地位，更不会坐下来认真地思索有效的对策。在最常见的谈判中，他们总是不等对方发言就迫不及待地提出建议价格，最后让别人钻了自己的空子。

减少你的等待成本

法国大作家巴尔扎克最善于捡便宜货。有一次，他看中了一家商店橱窗里的一个花瓶，一问卖价太贵，店主说什么也不减价。

巴尔扎克二话没说，扭头就走了。回来以后，他找了五六个朋友，把对于这个花瓶的渴望告诉了他们。大家很快想出了一个办法：先由一个人进店，比标价略低还一个价，买不下就出来，隔不多久，另一个人进去，还价比前一个还低。

他的朋友们依计而行，就这样依次下去砍价，最后一个人把价砍至最低。

就在店主变得越来越沮丧、越来越不自信的时候，巴尔扎克再次出现了，还价比前面两三个人还的价略高一些。结果，店主喜出望外，像抓住了救命稻草一般，马上按巴尔扎克的出价把这花瓶卖给了他！

这个办法为什么会奏效呢？原因就在于，在最初巴尔扎克与店主的谈判过程中，店主的期望值很高。但是当巴尔扎克的朋友们陆续前来，把价越出越低时，他感觉自己的花瓶随着时间的推移在贬值。也就是说，花瓶在他手里的时间越长，成本就越高。

在一场事关利益分配的博弈当中，决定大饼切分方式的一个重要因素，是各方的等待成本。虽然双方可能失去同样多的利益，一方却可能有其他替代做法，有助于抵消一部分损失。

　　举例来说，假定一家公司的工会成员发动罢工要求提高待遇，劳方与资方举行谈判。在这期间，工会成员可以外出打工，每天一共能挣到三百元。于是，资方的出价至少要达到三百元。工会的底线为三百元，因为这是其成员在外打工可能挣到的数目。

　　假如没有罢工时公司正常营业每天所得利润为一千元，这样减掉必须给工会的底线三百元，在复工后的分配方案中，只剩下七百元可以讨价还价。一般的原则是双方平均分配，即各得三百五十元。这样算下来，工会得到三百元加上三百五十元即六百五十元，而资方只得到三百五十元。

　　之所以会出现这样的情况，就是因为工会通过让其成员在外打工而更能坚持。而资方则处于要么得到三百五十元，要么一无所得的境地，理性的选择只能是前者。

　　不过，资方也可以采取措施改变自己的劣势地位。比如，资方一边与工会谈判，一边发动不愿参加罢工的员工维持公司营业。不过，由于这些员工的效率比较低或者要价更高，又或者某些顾客不愿意穿越工会竖立的警戒线，资方每天得到的营业收入只有五百元。

　　假定工会成员在外面完全没有收入，那么与资方的谈判地位就优劣立判。这时工会一定会愿意尽快达成协议，根本不会发动一场旷日持久的罢工。这样算下来处于优势地位的资方，在复工后的分配方案中可以得到每天七百五十元的收入，而工会只能得到二百五十元。

　　假如工会成员有可能外出打工，每天挣三百元，同时资方可以在谈判期间维持公司营业，每天挣五百元。那么，在分配方案中余下可供讨价还价的数目只有区区二百元。双方再平分这二百元，资方最后得到六百元，而工会得到四百元。

　　因此，一个具有普遍意义的结论是，谁能在没有协议的情况下过得越好，谁就越是能从讨价还价的利益大饼中分得更大一块。很明显，谁等得起谁就占据优势地位。

　　这是因为，博弈论的观察视角为我们提供了一个充满贴现率的世界。尽管有人以为此乃平常之物而怠慢于它，但事实上，这种观点完全是由于没有体会过它的强大威力罢了。

　　在《孙子兵法》中，我们也可以看到贴现思想的影子。《孙子兵法·作战篇》中指出："日费千金，然后十万之师举矣。"也就是说战争需要一个庞大的消耗流量来支撑，消耗的流量意味着战争每进行一天，战争的得益就减少相应的数量。于是现在和未来之间达成一种微妙的平衡，人们赋予现在一个更大的权重，博弈论用贴现率标识这样的世界。正因如此，孙子教给我们一个战争最重要的原则："故兵贵胜，不贵久。"

这是理解我国历史上无数战争局势的关键所在，也是先人最擅长的智慧。在判断一场旗鼓相当的战争时，我们的先人首先看到的是战争双方的贴现率，也就是双方不耐心的冲动指数，"吾故知其败"。一场力量不对称的战争中，战争的局势极其容易演化成一方高挂免战牌，另一方求战不得之后退兵的情形。

三国时刘备入川苦战几年最后攻到成都之下，这是一场微妙的战争。刘璋的许多下属劝刘璋把成都外围的百姓迁入成都，粮食烧光，来一个坚壁清野。刘璋没有采取这些意见，史书记载刘璋由于仁慈和懦弱选择了投降，后人读到这里不免扼腕叹息。

历史几乎不可能出错，这只能证明刘备是一个贴现率很低的怪物。刘备在荆州人多地窄，没有发展土地势必会崩溃，因而时时充满着危机感，未来价值太低。虽然刘备本人有"折而不挠"人格，是一个非常注重未来价值的人，但是时局迫使他采取鱼死网破的策略。刘璋输得合情合理。

贴现率不是一成不变的，孙子提出"因粮于敌"可以提高自身的贴现率。因粮于敌后来也成为一个有名的战术。但是，"夫兵久而国利者，未之有也"。

至于讨价还价的博弈中，最终得出的协议，会把较大份额归属于更加有耐心的一方。讨价还价的博弈把贴现率看作是耐心的度量，以此平衡现在和未来。在这个过程中，各方必须猜测对方的等待成本。由于等待成本较低的一方能占上风，各方符合自身利益的做法，就是宣称自己的等待成本很低。

不过，人们对这些说法不会照单全收，你必须加以证明。证明自己的等待成本很低的做法，是开始制造这些成本，以此显示你能支持更长时间；或者宣布自愿承担造成这些成本的风险——显示较低的成本以表明较高的风险可以接受。

保护还价的能力

作家刘墉在《我不是教你诈》一书中讲了这样一个小故事。

　　小李搬进高楼，可是十几盆花无处摆放，只好请人在窗外钉花架。师傅上门工作那天，他特别请假在家监工。

　　张老板带着徒弟上门，他果然是老手，17层的高楼，他一脚就伸出窗外，四平八稳地骑在窗口，再叫徒弟把花架伸出去，从嘴里吐出钢钉往墙上钉，不一会儿工夫就完工了。

　　小李不放心地问花架是否结实，张老板豪爽地拍了拍胸口回答说，三个大人站上去跳都撑得住，保证二十年不成问题。小李闻听，马上找了张纸，又递了支笔给张老板，请他写下来，并签个名。

　　张老板看小李满脸严肃的样子，正在犹豫，小李说话了："如果你不敢写，就表示不结实。不结实的东西，我是不敢验收的。"张老板只好勉强写了保证书，搁下笔，对徒弟一瞪眼："把家伙拿出来，出去！再多钉几根长钉子，出了事咱可就吃不了兜着走了。"

　　说完，师徒二人又忙了半个多钟头，检查了又检查，最后才离去。

这个故事告诉我们什么呢？那就是一定要在自己的讨价还价能力仍然存在的时候，充分利用。换句话说，如果你是买家，就要争取先验货或者试用再付款，如果你是卖家，应该争取对方先支付部分款项再正式交货。

其实这种策略不仅能够运用到商业中，在生活中也可以灵活变通地加以应用。

一天深夜，一场会议结束之后，两名经济学家找了一辆出租车，告诉司机应该怎么去他们的酒店。司机几乎立即认出他们是从外地来的顾客，因此拒绝打表，并声称自己喜欢他们，许诺会给他们一个低于打表数目的价钱。自然，两人对这样的许诺将信将疑。

这个司机为什么要提出这么一个奇怪的少收一点的许诺呢？他们怎么才能知道自己

有没有多付车钱呢？另一方面，此前他们除了答应打表付钱之外，并没有许诺再向司机支付其他报酬。他们的想法是，一旦到达酒店，他们的讨价还价地位将会大大改善。

于是他们坐车出发，顺利到达酒店。司机要求他们支付二十元。谁知道什么样的价钱才是合理的呢！因为在当地，讨价还价非常普遍，所以他们还价十五元。司机生气了。他嚷嚷着说从那边来到酒店，这点钱根本不够用。他不等对方说话，就用自动装置锁死了全部车门，开始行驶，一路上完全没把红灯和监控放在心上。两位经济学家是不是被绑架了？其实并不是。司机开车回到出发点，非常粗暴地把他们扔出车外，并且大叫："现在你们自己去看看你们那十五元能走多远吧！"

他们又找了一辆出租车。这名司机开始打表，跳到十五元的时候，他们正好回到了酒店。

毫无疑问，花这么多时间折腾对两位经济学家来说还不值十元，但是这个故事的价值不容忽视，因为它说明了一个不懂得讨价还价的对手可能带来的危险。在自尊和理性这两样东西之间，我们必须学会权衡。假如总共只不过要多花五元钱，更明智的选择可能是到达目的地之后乖乖付钱，然后一笑了之。

这个故事还有第二个教训。设想一下，假如两位经济学家是在下车之后再来讨论价钱问题，他们的讨价还价地位该有多大的改善。

外部机会的算计

威廉·霍格斯是英国著名画家、雕塑家，他曾经受托为一位其貌不扬的贵族画肖像。然而，画作完成后，他坦率的写实笔调让这位贵族对画作非常不满，并且拒绝为此付款。霍格斯据理力争，但依旧无果。

于是，霍格斯给这位贵族写了一封信。收到这封信后，贵族立刻就付款给霍格斯并拿走了肖像画。

朋友好奇霍格斯究竟写了些什么内容，竟然有这样大的威力时，他笑容狡黠地说："我在信上写的是：现在有一个专门展览野兽、畸形人和怪物的策展人，对这张肖像画很感兴趣，愿意以高价收买。如果三天之内收不到画肖像的酬劳，我就会把这幅画润色一下，加上尾巴和其他器官卖出去。"

在《三国演义》中也有类似的博弈，那就是甘露寺招亲的故事。

在整个招亲的过程中，刘备一方通过大造舆论，损害孙权方面的外部机会（个人和家族形象），最终达到了自己的目的。因为损害了对方的外在机会，就在无形中改善了自己的谈判地位。

在博弈中，一个参与者的外部机会越好，他能够从讨价还价当中得到的份额也就越多。但是与此同时，他还必须注意到，真正影响大局的，是他的外部机会与他的对手的外部机会的相对关系。

在工会与公司谈判的例子里我们已经分析过，假如工会成员可以外出打工，每天挣三百元，而资方则通过由不愿参加罢工者维持公司营业，每天挣五百元。那么在双方谈判时，讨价还价的结果是工会在达成的分配方案中得到四百元，资方得到六百元。

现在换一种情况，假定工会成员放弃外出打工的一百元，转而加强设置警戒线，阻止客人进入公司，导致资方每天少进账二百元。于是，讨价还价一开始，工会的底线是二百元（三百元减去一百元），资方的底线则为三百元（五百元减去二百元）。两个底线相加得到五百元，那么复工后正常营业所得利润一千元当中，只余下五百元用于平均分配。

把这五百元平均分配，双方各得二百五十元，那么工会得到二百元加上二百五十元即四百五十元，资方得到三百元加上二百五十元即五百五十元。工会加强警戒线的做法，实际上等于做出要损害双方利益的威胁（只不过对资方的损害更大），它因此比通过打工挣三百元而不加强警戒线的情况，在未来的分配方案中多得五十元。

在甘露寺招亲的故事中，孙权的目标是神不知鬼不觉地把刘备扣为人质，以索还荆州。在这个过程里，因为牵涉到自己的妹妹，事情进行得越是秘密，对东吴的好处就越大。

但是刘备一方看破了这一点。因此他们一到东吴便四处采买婚庆用品，到处散布刘备与孙权妹妹即将成亲之事。可以说，声势造得越大，一旦婚事不成，刘备固然脸面无光，但是孙权为扣留甚至杀掉刘备所付出的，不仅是遭到天下人嘲笑，还会背上寡廉鲜耻的名声，刘备这样做对孙权的外部机会损害也就越大。

尽管如此，孙权为了夺取荆州，仍然可能铤而走险。因为脸皮与地皮相比，地皮显然更为重要。所以，仅仅制造社会舆论还无法完全阻止孙权按计行事。接下来更为关键的一步，则在于刘备通过乔国老把信息传递给吴国太。她是所有能够影响孙权决策的人当中，最关心孙权妹妹名誉与终身幸福的人，因而也是最有可能使孙权无法实施阴谋的威胁因素。所以等到甘露寺相亲她拍板定下孙刘两家的婚事以后，孙权已经没有任何牌可出，只好乖乖地认输了事。

在民国时期发生的一个周妈讨债的故事，也可以帮助我们理解外部成本在谈判中的重要性，我们不妨重温一下。

袁世凯筹划称帝，湖南名士王闿运以一个名字三十万大洋的价码，答应列名劝进。不料，接到袁世凯付款指令的湖南都督借口现钱不足，只付给王一半。帝制失败，袁世凯退位。王闿运却没忘记剩下的一半酬金，委派周妈来京索债。袁世凯亲自出马与周妈谈判，劝她先回湖南，等筹足款再给她寄过去。不料周妈坚决不同意，每天去袁世凯的春藕斋吵闹。最后袁世凯勃然大怒："我就不给你钱，你能怎么样？"

周妈说："不给钱，我就不走！"

袁世凯冷笑："你不走，我就不能赶你走吗？"

周妈意志坚决："赶我也不走！"

袁世凯有点抓狂了，大喝道："莫非我不能杀了你吗？"

这时，周妈也使出自己的撒手锏："你杀，我让你杀！你先求我家老王，现在不给钱，还要杀我，传出去才好听哩！你能杀人，不去杀西南诸省的乱党，倒来杀我一个老婆子，什么意思嘛？到时候外面都会说：袁大总统当不成皇帝，杀一个老婆子，赖掉十来万块钱，也是高兴的。莫忘了，我家老王还有一支史笔，你就不想想你会在历史上成一个啥人！好，要么杀我，要么给钱，你决定吧！这该死的老王，他让我来北京送死……呜呜呜呜呜……"

袁世凯一下子泄了气。周妈在这场谈判中大获全胜，意气风发地拿钱走人。

在上面的这场谈判中，手握生杀予夺大权的袁世凯，败给一个乡下老婆子的关键点在哪里呢？其实就是两点：一是周妈的意志比较坚定，等得起。而周妈的吵闹，却让袁世凯不胜其扰。另外一点，就是周妈向袁世凯指出，如果他敢通过杀人来解决债务纠纷的话，那么一方面社会舆论对他会更加不利；另一方面王闿运"还有一支史笔"，可以把这件事情传扬后世，让袁世凯遗臭万年。

这种成本，对想名留青史的袁大总统来说，自然是比区区十几万元的债务要难以承受。因此，周妈的几句话点到了他的死穴，达到了一招制敌的目的。

偷梁换柱来还价

《三十六计》第二十五计名为"偷梁换柱"："频更其阵，抽其劲旅，待其自败，而后乘之，曳其轮也。"所谓梁，是指房屋建筑中的水平方向的长条形承重构件，在木结构屋架中通常按前后方向架放在柱子上。柱是建筑物中直立的起支撑作用的构件，在木结构屋架中，支撑横梁。

梁和柱在房屋建筑中，就像所有事物的关键与精华部件一样，起着巨大而不可替代的作用。也正因如此，如果在博弈中运用某种策略，暗中更换对方所追求的利益的关键部分，就可以巧妙地改变事物的性质和内部结构，轻而易举地得到对方本来会锱铢必较的关键利益。

美国著名的冲突管理专家、贝勒大学教授弗雷德·查特曾经代表一家公司与工会领袖进行谈判。在谈判中，查特教授得知该公司总裁在与工会领袖谈话时发表了不当言论，工会领袖勃然大怒，严正提出该公司总裁应公开道歉。同时，公司总裁也觉察自己失言，准备公开道歉。

针对这一情况，查特对工会领袖说："我了解公开道歉对于双方的重要性，我一定尽力去帮助你们争取，但我不能给你们保证。不过，如果你们希望我去争取这件事，你们是否应该在其他事情上与我合作？"

过了几天，查特教授又把他需要工会方面合作的条件明确化，即要求工会在关于增加工人工资和福利问题上做出让步。他对工会领袖说："如果我能争取到总裁的公开道歉，有关我前几天向你们提出的那两个问题（工资、福利），你们是否同意我的看法？"

工会当时只关注总裁是否愿意公开道歉，能否挽回自己的面子，而对增加工人工资和工人福利这两个问题并未在意。

经过双方进一步谈判，最后终于达成协议，公司方面由总裁向他们公开道歉，而工会方面却在工资和福利的要求上做出了重大让步。

究竟是哪一方获得了成功，是公司总裁呢，还是工会方面？答案不言自明。

谈判者应该将所有有关共同利益的问题放在一起进行讨价还价，利用各方对这些问题的重视程度的不同，达成对大家来说都更好的结果。因为，许多这样的问题虽然在理论上可以简化至等同于金钱总数问题，但存在一个很重要的区别，即各方对这些问题的重视程度可能各不相同。

将各种问题混合起来的做法，也使得利用其中一个讨价还价博弈，创造可用于另一个讨价还价博弈的威胁成为可能。

在上面的案例中，之所以取得这样的结果，是因为查特教授抓住公司总裁向工会方面道歉这个无关紧要的问题，以及总裁本人也准备满足工会方面这一要求的情况，把它们打包成一揽子解决方案，并且有意表现出把道歉问题看得十分重要，而把真实的企图——降低工会方面对于工资及福利要求的实质问题隐藏在总裁道歉之后，使工会方面没有看清问题的本质，让公司方取得了实质的胜利。

如果工会方面看破这一点，即使十分注重道歉问题，还是坚持把道歉与工资及福利方面分开来解决，那么资方也不会这么容易获得胜利。

第15章
鹰鸽博弈

让事业进入良性循环

办公室里的高纸板

在一间大约一百平方米的办公室里，十几位白领每天按部就班地工作着。但是平静的日子被其中一个人打破，他做出了一件被同事们看作离经叛道的事情：在整齐划一的办公室的木隔板上，自作主张地增加了一块纸板，比左邻右舍高出了大约二十厘米。尽管他处心积虑地选择了一个夜晚来实施这一行动，并央求油漆匠将纸板漆成了和隔板一致的颜色，以防止过于显眼，但是第二天同事们上班时，还是发现了它的存在。

他们一致抗议，理由是在这间巨大的办公室里，这块二十厘米高的纸板打破了整个办公室的协调与统一。为此，每个人的利益似乎都受到了不同程度的损害，在感情上也受到了不同程度的伤害。他们认为，这二十厘米高的纸板所体现出来的独特性和个性，或者说与众不同的东西，是对周围环境的蓄意的不协调和对整体的破坏，更是一种骨子里的狂妄自大和对秩序的蔑视和背叛。

公司里一位新提拔的中层干部，一大早巡视办公室，立刻发现了这一变化。尽管他并不在这间办公室里工作，这里发生的这点变化，也不在他的管辖范围之内，但他马上对这个人的幼稚举措表示了不满和担忧。他规劝道："年轻人，不要标新立异，更不要别出心裁，这样是要吃大亏的！"

而同办公室的一位同事则差一点勃然大怒，竟然要准备越过"边界"，强行将这位同事的纸板拆除。尽管那块纸板离他的座位很远，一点也没有妨碍他。但他还是认为，这块纸板的出现是很霸道的，因为它打乱了办公室里一模一样的格局，某种整齐划一的形式受到了人为的破坏。

在以后的若干天里，人们来到办公室，都不免要议论几句。时间一天天过去，那块起初被视作眼中钉的纸板，渐渐地在同事们眼中变得习以为常。于是，当这个人在众人面前主动将它拆掉时，没有谁大惊小怪。因为所有人差不多已经忘记了那块纸板，尽管当初曾那样激烈地反对过它。

在一间一百平方米的大厅里，一块二十厘米高的纸板所产生的美学破坏力，应该说是微乎其微的。但是这块纸板像是一个试验品，反射出社会的群体在被个体冒犯时产生的怎样的反应，以及这种冒犯要付出怎样的代价。

从这个故事中，我们也看到了博弈论中所说的ESS策略的影子。所谓ESS，即进化稳定策略（Evolutionarily Stable Strategy），是指种群的大部分成员所采用某种策略，其好处为其他策略所比不上的。换句话讲，对个体来说，最好的策略取决于种群的大多数成员在做什么。由于种群的其余部分也是由个体组成的，而它们都力图最大限度地扩大其各自的成就，因而能够持续存在的必将是这样一种策略：它一旦形成，任何举止异常的个体的策略都不可能与之比拟。

在环境的一次大变动之后，种群内可能出现一个短暂的进化上的不稳定阶段，甚至可能出现波动。但是一种ESS一旦确立下来，就可以稳定下来：偏离ESS的行为将要受到自然选择的惩罚。所以，我们与其相信出淤泥而不染，倒不如相信近墨者黑近朱者赤才是符合进化规律的！也正因如此，舜出身于一个父兄凶顽的家庭却成为大圣人，是值得推敲的。把舜的家庭看成一个种群，如果一个所谓的圣人在那样的环境中，而他的行为准则和其他人相左，那他的策略就是非ESS策略，他在种群中将不占优势。这样的历史如果是真的，那么在它之前，必然发生过促使ESS策略发生变化的事件。

在ESS策略中，往往存在着一种可以称为惯例的共同知识：因为大家都这样做，我也应当这样做，甚至有时不得不和必须这样做。加之，在大家都这样做的前提下我亦这样做可能最省事、最方便且风险最小。这样，惯例就成了社会运行的一种纽带、一种保障机制、一种润滑剂，从而种种惯例也就构成了社会正常运转的基础。

美国经济学家奈特和莫廉对此有过明确论述："一个人只有当所有其他人的行动是'可预计的'且他的预计正确的时候，才能在任何规模的群体中选择和计划。显然，这意味着他人不是理性地而是机械地根据一种已确立的已知模式来选择……没有这样一些协调过程，一个人的任何实际行动，以及任何对过去惯行的偏离，都会使那些从他过去的一种行为预计他会如此行动的其他人的预期落空并打乱其计划。"

随大溜的理性一面

一个石油大亨死后见到了上帝，上帝对他说："你一生做了很多好事，现在可以进天堂，遗憾的是现在天堂已经住满了，只有等到有人离开，你才可以搬进去。"

石油大亨说："这很简单。"

于是，他站在天堂的门口冲着里面大喊："地狱发现石油了！"

刹那间，天堂里涌出无数人奔向了地狱。上帝苦笑着对石油大亨说："你可以进天堂了。"可是这个石油大亨望着潮水般涌向地狱的人群，若有所思地对上帝说："也许地狱真能发现石油呢！"

说着，他冲进人群，一齐朝地狱的方向奔去。

地狱里有没有石油，以前没有人验证过。可是一旦有无数人前去挖掘，谁敢说一定挖不出石油呢？所以我们说石油大亨的选择是理性的。况且，当潮流出现的时候，特立独行的人不仅要面对被孤立和围攻的危险，有时还要为自己的策略付出不必要的代价。我们再用几个生活化的例子来说明。

我们来到一个完全陌生的地方旅游，怎样选择就餐的餐厅呢？

如果时间充裕的话（按旅速游缓的规律来说，我们在旅游地的时间一般是充裕的），你是到门可罗雀的餐厅去吃，还是到一个门外排着长队的门前排在队尾呢？

如果你的口味与多数人并没有多大的差异，那么在门外排长队的餐厅等位子是明智的。因为这个长队所传达的信息，就是多数人都觉得这家餐厅不错，其中也包括曾经在这个餐厅用过餐的回头客。

也就是说，门口的长队可以为餐厅提供其受欢迎程度的有用信息。当然，这种信息有时会受到人为干扰，因为有些聪明的餐厅老板会故意制造位子紧缺的假象，或者故意把很多座位隔起来，或者用虚假的订位来限制供应。

除了吃饭，还有一个在经济萧条中更现实的问题：银行门外排长队。

假设你在一家外国银行有存款，而且这家银行的信用一向良好。然而有一天，你发现这家银行的门前排起了提款的长队，此时你应该怎么办？

这条长队所传达的信息是，银行可能出现了危机。你的理性选择，应该是马上排在队尾，以便在银行的现金被取光之前把自己的钱取出来。

因为如果银行真的出现了危机，其资金只够付给80%的存款。这样，大家都发现银行无力还款，就会想在银行倒闭前把钱拿回来。理论上说，只要存款人都这么想，队伍会越来越长，银行的存款一定会告急，而且一定有20%的存款人会血本无归。因此，为了避免成为取不到钱的20%，你一定要去排队。

在很多情况下，你知道如果没有这么多立刻取款的人，银行的周转是根本没有危机的，你是不是应该顾全大局不再取出自己的存款呢？

假设银行的现金只够支付80%的存款，其余的资金则已经用于贷款。如果没有提款的长龙，支付所有的存款没有问题。可是，如果存款人都希望立刻提款，银行就必须赔钱赎回贷款，这样它就会遭受巨额亏损，有一部分存户就会取不到钱。在这种情况下，你的理性策略，仍然应该是去排队把钱取出来。

因此，如果在银行外排队的人潮已经出现，无论你知道传言是否真的存在，你也应该跟着去排队。相反，如果没有人排队，你就可以放心地把钱仍然存在这家银行。

在吃饭、取款和其他很多经济活动中，排队本身就是需要排队的理由，而且这个理由很理性，也很充分。群体中的危机有自我实现的机制，在预警信息出现的时候，不要认为自己比别人更高尚、更有远见，也不要忌讳自己是不是"随大溜"的毛毛虫。

栅栏上的路径依赖

　　有一天，齐桓公在管仲的陪同下，来马棚视察养马的情况。见到养马人就关心地询问："马棚里的大小诸事，你觉得哪一件事最难？"

　　养马人一时难以回答。这时，在一旁的管仲见养马人还在犹豫，便代他回答道："从前我也当过马夫，依我之见，编排用于拦马的栅栏这件事最难。"

　　齐桓公奇怪地问道："为什么呢？"

　　管仲说道："因为在编栅栏时所用的木料往往曲直混杂。你若想让所选的木料用起来顺手，使编排的栅栏整齐美观，结实耐用，开始的选料就显得极其重要。如果你在下第一根桩时用了弯曲的木料，随后你就得顺势将弯曲的木料用到底。像这样曲木之后再加曲木，笔直的木料就难以启用。反之，如果一开始就选用笔直的木料，继之必然是直木接直木，曲木也就用不上了。"

　　管仲虽然说的是编栅栏建马棚的事，但其用意是用编栅栏选料的道理来讲述治理国家和用人的道理：如果从一开始就做出了错误的选择，那么后来就只能是将错就错，而很难纠正过来。

　　管仲在寥寥数语之中，就揭示了所谓社会惯例的形成，也就是被后人称为路径依赖的社会规律：人们一旦做了某种选择，这种选择会自我加强，一直强化到被认为它是最有效率、最完美的一种选择。这就好比走上了一条不归之路，人们不能轻易走出去。

　　为什么会出现这种情况呢？在回答这个问题之前，我们先来看一个似乎与此无关的问题。这个问题是：大家知道现代铁路两条铁轨之间的标准距离是一千四百三十五毫米，这个标准是从何而来的呢？

　　早期的铁路是由制造电车的人设计的，一千四百三十五毫米正是电车所用的轮距标准。电车的轮距标准又是从何而来的呢？因为最先造电车的人以前是造马车的，所以电车的标准是沿用马车的轮距标准。马车又为什么要用这个轮距标准呢？因为英国马路辙迹的宽度是一千四百三十五毫米，所以如果某辆马车使用其他轮距，它的轮子很快会在英国的老路上撞坏。原来，整个欧洲长途老路都是罗马人为自己的军队铺设的，一千四百三十五毫米正是罗马战车的宽度。罗马人以一千四百三十五毫米为战车的轮距宽度的原因很简单，这是牵引一辆战车的两匹马屁股的宽度。

马屁股的宽度决定现代铁轨的宽度，一系列的演进过程，十分形象地反映了路径依赖的形成与发展过程。

"路径依赖"这个词，是美国斯坦福大学教授保罗·戴维在1975年出版的《技术选择、创新和经济增长》一书中首次提出的。到了20世纪80年代，戴维与亚瑟·布莱恩教授将路径依赖思想系统化，很快使之成为研究制度变迁的一个重要分析方法。该思想指出，在制度变迁中，初始选择对制度变迁的轨迹具有相当强的影响力和制约力。人们一旦确定了一种选择，就会对这种选择产生依赖性；这种选择本身也具有发展的惯性，具有自我积累放大效应，从而不断强化这种初始选择。

这一段话，实际上也就是对我们猴子实验的解释。由于取食香蕉的惩罚代代相传，因此虽然时过境迁、环境改变，后来的猴子仍然恪遵前人的失败经验，从而使整体进入路径依赖状态。

路径依赖理论被总结出来之后，人们把它广泛应用在选择和习惯的各个方面。在现实生活中，由于存在着报酬递增和自我强化的机制，这种机制使人们一旦选择走上某一路径，其既定方向会在以后发展中得到自我强化，要么进入良性循环的轨道加速优化；要么顺着原来错误的路径往下滑，甚至被"锁定"在某种无效率的状态下而导致停滞，想要完全摆脱十分困难。

胜出的未必是好的

在很多情况下，更好的方案一定会被采纳。如果一个方案已经制定了很长时间，现在环境发生了变化，虽然另一个方案更可取，但这时要想改革尤其不容易。

要理解这一点，一个最容易理解的著名例子是电脑键盘的设计。

键盘是电脑必不可少的输入设备。一百三十多年前的1868年，键盘出现于克里斯托弗·拉思兰·肖尔斯所发明的商用机械打字机，当时的键盘是由二十六个英文字母按顺序排列的按钮所组成。因为打字机的设计，是通过人在打字时按下的键引动字棒打印在纸上。经过人们熟习应用，打字速度加快，字棒运动追不上打字速度，经常出现卡键现象，甚至损坏。

直到19世纪后期，对于打字机键盘的字母应该怎样排列仍然没有一个标准模式。1873年，克里斯托弗·拉思兰·肖尔斯把键拆下来，将较常用的键设计在较外边，将不太常用的放在中间，形成目前众所周知的Q、W、E、R、T、Y键排列在键盘左上方的方案。这种排法称为"QWERTY"排法。

选择QWERTY排法的目的，是使最常用的字母之间的距离最大化。这在当时确实是一个暂时的很好的解决方案：有意降低打字员的速度，从而减少手工打字机各个字键出现卡位的现象。但是销售商对这种排列产生疑问，于是肖尔斯撒谎说，这是经过科学计算后得到的一个"新的改进了的"排列结果，可以提高打字速度。可是当时人们就信以为真，并且把那些按字母顺序排列的打字机挤出了市场。

QWERTY排法的设计安排并不完美，甚至可以说南辕北辙，因为设计者错误把问题定位为人们打字太快。但是，"快"其实不是一个问题，人们使用打字机，时间一久便会熟能生巧，愈打愈快，这是无可避免的。而且，打字机是为了方便人们快速完成文章，所以快是应该的。因此，设计者应把问题定位于字棒太慢才对。然而，随着1904年纽约雷明顿缝纫机公司开始大规模生产使用这一排法的打字机，这种排法实际上也成为产业标准。

随着科技的发展，后来的电子打字机已经不存在字键卡位的问题。工程师们已经发明了一些新的键盘排法，比如DSK（德沃夏克简化键盘），能使打字员的手指移动距离缩短50%以上。同样一份材料，用DSK输入要比用QWERTY输入节省5%～10%的时间。但QWERTY排法作为一种存在已久的排法，被人类广泛利用到电子词典、电脑等地方，成为键盘的标准设计。不仅几乎所有键盘都用这种排法，大多数人学习的也多是这种排法，因此不大愿意再去学习一种新的键盘排法。于是，打字机和键盘生产商也只好继续沿用QWERTY排法标准。

假如历史不是这样发展，假如DSK标准从一开始就被采纳，今天的技术就会有更大的用武之地。不过，鉴于现在的条件，我们是不是应该转用另一种标准？事情并不是那么简单。在QWERTY之下已经形成了许多不易改变的惯性，包括机器、键盘以及受过训练的打字员，这些是不是值得重新改造呢？

事实证明，我们就是跳不出那个恶性循环。没有一个个人使用者愿意承担改变社会协定的成本。个人之间的未经协调的决定，把我们紧紧束缚在QWERTY排法之上。历史上那个导致几乎100%的人都使用QWERTY排法的偶然事故，现在看来具有使其自身永生不朽的神秘能力，即便当初推动QWERTY排法发明的理由早已不存在。

QWERTY排法不过是历史问题影响技术选择的一个证明。今天，在选择相互竞争的技术时，类似打字机键卡位这样的问题与最终选择的得失已经毫无关系。在历史无法归零的情况下，如果使这种不好的路径依赖现象得以改变，仍然有可能使每一个人都从中受益。

严厉才能立竿见影

春秋时期，楚庄王起用了一位了不起的政治家——孙叔敖。

孙叔敖治国的一个独特发明是施教导民，唯实而不唯上，他在想办一件利国利民的好事时，不依靠脱离实际的行政命令，而是依靠高超的政治智慧。

随着楚国实力的增强，与其他强国的冲突也日益增多，作战用的马车的需求也相应增加。楚国习惯坐矮车，民间多用的牛车底座很低，不适合在战时用作马车。楚庄王准备下令全国提高车的底座。孙叔敖说："如果您想把车底座改高，臣可以让各城镇把街巷两头的门槛升高。乘车的人都是有社会地位的君子，他们不愿为过门槛频繁下车，自然就会把车的底座造高了。"

楚庄王听从了他的建议，由官府机构在大小城镇的街巷两头设置较高的门槛，只有高车才能通过。这样过了不到三个月，全国的牛车底座都升高了。实际上，孙叔敖的这一做法，包含着很深刻的博弈论智慧。

要理解这种智慧，我们需要考察一个现实生活中的博弈——超速博弈。在这个博弈里，一个司机的决定会与其他所有司机的决定发生互动。

在我国，交管部门按照《中华人民共和国道路交通安全法》等法律法规的有关规定，对车辆的行驶速度进行限定。对于超速的车辆，根据情节不同处以罚款、记分直至吊销驾驶执照的惩罚。

在这种规定之下，你要不要约束自己的行驶速度呢？

假如所有人都在超速行驶，那么你也有两个理由超速。首先，驾驶的时候与道路上车流的速度保持一致更安全。其次，假如你跟着其他超速车辆前进，那么被抓住的机会几乎为零。因为警方根本没工夫让它们通通停到路边一一进行处理。

假如越来越多的司机遵守规定，上述两个理由就不复存在。这时，超速驾驶变得越来越危险，因为超速驾驶者需要不断在车流当中穿过来又插过去，而他被逮住的可能性也会急剧上升。

我们可以用图15-1来讨论这个问题。横轴表示愿意遵守速度限制法规的司机的百分比。直线A和B表示每个司机估计自己可能得到的好处，A线表示遵守限速的好处，B线表示超速的好处。我们的建议是，假如多数人以低于法律限制的速度行驶（左端所示），你也应该超速（这时B线高于A线）；假如人人遵守法律（右端所示），你也应该遵守（这时A线高于B线）。

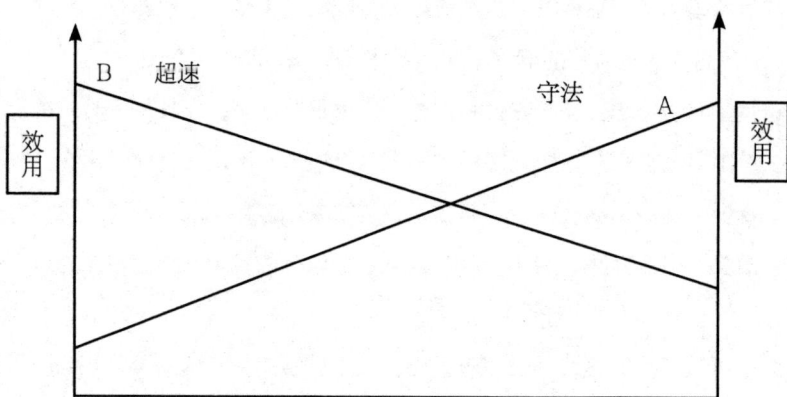

图15-1　超速博弈

在超速行驶的案例中，变化趋势变成朝向其中一个极端。因为跟随你的选择的人越多，这个选择的诱惑力就越高。一个人的选择会影响其他人，假如有一个老司机超速驾驶，他就能稍稍提高其他人超速驾驶的安全性。假如没有人超速驾驶，那就谁也不想做第一个超速驾驶、为其他人带来"好处"的人，因为那样做不会得到任何"补偿"。不过，这里出现了一个新的变化：假如人人超速驾驶，谁也不想成为唯一落后的人。

立法者若是希望鼓励司机遵守速度限制，使大家乐于遵守，关键在于争取临界数目的司机遵守速度限制。这么一来，只要有一个短期的极其严格且惩罚严厉的强制执行过程，就能扭转足够数目的司机的驾驶方式，从而产生推动每位司机守法的力量。均衡将从一个极端（人人超速）转向另一个极端（人人守法）。在新的均衡之下，即使交警减小执法力度，而守法行为也能自觉地保持下去。

看到这里，我们能够理解孙叔敖在抬高城中门槛的行动中所运用的智慧了。提高门槛的高度，相当于对底座较低的矮车进行的一种惩罚，而为高车提供的一种便利。最开始，使用矮车的人们受到限制，无法顺利通过街巷的门槛。与此同时，官府所使用的高车又给了他们示范效应。为了通行便利，改造自己的车辆底座也就理所当然地成了一种优势策略。

孙叔敖的做法对我们的另一个启示在于，一个短暂而立竿见影的执法过程，效率不仅远远胜过无法触动现行习惯的任何行政命令，而且大大高于一个投入同样力量进行的一个长期而温和的执法过程。

香蕉可以从两头吃

亚太经合组织在上海开会，中央电视台做了一期访谈节目，一个美国在华的女投资人说了一句让人记忆深刻的话："我们美国人吃香蕉是从尾巴上剥，中国人总是从尖头上剥，差别很大，但没有谁一定要改变谁的必要吧。"

世界上许多事，元首间的大事，人与人相处的小事，有许多都是与这个"从哪一头吃香蕉"的问题有相似的地方——各持一端，也许都有道理呢！

　　无论懒惰者还是勤勉者，养金鱼都不成问题：勤勉者可以每天换一次水，懒惰者可以一个月一换。勤勉者据此得出结论：金鱼必须一天换一次水；懒惰者得出完全相反的结论：金鱼只能一个月换一次水。

　　这就如同我们剥香蕉的方式，既然香蕉可以从两头吃，那么这种改变又有什么必要呢？

　　在人们的生活中，存在着种种惯例，ESS策略能提供给博弈参与者一些确定的信息，因而它也就能起到节省人们在社会活动中的交易费用的作用。最明显的例子是格式合同，是指当事人一方预先拟定合同条款，对方只能表示全部同意或者不同意的合同。因此，对格式合同的非拟定条款的一方当事人而言，要订立合同，就必须全部接受合同条件；否则就不订立合同。现实生活中的车票、船票、飞机票、保险单、提单、仓单、出版合同等都是格式合同。在进行一项交易时，只要交易双方签了字就产生了法律效力，也就基本上完成了一项交易活动。这种种契约和合约的标准文本，就是一种惯例。

　　我们可以想象，如果没有这种标准契约和合约文本的惯例，在每次交易活动之前，各交易方均要找律师起草每份契约或合约，并就各种契约或合约的每项条款进行谈判、协商和讨价还价，那么，任何一种经由签约而完成的交易活动，交易成本将会高得不得了。

　　《华尔街日报》曾经有一篇文章分析中国人在中秋节互赠月饼的礼仪。就像美国的圣诞节水果蛋糕一样，蛋糕被人们送来送去，直到节日终了——最后一个收到蛋糕的人就不得不吃了它，或者悄悄地扔掉。

　　月饼赠予是人们传递给朋友、亲属、同事的信息，以此表明自己是良好的合作者。为什么赠送月饼而不是其他什么东西成了一种信息？

　　答案是，人们今年相互赠送月饼，是因为他们去年就相互赠送月饼。人们的行为必须符合基于此前一段时间的预期。如果他们不这样做的话，那么其他人就会怀疑他们是否想延续某一关系。

　　除了这些显性的惯例，还有一些隐性的但心照不宣的惯例，同样在支配着各个领域的社会生活。

成功要趁早

斯坦福大学经济学家布赖恩·阿瑟（Brian Arthur）是将数学工具加以发展运用于研究路径依赖效应的先驱者之一。

研究路径依赖，对于我们的重要启迪在于，早日发现自己的潜力并发挥出来，可以为明天取得成功获得更多的优势。因为，一旦我们取得了足够大的先行优势，其他人哪怕更胜一筹，也难以赶上。

1968年，美国科学史研究者罗伯特·莫顿，用这几句话来概括一种社会心理现象："对已经有相当声誉的科学家做出的科学贡献给予的荣誉越来越多，而对那些未出名的科学家则不承认他们的成绩。"他还将这种社会心理现象命名为"马太效应"。

马太效应是一种让人心理不太平衡的现象：名人与无名者干出同样的成绩，前者往往得到上级表扬、记者采访，求教者和访问者接踵而至，各种桂冠也不断送来；而后者则无人问津，甚至会遭受非难和嫉妒。

实际上，这也反映出当今社会上存在的一种普遍现象，即赢家通吃：富人享有更多资源——金钱、荣誉以及地位，穷人却变得一无所有。日常生活中的例子也比比皆是：朋友多的人，会借助频繁的交往结交更多的朋友，缺少朋友的人则往往一直孤独；名声在外的人，会有更多抛头露面的机会，因此更加出名；一个人受的教育越高，就有越大的可能在高学历的环境里工作和生活。

马太效应，可以看作在路径依赖的作用机制下形成的一种现象。它给我们的启示在于：成功是成功之母。人们喜欢说：失败是成功之母。这句话有一定道理，但不是绝对的。如果一个人屡屡失败，从未品尝过成功的甜头，还会有必胜的信心吗，还相信失败是成功之母吗？

一本名为《创新启示录：超越性思维》的书曾经提出过"优势富集效应"的概念：起点上的微小优势经过关键过程的放大会产生更大级别的优势累积。从中可以看出起点对整件事物的发展往往超过了终点的意义。这就像在一百米赛跑的时候，当发令枪响起的时候，如果你比别人的反应快几毫秒，你就可能夺得冠军。

　　事实上，马太效应使成功有倍增效应，你越成功，你就会越自信，越自信就越容易成功。成功像无影灯一样，不会在人心灵上投下阴影，反而会满足他们自我实现的需要，产生良好的情绪体验，成为不断进取的加油站。

第 16 章
脏脸博弈

共同知识的车轱辘

他们为什么脸红

在博弈论中有一个著名的博弈模型：脏脸博弈。

假定在一个房间里有三个人，三个人的脸都很脏，但是他们只能看到别人的脸而无法看到自己的脸。这时，有一个女孩子走进来，委婉地告诉他们说："你们三个人中至少有一个人的脸是脏的。"这句话说完以后，三个人各自看了一眼，没有任何反应。

女孩子又问了一句："你们知道吗？"

当他们再彼此打量第二眼的时候，突然如梦方醒一般，意识到自己的脸是脏的，三张脸一下子都红了。为什么？

当只有一张脸是脏的时候，一旦女孩子宣称至少有一张脏脸，那么脸脏的那个人看到两张干净的脸，他马上就会脸红。而且所有人都知道，如果仅有一张脏脸，脸脏的那个人一定会脸红。

看第一眼时，三个人中没人脸红，但是每个人已经知道至少有两张脏脸。如果只有两张脏脸，两个脏脸的人各自看到一张干净的脸，这两个脏脸的人就会脸红。此时没有人脸红，那么所有人都知道三张脸都是脏的，因此在打量第二眼的时候三个人都会脸红。

即便没有女孩子的宣称，三个人也知道至少有一个人的脸是脏的。为什么女孩子一句看似废话的事实，三个人就都知道自己的脸是脏的呢？

　　这就是共同知识的作用。共同知识的概念，最初是美国逻辑学家克拉伦斯·埃文·刘易斯提出的。对一个事件来说，如果所有博弈参与人对该事件都有所了解，如果所有参与人都知道其他参与人也知道这一事件，该事件就是共同知识。

　　假定一个人群由A、B两个人构成，A、B均知道一件事实f，f是A、B各自的知识，但此时f还不是他们的共同知识。当A、B双方均知道对方知道f，并且他们各自都知道对方知道自己知道f，此时f就是他们的共同知识。

　　这就相当于动态博弈中的倒推法，都是一种获得决策信息的方式。但它与线性的推理链不同，这是一个循环，即"假如我认为对方认为我认为"。也就是说，当"知道"变成一个可以循环绕动的车轱辘时，我们就说f成了A、B的共同知识。因此，共同知识涉及一个群体对某个事实"知道"的结构。在上面的博弈中，女孩子的宣布所引起的唯一改变是使一个所有参与人事先都知道的事实成为共同知识。

　　在静态博弈里，没有一个博弈者可以在自己行动之前，知道另一个博弈者的整个计划。在这种情况下，互动推理不是通过简单观察对方的策略完成的，而必须通过看穿对手的策略才能展开。

　　要想做到这一点，单单假设自己处于对手的位置会怎么做还不够。即便你那样做了，你也只会发现，你的对手也在做同样的事情，即他也在假设自己处于你的位置会怎么做。因此，每一个参与人不得不同时担任两个角色，一个是自己，一个是对手，从而找出双方的最佳行动方式。

　　为了对这一点加深了解，我们来看下面这个据说来自微软面试的试题。

　　有三顶黑帽子、两顶白帽子，三个人面朝同一个方向，从前到后站成一排，给他们每个人头上戴一顶帽子。每个人都看不见自己戴的帽子的颜色，只能看见站在前面那些人的帽子的颜色。最后那个人可以看见前面两个人头上帽子的颜色，中间那个人看得见前面那个人的帽子颜色，但看不见在他后面那个人的帽子的颜色，而最前面那个人谁的帽子的颜色都看不见。

　　现在从最后那个人开始，问他是不是知道自己戴的帽子的颜色，如果他回答说不知道，就继续问他前面那个人。最后面一个人说他不知道，中间那个人也说不知道，当问到排在最前面的人的时候，他却说知道。

　　这是为什么？

推理过程是这样的：最前面的那个人听见后面两个人都说了"不知道"，他假设自己戴的是白帽子，那么中间那个人就看见他戴的白帽子。

这样的话，中间那个人会做如下推理："假设我戴了白帽子，那么最后那个人就会看见前面两顶白帽子，因为总共只有两顶白帽子，他就应该明白他自己戴的是黑帽子。但现在他说不知道，就说明我戴了白帽子这个假定是错的，所以我戴了黑帽子。"

问题是中间那人也说不知道，最前面那个人知道自己戴白帽子的假定是错的，所以他推断出自己戴了黑帽子。

在这个过程中，只有通过三个回合的揣摩，每个人才能知道其他人眼里看到的帽子颜色，从而判断自己头上的帽子颜色。在这里，只要静下心来，每个人都可以做福尔摩斯。

共同知识与隐性规则

有两个土匪抢劫路人，抢了一大笔钱，然后跑到荒郊野外的城隍庙里。

土匪甲对土匪乙说道："这笔买卖让我们做成，是当地城隍老爷给我们发财的机会，我们应该买些酒菜在他面前拜一拜，感激他的恩惠。"

乙马上同意："这样很好，你去买菜，我在城隍庙前等你。"

甲走了以后，乙心里就打起了算盘，他想："这笔钱两个人分，一人只有一半，这一半能用多久？"

想到这里，他看城隍庙四下无人，于是准备了一把斧头，准备砍死甲好一个人独得那笔钱！

甲买酒菜回来，远远喊道："大哥，酒菜买回来了。"

他刚进门，锋利的斧头一下子从脑后砍来。

甲一命呜呼，乙欢喜非凡，取过甲买回来的酒菜自斟自酌。吃饱喝足了以后，他刚要站起来拿着那笔钱逃之夭夭，忽然觉得天旋地转，腹痛如绞。他挣扎了一会儿，就口鼻流血断气了。原来，甲也想独得那笔钱，提前在酒菜里放了毒药。

这两个土匪同样聪明、理性、自私自利，他们同时想到："我必须干掉对方，这个时候我能够独吞这笔巨款。"所以两个人同时掏出了枪对准了对方。

两个人互相拿枪对着对方的脑袋的时候，他们两个人脑子里头又会迅速地进行着理性思考，他们两个人都想："我知道他知道我怎么想，我也知道他怎么想，并且我也知道他知道我知道他怎么想。"这就是他们的共同知识。这时他们最好的选择就是要抢先开枪，但是因为他们两个人思考速度一样快，理性程度一样高，所以就会同时开枪，两个人就死了，这也就叫双死的均衡。

我们可以说，让这两个土匪同时毙命的关键因素，就是共同知识的假设。从这个故事中，我们可以看出共同知识的一种作用机制。事实上在生活交际中，共同知识起着一种不可或缺的作用。除了"显性规则"外，更有很多不可不知的隐性规则。

弗朗西斯·培根有一句名言"知识就是力量"，后来，法国哲学家福柯把他的这句话改写成了著名的"知识就是权力"。后面的这句话，也许可以作为研究共同知识的立足点之一。

不过，我们学习博弈论的主要目的，不仅在于了解社会运行的机制，而且在于获得取胜的策略。为此，我们必须学会对信息进行甄别。这一点不仅在与人交往时很有用，对于我们生活中的方方面面，都是一门很有益的功课。

你不说我们也知道

在看美国警匪片时，经常会听到警察对犯罪嫌疑人说："你有权保持沉默，但是你所说的一切都将成为呈堂证供。"这句话就是米兰达警告。米兰达警告明确规定了警察有义务告诉犯罪嫌疑人享有沉默权。沉默权的确立，在很大程度上限制了警察滥用权力，保障了犯罪嫌疑人的合法权益。

但是在博弈中，我们往往不能一直沉默。因为沉默除了反映出局面对我们很不利，同时会传递某种信息。因为除了恋爱中的害羞女孩等少数情形之外，如果不是说出来会有所不利，每个人就都有说出真相的激励。

　　在美国，有一次在法庭上，现有证据已经足够将被告定罪，但是被害人一直活不见人，死不见尸。这也成为控辩双方交锋的焦点。眼看审判已经接近尾声，被告的律师突然站起来说道："法官大人，陪审团的女士和先生们，接下来的事情一定会让你们大吃一惊。"

　　律师夸张地抬起手腕看了一下表："现在，你们所认为的受害人，马上就会从这个门走进法庭。"

　　说完，他扭过头去，把目光投向法庭门口。法庭内一阵哗然，法官和陪审员也都扭过头，目不转睛地看着入口。然而一分钟、两分钟过去了，奇迹并没有发生，什么人也没有走进来。这个时候，律师说："请原谅，我刚才说的只是一个假设情景，但是所有陪审员都期待地盯着法庭门口。这种行为本身就表明，你们当中的每一位仍然怀疑本案中是否真的有人被谋杀。所以，请对我的被告做无罪判决。我陈述完毕。"

　　在西方法庭上，陪审团裁决事实问题，法官裁决法律问题。因此，被告的律师在抓住最后的机会翻盘。

　　陪审团离开法庭去商议。短短几分钟后，他们返回法庭并宣布了一致的结论——被告有罪。被告的律师大声地抗议道："为什么会这样？我看见你们所有人都盯着门口，你们都存在着疑虑。"

　　陪审团主席回答道："你说得没错，我们所有人都看着门口，但是你的委托人并没有。"

被告保持沉默，陪审团显然无法知道他所知道的东西。但是被告的身体语言出卖了他，足以让陪审团判断他知道被害人已死。聪明者能够从无声之处听到真相，善于在无形之中发现问题的实质。

晚饭后，母亲和女儿一块儿洗盘子，父亲和儿子在客厅看电视。忽然，厨房里传来盘子掉落在地上摔碎的脆响，然后一片沉寂。

儿子立即对父亲说："这一定是妈妈摔破的！"

父亲十分惊奇地问："你怎么知道？"

儿子轻描淡写地回答："因为这回她没有骂人。"

沉默所传达的信息是丰富的，类似的博弈每天都在我们的身边发生着。我们都知道，现在大家都喜欢买无污染的安全、优质和有营养的绿色食品。现在假设市场上的食品有两种：一种是绿色产品，另一种是非绿色食品。

在一些不大的食品店里，我们可以看到一些产品标有绿色食品的标签，另外一些产品则没有。由于绿色食品是经过专门机构认定的，我们假定这种认定有公信力，那么一种安全、优质和有营养的食品，贴上绿色食品的标签显然是有利的。

在这场博弈中，如果多数顾客关注食品是否绿色，那么食品的生产商没有沉默的空间：当产品没有绿色食品的标签时，顾客理所当然地假定产品不是安全、优质和有营养的。就算这个标签在市场上已经很普遍，仍然应该选择标识出来。从长远来看，所有的食品都会被贴上绿色食品的标签。不过我们不用担心，在这种情况出现之前，一定会有标明更高品质的标签出现，提供给那些更高品质的产品。

无论是推销自己还是推销食品，对自己利好的特征一定会标识出来。如果没有标识出来，我们就要假定其品质低于平均水平。你不说我们也知道，否则你没有理由不说。

在生活中，我们一方面必须听于无声、视于无形，而不要当女友闭上眼睛不作声时，还要追问"你同意我吻你吗"这样的问题。另一方面，当更多的信息被揭示出来之前，必须假定沉默代表着对方的不利处境。这一点，无论是购买商品、了解男女朋友还是审查应聘者的履历，都十分重要。

别人的信封更诱人

明朝时，金陵有个姓张的药贩子，他卖药的方法很特别：在桌子上放一个泥胎佛像，有人来看病买药，他就取些药丸放在盘子里，端到佛像的手掌跟前，只见有些药丸自动跳起来，粘到佛手上，另外的则纹丝不动。张药贩就把佛手上的药丸取下来，说："佛给你们挑出的良药，准保能把病治好！"

有一个叫小古谭的少年决定要把此事探个究竟。这一天，他邀请张药贩到酒馆里喝酒。张药贩高高兴兴地和小古谭来到一家酒馆。酒馆伙计也不问他们要吃什么，只是一个劲儿地往上端酒菜，有鱼、有虾、有鸡、有鸭，摆了满满一桌子。吃喝完毕，小古谭也不跟饭馆算账交钱，便领着张药贩扬长而去。酒馆的人好像没有看见他走一样，也不向他要钱。

第二天，小古谭又领着张药贩来到另一家酒馆，照样大吃大喝一顿，一分钱不花。管账的连问也不问，好像他们根本就吃没喝一样。第三天，小古谭又领张药贩到第三家酒馆。这回不但大吃大喝，临走，小古谭还从酒馆拿了两只鸡送给张药贩，酒馆的人似乎根本没有想到要钱似的。

张药贩惊奇得不得了，忍不住向小古谭请教这是什么法术。

小古谭说："告诉你也可以。不过，你得先告诉我，你那佛手取药是什么法术。"

张药贩说："原来你是想学我这仙人取药啊！这好说，我是在佛手里藏了块磁铁，再在一些药丸里合进些碎铁屑。这样，药丸一挨近佛手，带有碎铁屑的药丸，自然就被佛手里的磁铁吸在佛手上了。"

讲完以后，小古谭说道："我的秘密也可以告诉你，我事先把银钱付给了酒馆，约定好等我们来喝酒时，只管端来酒菜。我们吃罢，他们怎么能再来要钱呢？"

双方都在使用骗术，并且从一开始双方都知道对方在使用骗术，但是强烈的好奇心，促使他们非要知道对方的葫芦里到底卖的什么药。

因此，在参加一场博弈之前，非常重要的一点，是从另一方的角度对这场博弈进行评估。理由在于，假如他们愿意参加这场博弈，他们一定认为自己可以取胜，这就意味着他们一定认为对方会输。那么，是否存在着看起来对双方都有利的博弈呢？我们来看学者设计的博弈论试验。

有两个信封，每一个都装着一定数量的钱；具体数目可能是五元、十元、二十元、四十元、八十元或一百六十元，而且大家都知道这一点。同时，我们还知道，一个信封装的钱恰好是另一个信封的两倍。我们把两个信封打乱次序，一个交给A，一个交给B。

　　A和B把两个信封分别打开之后，按规定他们只能偷偷地数一下里面的金额。这时，他们得到一个交换信封的机会。假如双方都想交换，就可以交换。

　　假定B打开他的信封，发现里面装了二十元。他会这样推理：A得到十元和四十元的概率是一样的。因此，假如我交换信封，预期回报等于二十五元（即十元加上四十元的一半），大于二十元。对于数目这么小的赌博，这个风险无关紧要，所以，交换信封符合我的利益。

　　通过同样的证明可知，A也想交换信封，无论他打开信封发现里面装的是十元（他估计B要么得到五元，要么得到二十元，平均值为十二元五角）还是四十元（他估计B要么得到二十元，要么得到八十元，平均值为五十元）。

　　这里出了问题。双方交换信封，不可能使他们的结果都有所改善，因为用来分配的钱不可能交换一下就变多了，肯定有一个人是吃亏的。那么他们愿意交换的推理过程在哪里出了错呢？两个人是否都应该提出交换，或者说是否有一方应该提出交换呢？

　　假如双方都是理性的，而且估计对方也是这样，那就永远不会发生交换信封的事情。

　　这一推理过程的问题在于，它假设对方交换信封的意愿不会泄露任何信息。我们通过进一步考察一方对另一方思维过程的看法，就能解决这个问题。

　　首先，我们从A的角度思考B的思维过程。然后，我们从B的角度想象A可能怎样看待他。最后，我们回到A的角度，考察他怎样看待B怎样看待A对自己的看法。其实，这听上去比实际情况复杂多了。可是从这个例子看，每一步都不难理解。

　　假定A打开自己的信封，发现里面有一百六十元。在这种情况下，他知道他得到的数目比较大，也就不愿加入交换。既然A在他得到一百六十元的时候不愿交换，B应该在他得到八十元的时候拒绝交换，因为A唯一愿意跟他交换的前提是A得到四十元，若是这种情况，B一定更想保住自己得到的八十元。

　　不过，如果B在他得到八十元的时候不愿交换，那么A就不该在他得到四十元的时候交换信封，因为交换只会在B得到二十元的前提下发生。现在我们已经到达上面提出问题时的情况。如果A在他得到四十元的时候不肯交换，那么，当B发现自己的信封里有二十元的时候，交换信封也不会有任何好处；他一定不肯用自己的二十元交换对方的十元。

　　这样，唯一一个愿意交换的人，一定是那个发现信封里只有五元的人，不过，当然了，这时候对方一定不肯跟他交换。

第 17 章
信息不对称

买的不如卖的精

劣币驱逐良币效应

明朝刘基（刘伯温）在他的《郁离子》一书中，讲了这样一个故事。

有三个四川商人，都在市场上开店卖药。不过，他们采取的卖药策略迥然不同。

第一位药商诚实经营，专门卖好药，预算实进成本与卖价相近，不降价，也不肯赚钱太多。第二位不管好药、差药都收来卖，价格的高低随顾客的心意，相应地把好药或差药卖给他。而第三位不求好药，只管多收，卖价低廉，买的人请求增加一点就多给他一些药，从不计较。

结果，人们都争先恐后地到第三位那里去买药，以至他家的门槛一月一换，一年多之后，他就成了远近闻名的大富翁。而那个兼卖好药与差药的商人，上门的顾客稍少一些，但两年之后也富起来。

最不幸的是那个专卖好药的商人，他的店铺生意萧条，经常好几个月没有一个顾客上门，以致穷困潦倒，吃了上顿没有下顿。

上面的这个故事，从博弈论的角度可以进行两个角度的解读。

第一个角度是囚徒困境。药商开店的目的并不在于为人医病，而是赚钱。因此，他们虽然在道德上有义务保证药的质量，但是又希望尽最大可能获得利润。如果所有的药商都诚实经营，只卖好药，那么诚实卖药不会有什么风险。但是一旦有人在利润的驱使下开始"背叛"，卖便宜的坏药甚至假药，别的药商必然会闻风而动，跟着调整自己的策略，否则只能坐以待毙。市场上的药商就会都稍微卖一些便宜的坏药。

在这种情况下，要取得竞争优势，就要像第三家药商一样，比同时卖好药和坏药的竞争者更进一步，只卖便宜的坏药。这样，卖坏药事实上会成为药商的优势策略。如果其他每个人都这么做，只有一个人坚持原则，自然没有顾客上门。

第二个角度，就是美国经济学家乔治·阿克尔洛夫于1970年提出的逆向选择模型。

完全竞争市场是新古典经济理论的基础。在这种市场中，资源能够得到最优配置，并能实现社会福利的最大化。然而现实中，完全满足完全竞争条件的市场几乎是不存在的。二手车市场模型就是这样一种信息不对称的市场。

阿克尔洛夫在1970年发表了论文《柠檬市场：质量不确定性和市场机制》。在美国的俚语中，"柠檬"是"次品"或者"不中用产品"的意思。这篇研究次品市场的论文，因为文字浅显先后被《美国经济评论》和《经济研究评论》两本杂志退稿，理由是数学味太少。然而这篇论文开创了"逆向选择"理论的先河，他本人也于2001年获得诺贝尔经济学奖。

假设你刚刚来到一个城市，想买一辆二手车，来到二手车市场上。

你和卖二手车的人对汽车质量信息的了解是不对称的。卖家知道所售汽车的真实质量；但是你只知道好车最少六万元，而坏车最少两万元。要想确切地辨认出二手车市场上汽车质量的好坏是困难的，最多只能通过外观、介绍及简单的现场试验等来获取有关信息。而车的真实质量，只有通过长时间的使用才能看出，但这在二手车市场上又是不可能的。

所以，在你把二手车买下来之前，你并不知道哪辆汽车是高质量的，哪辆汽车是低质量的，而只知道二手车市场上汽车的平均质量。

假定你的时间有限，或者缺少耐心，不愿来回来去讨价还价。你先开价，如果被卖家接受，就成交；否则，就拉倒。那么，你应该开价多少呢？开价六万元显然是太高了，因为这么高的出价也不能保证你买到高质量的车；而如果你希望买到低质量的车，开价两万元（或者稍微多一点），就肯定有人卖给你。

也就是说，所有买家只愿意根据平均质量支付价格，出价四万元。这样一来，质量高于平均水平的卖家无利可图，就会将他们的汽车撤出二手车市场，市场上只留下卖低质量的车的卖家。二手车市场上汽车的平均质量降低，买家愿意支付的价格进一步下降，更多的较高质量的汽车退出市场。在均衡的情况下，只有低质量的汽车成交，极端情况下甚至没有交易。

在二手车市场上，高质量汽车被低质量汽车排挤到市场之外，市场上留下的只有低质量的车。也就是说，高质量的汽车在竞争中失败，市场选择了低质量的汽车。演绎的最后结果是：二手车市场成了破烂车的展览馆。在这种情况下，不论买者是否愿意，他也只能将质量较低的二手车开回家。

这违背了市场竞争中优胜劣汰的选择法则，市场或者价格机制并没有带来帕累托最优，平常人们说选择，都是选择好的，而这里选择的却是差的，想买高质量车的人没法买到高质量车，想卖高质量车的人没法卖掉高质量车。所以这种现象又被称为逆向选择。

上面的这个例子尽管简单，但给出了逆向选择的基本含义：

第一，在信息不对称的情况下，市场的运行可能是无效率的。在上述模型中，有买主愿出高价购买高质量车，市场这只"看不见的手"并没有实现将高质量车从卖家手里转移到需要的买家手中。市场调节下供给和需求完全能在一定价位上满足买卖双方意愿的传统经济学理论失灵了。

第二，这种"市场失灵"得出了与传统经济学相反的结论。传统的市场竞争理论得出的结论是——"良币驱逐劣币"或"优胜劣汰"；可是，二手车市场模型导出的却是相反的结论——"劣币驱逐良币"。

劣币驱逐良币的现象，在明嘉靖年间有一个典型的例子。当时，朝廷为了维护铜币的地位，曾发行了一批高质量的铜币，结果却使得盗铸更甚。因为在市场上流通的一般铜币质量远低于这些新币。私铸者还磨取官钱的铜屑以盗铸钱，使官钱逐渐减轻，同私铸的劣币一样；而新币会被人收拢，熔化然后按照一般较低的质量标准重铸，盗铸有重利可图，致罪者虽多，却无法禁绝。

如果政府铸造的金属币质量过于低下的话，同样会鼓励民间私铸。明代在15世纪取消了对金属货币的禁令，却没有手段来保障铜币的供给，导致大量伪钱占领了市场，反过来导致劣币驱逐良币的"逆淘汰"效应。

逆向选择的理论说明，由于买家无法掌握产品质量的真实信息，这就为卖家通过降低产品质量来降低成本迎合低价提供了可能，因而出现低价格导致低质量的现象。如果不能建立一个有效的机制，那么高质量的卖家和需要高质量产品的买家就无法进行交易，双方效用都受到损害；低质量的企业获得生存、发展的机会和权利，迫使高质量的企业降低质量，与之"同流合污"；买家以预期价格获得的却是较低质量的产品。这样发展下去，就是假冒伪劣泛滥，甚至市场瘫痪。

不确定性带来风险

在博弈中，共同知识可以让我们做出深入而准确的推断。不过，在更多的情况下，会出现某一方所知道的信息而对方并不知道的情况，这就是"信息不对称"。不为另一方所知的信息，就是拥有信息一方的私有信息，包括内生的隐藏行动信息和外生的关于能力、偏好等方面的隐藏知识。

有一位女演员对美国著名女演员班克黑德大出风头很不服气。一天，她对别人扬言说："班克黑德并没有什么了不起，任何时候我都可在台上抢她的戏！"

班克黑德听后，淡淡一笑说道："没什么，我甚至在台外也可抢她的戏！"

不久后的一次演出，就证实了她的这种能力。

那次的演出有这样一幕：那位夸过海口的女演员担任主角，演一个全神贯注打电话的角色，而班克黑德扮的是个一闪而过的角色——因受不了那无聊的闲扯，搁下正喝着的一杯香槟酒悄然退场。

可是班克黑德在退场时，好像十分随便地将酒杯搁在桌子的边缘，一半在桌面上，一半悬在桌外。

这样观众的注意力都集中到酒杯上了，紧张得连大气都不敢喘，生怕它掉下来。这样，主角的戏就很少有人注意了。

演出结束，那位女演员才知道杯底粘了块胶布，让酒杯能粘固在桌沿上。

酒杯被粘在桌沿上这种只有一方知道的信息，就是私有信息。私有信息的存在导致了信息的不对称性，也就是某些人掌握的信息要多于其他的人。班克黑德就是利用了信息不对称，不动声色地戏弄了一下对手。

在生活中，我们去买东西，往往并不知道商品是否有严重缺陷。这样的信息往往只被能接近和熟悉产品的人观察到，那些无法接近产品的人，却无从了解或难以了解。所以中国人有句俗话说"从南京到北京，买的没有卖的精"。之所以出现这种状况，无非是因为交易商品质量高低属于卖家的私有信息，自然是卖家比买家更有主动权。

比如一个女孩面对好几个追求自己的男生，这些男生的人品、背景等信息，对这个女孩来说都是私有信息，女孩与追求者之间就存在着信息不对称的现象，因此这个女孩到底选择哪一个男生，往往就带有很大的不确定性。在包装术盛行的今天，这种不确定性所带来的风险是不言而喻的。生活中有那么多优秀的女孩子遇人不淑，也证实了这种风险的存在。

私有信息的存在，导致博弈双方都是在信息的迷雾中决策，因而可能做出错误的决策。放眼世界，由于信息不透明带来的不确定性，所带来的影响是无处不在的。

不确定性可以在电影中创造高潮，在现实中却会产生成本。获得2010年诺贝尔经济学奖的三位经济学家的"搜寻和匹配"理论表明，仅仅有在理论上能够达成交易的买家与卖家还不够；这些买家与卖家还必须找得到对方，并决定达成一项交易，而不是继续寻找，希望发现更好的匹配对象。在某些背景下——比如公共金融交易平台，买家与卖家可能会即刻达成交易。但在许多其他市场，只有经历一番耗时又代价高昂的搜寻，交易才会发生。

对个人来说，拥有信息越全面，越有可能做出正确决策。对社会来说，信息越透明，越有助于降低人们的交易成本，提高社会效率。但客观的现实是：少数人掌握有关信息，而大多数人无法得到准确信息。

信息的不对称性，可以通过信息的交流和公开以及寻找而消除；客观不确定性是指事物状态的客观属性本身具有不确定性，对此，人们可以通过认识去把握不确定性的客观规律。

存在不确定性时，决策就具有风险。当一项决策在不确定条件下进行时，其所具有的风险的含义是：从事后的角度看，事前做出的决策不是最优的，甚至是有损失的。决策的风险性不仅取决于不确定因素之不确定性的大小，而且取决于收益的性质。所以通俗地说，风险就是从事后的角度来看由于不确定性因素而造成的决策损失。

所以，如果我们能够通过丝丝入扣的分析，把各种不确定性变成相对确定，就可以使这种风险对人们的影响变小。

在美国有一则家喻户晓、人人皆知的征兵广告，既幽默又智慧。这则征兵广告出台后，收效十分明显。它改变了死气沉沉的征兵宣传，使许多青年踊跃应征入伍。征兵广告的内容如下：

> 来当兵吧！当兵其实并不可怕。应征入伍后你无非有两种可能：有战争或没战争，没战争有啥可怕的？有战争后又有两种可能：上前线或者不上前线，不上前线有啥可怕的？上前线后又有两种可能：受伤或者不受伤，不受伤又有啥可怕的？受伤后又有两种可能：轻伤和重伤，轻伤有啥可怕的？重伤后又有两种可能：可治好和治不好，可治好有啥可怕的？治不好更不可怕，因为你已经死了。

这份别出心裁的征兵广告出自一位著名心理学家之手。媒体记者采访了他："为什么这则征兵广告能深入人心，取得这么好的效果？"

他回答说："当人们有了接受最坏情况的思想准备之后，就有利于应对和改善可能发生的最坏情况。"

在绝大部分情况下，我们根本无法掌握影响未来的所有因素，这使得做确定性的决策变得困难重重。信息本身的价值正在于此，它可以用获取信息后增加的决策者的收益来衡量。对于这一点，我们可以通过下面一节更好地理解。

只许佳人独自知

博弈模型都有一个前提条件，那就是博弈双方都有共同知识，也就是博弈参与者所能采用的策略与各种可能发生的结局，不仅为他自己，也为其竞争对手所知。但是这显然不符合实际，很多情况下，局中人不可能清楚关于对手决策的所有信息，即使了解了一些信息，也会产生"不识庐山真面目，只缘身在此山中"的尴尬。

在博弈中，往往会出现某一方所知道的信息而对方并不知道的情况，这种信息就是拥有信息一方的私有信息。

圆悟克勤大师是宋朝临济宗杨岐派著名僧人，他曾将自己开悟的心得写成一偈：

金鸭香销锦绣帷，笙歌丛里醉扶归。

少年一段风流事，只许佳人独自知。

圆悟克勤大师这首诗的大意是说，悟道如热恋中的情事，只能自证自知，旁人是无法知道个中况味的。悟境不立文字，好比少年的风流韵事，如人饮水，冷暖自知。这种"只许自知"的信息，就是私有信息。

正是因为私有信息的存在，才会出现"信息不对称"，从而对博弈结局产生重大影响。要理解这一点，我们可以从一个故事说起。

在法国，流传着这样一个农民与魔鬼之间的交易故事。

魔鬼来到一个小岛上，问农民在那里做什么。这个农民回答说他在这里种地。魔鬼说："原来如此，但是自从你们岛上的人得罪了神父那天起，所有这里的土地就全部明令归属于我们了。所以咱们得平分收成。"

看到农民在犹豫，魔鬼说："我要求收成分成两部分。长在地上的算一部分，长在地下的算另一部分。我现在选择长在地下的那一部分，你要长在地上的，行不行？"

农民想了想，十分痛快地同意了。魔鬼有些惊讶，但没有多想。他问："好了。你告诉我什么时候收获吧。"

　　农民回答说："七月。"

　　魔鬼说道："到时我一定来。乡巴佬，加油干吧！"

　　到了七月半，魔鬼带领一队小魔鬼来到岛上分收成。农民恭敬地答应，于是带领一家大小割起麦子来。然后，小魔鬼便从地下往外拉麦根。

　　农民当场打好麦子，送到市上去卖了，钱装满了他腰里带的一只旧半筒靴。魔鬼跟着农民来到市场上，坐在那里卖自己的麦根，一分钱也没得到，反而受到人们的嘲笑。

　　回来以后，魔鬼怒气冲冲地对农民说道："乡巴佬，这一次上了你的当。来年我要长在地上的，你要长在地下的。你同意吗？"

　　农民又痛快地答应了。到了收割的季节，魔鬼带着一队小魔鬼又来到这里，发现地里种的全是萝卜。结果，农民的萝卜卖得又很好。魔鬼还是没有卖掉萝卜叶子，更糟的是又有人当众嘲笑了他。

　　这个贪婪而可怜的魔鬼如果懂得一点博弈论的话，他就应该在农民痛快答应平分收成的时候，怀疑对方可能有办法让他一无所获。

　　假设魔鬼估计这块地的收成分为地面和地下两部分，并且各价值50%，那么当农民答应让他不花分文得到50%的收成时，他应该意识到：农民比他更了解收成的比例分布，他之所以答应，可能是迫于魔鬼的威慑，更可能是因为他知道给魔鬼那部分收成的真正价值。

　　所以，魔鬼的失误在于，他没有在分成之前了解农民到底要种什么这一私有信息，从而出现了信息不对称。对魔鬼来说，农民的隐藏行动带来了道德风险，并最终演变为事实上的损失。

　　事实上，魔鬼和农民的博弈在市场上每天都在发生。

　　如果排除参与者的个体差异，而从买家和卖家两个人群来比较，无非是因为交易商品质量高低属于卖家的私有信息，自然是卖家比买家更有主动权。不仅如此，有时卖家还可以通过市场调研等方法，获得买家群体的私有信息，从而来制定对自己更为有利的策略。

　　20世纪90年代初，价格战威胁着石油公司的盈利。为改变这一状况，美孚石油公司在一个细分市场研究中，对两千名用户进行了调查，发现只有20%的用户对价格十分在意，他们每年大约花费七百美元来购买汽油，而其他细分市场中，用户每年用于汽油的费用达一千二百美元。

尽管美孚石油公司不能确认哪些顾客对价格敏感，哪些顾客对价格不敏感，但可以肯定的是有80％的用户对价格不敏感，并且大量消费汽油，这一信息让美孚石油公司把注意力从价格转移到其他方面。

结果，美孚石油公司每加仑（美制1加仑等于3.785升）汽油涨了两美分，一年多赚了一亿一千八百万美元。

不仅在商业领域，在其他方方面面，私有信息的存在也颇有影响，其中最典型的例子之一就是爱情博弈。

在能够影响人类幸福指数的因素中，职业和婚姻几乎可以排在前两位。也正因如此，中国古人才有"男怕入错行，女怕嫁错郎"的说法。但是相对职业的选择，信息不对称在爱情博弈中的影响更大。

信息决定博弈结果

有这样一个案例。

某市公安局经侦大队邓某等徇私枉法、受贿案曾一度陷入僵局。

后来检察长走到邓某面前亮明身份，他随手拿起审讯台上的一个纸杯，问是什么东西。邓某称是纸杯。

检察长纠正道："你的回答不严谨。应该说，我拿的是一个白底红花、喝水的纸杯。"

紧接着，检察长追问道："你赞不赞成我的界定？"

邓某说："您说得更准确一些。"

检察长表扬他说："这就对了嘛！这证明我们判断事物的标准是统一的！这样我们就有了谈话的认知基础了嘛！要不然，我说这纸杯是白的，你说是黑的，那我们就谈不到一起去了，是吧？"

邓某点头表示认同。随后，经过五十分钟的攻坚，邓某交代了受贿八万余元的犯罪事实。

这场审讯似乎成功得莫名其妙，实际上其中大有玄机。谈到上面的这个细节的作用时，检察长说："让邓某认同我对纸杯的界定，是在暗示邓某：你和我都从事侦查工作，我认为证据能证明一个事实的存在，相信你也能认识到我们所掌握证据的证明力。这其实是对邓某内心防线的一个很大冲击。"

一句话，使邓某放弃顽抗的，恰恰是由于检察长通过对杯子的描述，暗示他侦查是逻辑缜密、判定准确的高素能行动，为侦查的力度显示埋下伏笔。这就改变了信息不对称状态，进而改变了整个博弈的局面。

博弈论学者谢林在《冲突的战略》中，曾经用一个窃贼的模型来讲述信息传递对于博弈局势的影响。

一天，一个持枪的窃贼进入了一所房子。房子的主人在听到楼下的响动之后，同样持枪一步步向楼下走来。危机和冲突一触即发。

上述危机显然会导致多种结果。最理想的结果当然是窃贼平静地空手离开房子。还有几种可能的结果，一种是主人担心窃贼盗窃财物而首先向窃贼射击，致使窃贼身亡；另一种是窃贼担心主人会开枪射击，而首先射击主人，导致主人身亡。第二种可能结果的出现，显然对房子的主人而言是最糟糕的，因为他不仅会失去财物，而且还丧失了生命。

对于各种可能的结果，其引发的原因可能有无数个。例如，对于窃贼死亡这一结果，除了主人担心财物受损而首先开枪射击外，还可能出于对窃贼可能因恐惧而射击的担心，这种担心使主人先发制人，等等。有意思的是，主人先发制人的动机可能是对窃贼先发制人的担心，诸如此类。

如何成功解决冲突和化解危机？按照谢林的观点，信息的把握和传递是至关重要的。例如，持枪的主人在黑暗中静静观察，发现窃贼的手中并没有枪；或者持枪的窃贼发现主人毫无准备地冲下楼，则事态的进展会有利于掌握更多信息的一方。但如果双方都了解对方持枪的事实，则主人向窃贼传递"只是想把窃贼赶走"的信息（或者窃贼向主人及时传递只想图财、无意害命的信息），就变得十分重要。

诺贝尔经济学奖获得者罗伯特·奥曼在研究中发现，博弈的参与人对信息的掌握通常是不对称的，如果博弈只发生一次，则无疑具有信息优势的人会获得信息租金；但如果博弈是重复进行的，则今天利用信息寻租者，必定会在寻租过程中泄露其所拥有的信息。时间久了，信息不对称程度就会减轻，这也是重复博弈能够改进资源配置状态，使人与人的关系走向公平和谐的原因。

信息传递会改变博弈双方的资源配置情况，进而改变结局。

古希腊时，哲学家普罗泰戈拉曾经给尤阿思洛斯当老师，教他怎样打官司。二人约定：在尤阿思洛斯打赢第一场官司以后才收他的学费。

普罗泰戈拉没想到的是，在费心费力教导尤阿思洛斯以后，这学生竟然不当律师而当了音乐家，因此根本不打官司。普罗泰戈拉要求尤阿思洛斯付学费，遭到乐不思蜀的音乐家断然拒绝，因此普罗泰戈拉将他告上法庭。

普罗泰戈拉的推断是：如果这场官司中法庭裁定自己赢，他当然可以讨回这笔钱；而万一法庭裁定自己输，即尤阿思洛斯赢，按照原先的合约，尤阿思洛斯也必须付学费。

然而，尤阿思洛斯则另有一番推理，他想：我要是输了，没有打赢这第一场官司，那么按照原定的合约，我可以不交任何学费；要是我赢了，那么普罗泰戈拉就会失去逼我履行合约的权利，我也不需要给他付什么学费。

由于这个诡论超出了法官的思考能力，因此干脆拒绝受理此案。

实际上，法庭应该理直气壮地判决普罗泰戈拉败诉，因为尤阿思洛斯根本还没有赢过任何一场官司。普罗泰戈拉本该料到法庭会这么判决，他的正确策略，应该是在首次败诉以后再第二次起诉，那时法庭就理应判决普罗泰戈拉胜诉，因为尤阿思洛斯已经赢了前一场官司。

让我们设想一下，即便不存在上述吊诡的推理，双方有和解的可能吗？

很遗憾，师徒二人仍然会选择法庭上见。因为庭外和解固然比打官司更节省成本，但是双方在考虑是否和解的时候，主要的依据往往并不是成本，而是自己能否赢得这场官司。

普罗泰戈拉在起诉尤阿思洛斯的时候，认为自己的证据很可靠，论点也非常有说服力。假设上法庭的话，他可以得到十塔兰特（古希腊货币单位，一塔兰特相当于二十六千克黄金），可是在打官司的过程中要耗费一塔兰特的费用，所以他也希望在打官司之前能和解，让尤阿思洛斯偿还十塔兰特的学费。

这时，如果尤阿思洛斯知道这一点，就应该接受他的提议。这样的话，即便是打官司，仍然要付十塔兰特的学费，而且要耗费一塔兰特的费用，而和解也可以让他省下一塔兰特。

然而，因为尤阿思洛斯不知道老师的论据，反而会怀疑老师的和解动机：只有当老师觉得自己的论据站不住脚而害怕打这场官司的时候，他才愿意和解。而如果是这样，尤阿思洛斯当然愿意上法庭打赢这场官司。也就是说，如果普罗泰哥拉表示愿意和解，反而会暗示尤阿思洛斯不应该和解。

也正因如此，在现代法律规定中，有一项十分重要的内容就是证据交换，它的一个重要功能就是促进和解。在证据交换的过程中，给当事人提供一个发表自己的看法和见解的机会，当事人对案情、双方在掌握证据方面的强弱态势，以及诉讼结果的预测有了更清醒的认识，从而重新评估自己一方的主张和立场，从而使和解更容易达成。

证据交换这样一个信息传递的过程，也就成为破解双方无法和解的困境的利器。

告诉更多未必更好

保罗·海恩在《经济学的思维方式》一书中这样说：事物根本没有成本，只有行为才会有成本，同样的事物，成本会因行为的不同而改变。为了理解这一点，我们来看这样一个例子。

在加州斯坦福大学附近的一个市场上，有两个零食摊点——A和B。

A提供六种口味的试吃小吃，B提供二十四种口味的试吃小吃。结果，经过A的客人中，停下试吃的只有40%；B吸引顾客较多，在经过的客人中，60%会停下试吃。

但是到了月底，市场经理发现，最终的结果与试吃人数的表现大相径庭：在A摊位前停下的顾客，有30%至少买了一瓶果酱，而在B摊位前的试吃者中，却只有3%的人买了东西。

为什么会出现这样的情况呢？

有选择好，选择越多越好，这几乎成了人们生活中的常识。但是美国哥伦比亚大学、斯坦福大学共同进行的研究表明：选项越多反而可能造成负面影响。在实验中，科学家随机抽取两组人，让第一组测试者在六种巧克力中选择自己想买的，第二组测试者则在三十种巧克力中选择。结果，第二组中的满意度远远低于第一组，更多人感到所选的巧克力不大好吃，对自己的选择有点后悔。

为什么会出现这种"More is Less（多即是少）"的局面呢？

根据经济学的理性人假设，人们做决策一定会考虑机会成本。然而，根据有限理性框架，心理学家弗雷德里克等认为，对消费者来说，在决策中考虑机会成本需要考虑到购买决策之外的其他备选项，但是，这个假设与一些心理学的研究结论不一致。美国社会认知心理学家卡尼曼指出，人们的判断与偏好，主要基于清晰地呈现在人们面前的信息。

人都是短视的，根据心理学的研究逻辑，人们在决策时并不像经济学教科书描述的那样会自然地考虑机会成本，机会成本通常是被忽略的，只有提醒他们决策产生的机会成本时，他们才会根据机会成本进行决策。在消费中的主要表现，就是购买意愿降低，或者显著增加对便宜商品的购买。这个发现被称为机会成本忽略。

两个摊点的不同命运，由此得到了解释。任何人都不是绝对理性的，摊点本来可以利用信息不对称，决定摆出的果酱的数量。但是如果更多的选择信息呈现出来，表面上看提供了更大的自由度，但是同时造成了另外一个影响，那就是增加了顾客选择的难度。当他们准备做出一个选择的时候，就意味着要放弃其他可见的选择。他们所放弃的选择越多，所预见到的损失也就越多，所造成的压力也就越大。反过来，这种压力就使他们患得患失，就出现了决策瘫痪。

施瓦茨在《选择的悖论》一书中引用了这个观点：幸福意味着拥有自由和选择，但更多的自由和选择并不能带来更大的幸福，相反，选择越多，幸福越少！无论对摊位还是顾客来说，这个结论都是成立的。成交越多，则意味着有越多的人各取所需，皆大欢喜。

不仅是小摊上更多的零食会有这样的影响，更多的职位、更多的投资标的，都会无形中增加最终选择的难度。从机会成本的角度，这是很好理解的。无论是对自己还是对别人，越是重大的选择，越应该简洁而单一，一般来说二至五个，数目过多会形成心理压力，造成决策效率低下。

除了上面方案的呈现之外，还有呈现信息过程中的不同策略。

还以前面的两个小摊为例：A摊位的果酱跟B摊位的果酱味道差不多，A摊位的店员在有顾客登门的时候会问："要不要果酱？要几瓶？"

而B摊位店员的问题则是："要一瓶还是两瓶？"这样，B摊位的信息呈现方式在不经意中给买果酱的人划定了"框架"：一瓶或两瓶。顾客就会下意识地在一瓶和两瓶之中选择。

这样，就造成了B摊位与A摊位销量的差异。

古代清官为何被淘汰

我们已经知道，信息不对称是导致逆向选择的根源。由于信息不对称在市场中是普遍存在的事实，因而阿克尔洛夫的二手车市场模型具有普遍经济学分析价值，影响了一大批经济学家，大家又发现了许多个"逆向选择"现象。

美国经济学家斯宾塞发现：在人才市场中，由于信息不对称，雇主愿意开出的多是较低的工资，除了平庸的"柠檬"之外根本不能满足精英人才的需要，结果出现了"劣币驱逐良币"的现象。

斯蒂格利茨发现信贷市场也是这样，因为信息不对称，贷款人只好确定一个较高的利率，结果好的本分的企业退避三舍，而坏的压根就不想还贷的企业却像苍蝇逐臭一样蜂拥而至。

前文中刘基在讲完三个药商的故事以后，借郁离子的口感叹说："如今当官的人也像这样啊！从前楚国边境有三个县的县官。其中一个很廉洁但不得上司的欢心，当他离职的时候，连雇船的钱都没有。人们无不笑他，认为他是傻子。另一位有了机会就贪污，人们并不恨他，反而称赞他贤明能干。第三位无所不贪，用来巴结上司。他对待部属爪牙如儿子，对待富家大户像贵宾，没到三年就得到荐举，提升到专门负责执法的官位上了。即使老百姓也称赞他好，这不也是很奇怪的吗？"

这自然是一个寓言，如果真的出现这种局面的话，地球人都会明白什么样的策略是优势策略，更何况那些作为社会精英的官员呢？

也正因为如此，学者吴思才提出他所称的"淘汰清官定律"，并且从经济等角度进行了解析。在本节中，我们可以通过《韩非子》中的故事，进一步理解这个定律。

魏国西门豹初任邺地的县官时，终日勤勉，为官清廉，疾恶如仇，刚正不阿，深得民心。但是，对国君魏文侯的左右亲信官员，他从不去巴结讨好。结果，这伙官员说了西门豹的许多坏话，年底西门豹回国都述职时，被魏文侯不问青红皂白就没收了官印，罢官为民。

西门豹明白自己被罢官的真正原因，便向魏文侯请求说："过去的一年里，我缺乏做官的经验，现在我已经开窍了，请允许我再干一年，如治理不当，甘愿受死。"

魏文侯答应了西门豹，又将官印还给了他。西门豹回到任所后，重重地搜刮盘剥百姓，并把搜刮来的东西奉送给魏文侯身边的官员。一年过去了，西门豹回到国都考核时，魏文侯亲自迎接并对他称赞有加，奖赏丰厚。

西门豹望着魏文侯，悲愤地说："去年我为您和百姓做官很有政绩，您却收缴了我的官印。如今我注重亲近您的左右，可实际政绩太不如去年，您就给我如此高的礼遇。这种官，我不想再做下去了。"

说完，西门豹把官印交给魏文侯，转身拂袖而去。

清正廉洁却被罢官，重敛行贿却名美位固，这正印证了哈耶克在《通往奴役之路》中所指出的极权制度最糟糕的特征，是它往往把能力最差的人选拔出来，成为公共事务的决策者。

一个好的政治制度，一定能够设计出一种机制，对那些说真话不偷懒的官员和不说真话并且偷懒的官员有所甄别，把比较差的官员筛选出去。比如说，让那些具有信息优势的人来监督官员。谁具有信息优势呢？当然是那些本地的居民。俗话所说的"邻居一杆秤，街坊千面镜"，所反映的就是本地居民的这种信息优势。而如果一个组织让那些具有信息劣势的人来监督官员的话，就会产生很多问题，必然会演变出一个鼓励官员说谎和偷懒的体制。人浮于事，戏精当道，几乎是不可避免的。

同时，设计必须考虑到逆向选择和道德风险。就好比老师让没做作业的学生举手，如果你对举了手的学生惩罚太重，下次就没有人会再说真话，而如果你惩罚太轻，又会诱使更多的人不做作业。

在任何领域中，只要有关于某类事物的"质量"的信息在供给者和需求者之间的分布不对称（通常是前者比后者知道得多），那么关于这类事物的定价和选择机制就会失灵，从而发生逆向选择。在生活中，中国人管这种现象叫"怕什么来什么，盼什么没什么"。

要减少信息不对称造成的逆向选择，就必须解决信息不对称问题。解决思路之一是委托人或"高质量"代理人通过信息决策，减少委托人与代理人之间信息不对称的程度。解决的途径有两个：一是"高质量"代理人利用信息优势向委托人传播自己的私有信息，这就是"信息传递"；二是委托人通过制定一套奖惩制度或合同来获取代理人的信息，这就是"信息甄别"。

第 18 章
信息传递

好酒也怕巷子深

无法发起的总攻

博弈论学者格莱斯于1978年曾经提出过一个被称为"协同攻击难题"的模型。

两位将军A和B各带领自己的部队，埋伏在相距一定距离的两座山上，等候敌人。将军A得到可靠情报说，敌人刚刚到达，立足未稳。如果敌人没有防备，两支部队一起进攻的话，就能够获得胜利；而如果只有一方进攻的话，进攻方将失败。这是两位将军都知道的。

这时，将军A遇到了一个难题：如何与将军B协同进攻？那时没有电话之类的通信工具，只有通过派通信员来传递消息。将军A派遣一个通信员去了将军B那里，告诉将军B：敌人没有防备，两军于黎明一起进攻。

然而，可能发生的情况是，通信员失踪或者被敌人抓获。也就是说，将军A虽然派遣通信员向将军B传达"黎明一起进攻"的信息，但他不能确定将军B是否收到他的信息。而如果通信员回来了，将军A将又陷入迷茫：将军B怎么知道通信员肯定回来了？将军B如果不能肯定通信员回来的话，他也不能肯定将军A能确定自己收到信息，那么必定不会贸然进攻。于是将军A又将该通信员派遣到B地。然而，他不能保证这次通信员肯定到了将军B那里……

这样，我们就得出了一个令人沮丧的结论：不论这个通信员来回成功地跑多少次，都不能使两位将军一起进攻。问题就在于，两位将军协同进攻的条件是"于黎明一起进攻"成为将军A、B之间的共同知识。然而，无论通信员跑多少次，都不能够使

A、B之间形成这个共同知识!

所幸的是,上面这个推论只是一个模型,现实环境中的"将军们"会有方法突破这种困局。但也许正是上面这种噩梦的阴影,才促进了各种通信技术在军事领域中的发展与应用。

从博弈论的角度,我们却要把视角从硝烟弥漫的战场上移开,投向更为广阔的社会场景,看一看信息传递对生活的影响机制是怎么样的。

周仁的生日到了,他准备了丰盛的酒宴,特地邀请张三、李四、王五和赵六来吃饭。他还特别叮嘱最好的朋友赵六今年一定要来。因为赵六去年到外地,没赶上他的生日。

可是已经到了吃饭的时候了,周仁发现赵六还没来,他懊恼地自言自语说:"唉!该来的又不来。"

这话让张三听到了,他心想:"我可能是不该来的。"

于是,他连招呼也没打,就走了。周仁发现张三走了,着急地说:"你看,不该走的又走了。"

这话让李四听到了,心里想:"看来我是应该走的。"

于是,李四站起来就走了。

周仁见李四也走了,急得涨红了脸,摊摊手对王五说:"我又不是说的他!"

王五噌的一下站起来,说:"你不是说的他,那一定是说我了!"

说完,王五也气冲冲地走了。

这自然是一个笑话,每个人多多少少都会发现,自己也曾经遇到过类似的尴尬事件。可是笑过以后再反思才发现"该来的没来,不该走的又走了"原来纯粹是因为信息传递的过程出了问题。那么如何避免这样的问题呢?

信息传递中的损耗

据说,1910年美军的一次部队命令的传递是这样的。

营长对值班军官说:明晚八点钟左右,可能在这个地区看到哈雷彗星,这颗彗星每隔七十六年才能看见一次。命令所有士兵着野战服在操场上集合，我将向他们解释这一罕见的现象。如果下雨的话，就在礼堂集合，我为他们放一部有关彗星的影片。

值班军官对连长说：根据营长的命令，明晚八点哈雷彗星将在操场上空出现，如果下雨的话，就让士兵穿着野战服列队前往礼堂，这一罕见的现象将在那里出现。

连长对排长说：根据营长的命令，明晚八点，非凡的哈雷彗星将身穿野战服在礼堂中出现，如果操场上下雨，营长将下达另一个命令，这种命令每隔七十六年才会出现一次。

排长对班长说：明晚八点，营长将带着哈雷彗星在礼堂中出现，这是每隔七十六年才有的事。如果下雨的话，营长将命令彗星穿上野战服到操场上去。

班长对士兵说：在明晚八点下雨的时候，著名的七十六岁哈雷将军将在营长的陪同下，身着野战服，开着一辆"彗星"牌汽车，经过操场前往礼堂。

上面这个故事虽然是一个笑话，却反映出一个值得所有人重视的问题：信息在传递过程中会受到损耗，直至完全失去本来面目。

在一次博弈中，任何一个参与者做出决策之前，必须获取一定的信息，而做出决策以后，又需要以信息的形式表达自己的意图。可以说，信息贯穿一切博弈的流程。

一个人接收一则信息以后，不可能和发出者理解得一模一样，而是往往添加进了自己的观念和态度。这可能是无意的，比如一个人接收到用自己非常不熟悉的方式表达的信息时，误解与错漏会更大。也可能是有意的，比如接收者与信息发出者存在利益上的对立时，他就会在允许和可能的条件下，按照自己的利益取向，主动地修改或选择信息。

这样，当一个看似完整的信息发出以后，信息失真的方向和程度就可能不是发出者所能控制的，甚至到了接收者那边，已经面目全非了。

有人做过这样一个实验。

二十个人围成一个圈，随机指定其中一人为龙头，由他想一句话，低声转述给左边一人，此人再向左传，依次类推，等这句话再传回龙头耳中时，与他原先说出的那句话早已大相径庭，不知所云了。

闲话就是这样产生并逐渐被加工失真的，二手传播信息不可信的另一个原因还在于，我们无法确定当事人是怎样说的。这点很重要，语气神态不同，要表达的意思也就大为不同。

比如，有这样一个例子。

"我"没说她偷了我的钱。（可是有人这么说。）

我"没"说她偷了我的钱。（我确实没这么说。）

我没"说"她偷了我的钱。（可是我是这么暗示的。）

我没说"她"偷了我的钱。（可是有人偷了。）

我没说她"偷了"我的钱。（可是她对这钱做了某些事。）

我没说她偷了"我的钱"。（她偷了别人的钱。）

我没说她偷了我的"钱"。（她偷了别的东西。）

从头到尾一字不差的一句话，语气、神态、声调不同，就会有如此不同的含义。别人给你传来的一句话，你怎么能轻易下结论呢？

管理大师杜拉克说，要让数据成为信息，必须能被重组并应用于工作上，更重要的是在决策时用得上。

在判断一个信息是否真实，以及是否对我们有意义，可以从以下几个方面来考察：它是事实吗？它符合逻辑吗？它能够产生正面的效应吗？我们是处理这个信息的适当人选吗？我们从中能归纳出明确的结论吗？

信息传递的模型

交通警察在公路上截停一名汽车司机，一边写罚单一边对司机说："这条路的车速限制为每小时五十公里，你已经超速到了每小时七十五公里。"

司机苦笑着问道："请你在罚单上改一下，写成我在车速限制为每小时八十公里的路段，把车开到每小时一百二十公里行吗？我正想把这辆汽车卖掉！"

这是一个既简单又不简单的笑话。说它简单，是因为每个人都能看懂并会心一笑；而说它不简单呢，则因为这位司机所考虑的问题，曾经帮助美国经济学家迈克尔·斯宾塞获得了2001年度诺贝尔经济学奖。斯宾塞的主要贡献之一，就是通过对二手车市场模型的研究，将信息传递行为的研究扩展到了其他领域，也使人们对信息传递机制有了更深入的了解。

在二手车市场模型中，有人也许会替高质量车的卖家着想，他们可以告诉买家卖的是高质量车，不信的话，他们可以负担全部或者大部分费用，找专家检验汽车；或者与买家达成一份具有法律效力的合同，规定如果是低质量车则包赔一切损失，等等。这些都可以归结为信息传递，也就是通过付出一定的成本，承诺自己卖的车是高质量的。

对此，斯宾塞认为，如果高质量旧汽车的卖家能够找出一种方式，使得付出的成本低于低质量产品卖家付出的成本，那么，作为一种高质量的信息传递，将能够从市场活动获得足够的补偿而获益。

因此，根据斯宾塞的分析，对高质量旧车的卖家来说，只要某种发送信息方式的边际成本较低，市场将会出现某种均衡。在这些均衡中，买家能够依据卖家发送的信息水平推测或估计产品的质量水平。

他对信息传递模型的研究，起源于在哈佛大学读博士期间，他研究的结论集中体现在博士论文《劳动市场信息》中。在论文中，他用一个关于劳动力市场的实例来解释信息传递行为，他解释道："获得教育或毕业文凭，是劳动力市场上典型的信息之一。具有较高生产效率的个人，一般能以较低的成本获得教育文凭，因而教育不仅增进人力资本的价值，而且对高生产效率的个人具有重要的信息激励效应。"

在模型里，劳动力市场上存在着有关雇用能力的信息不对称，雇员知道自己的能力，雇主不知道。如果雇主没有办法区别对待高生产率与低生产率的人，在竞争均衡时，不论是能力强的人还是能力弱的人得到的都是平均工资。

于是，高生产能力的工人得到的报酬少于他们的边际产品，低生产能力的人得到的报酬高于他们的边际产品。这时，前者迫切希望找到一种办法，主动向雇用方发出信息，使自己与低生产能力的人分离开来，使自己的工资与劳动效率相称。学历向雇主传递有关雇员能力的信息，原因是接受教育的成本与能力成正比例，因而不同能力的人是因受教育程度不同。这样，学历所传递的信息，就具有把雇员能力分离开的功能。

斯宾塞的模型，研究了用教育程度作为一种可信的传递信息的工具。在他的模型里，教育本身并不能真正增强一个人的能力，它纯粹是为了向雇主"表明"或"发出信息"表明自己是能力强的人。

并且，斯宾塞确定了一个条件，在此条件下，能力低的人不愿意模仿能力高的人，即做出同样程度的教育投资以表明自己是能力强的人。这个条件就是，做同样程度的教育投资对能力弱的人来说边际成本更高。

他证明了在这种情况下，虽然有信息不对称，市场交易中具备信息的应聘者可通过教育投资程度来示意自己的能力，而雇主据此假定教育对生产率没有影响，但是，雇主以教育为基础发放一条示意信息，便可区别开不同能力的人。在他的模型里，更高的薪水仍然是有作用的，因为它能吸引能力更强的人。

可见，学历教育的目的并不是增加你的智慧，或者使你得到更多的启发，而是为了让你能够找到更好的工作，增加自己的收入。而它似乎也确实能够提高你的收入。

这种模型不仅存在于雇主与应聘者之间，也存在于学校与学生之间。以中国学生申请美国大学的研究生为例，美国大学首先要看的是申请者的TOEFL和GRE成绩，其次是他们本科成绩的平均分，最后是推荐信。

大学当然不可能知道每个中国学生能力的强弱，到底适不适合研究所申请专业，以及能否取得成就，但是，他们必须根据中国学生所提供的材料做出录取与否的选择。而TOEFL和GRE成绩以及其他材料，就起到传递申请者学习能力以及学习意愿等信息的作用。

信息传递模型也具有普遍的经济学意义。例如，上市公司的过度分红行为。在很多国家，政府对红利征税的税率比资本增值的税率要高，通常政府对红利征税两次，一次对公司，一次对个人，而对资本增值只对个人征税一次。

在目前，证券市场对红利双重征税，对资本增值不征税。如果没有信息问题，利润再投资自然比分红更符合股东利益，但很多公司仍然热衷于分红，这是为什么呢？

在信息不对称的情况下，管理层当然比股民更清楚地知道公司的真实业绩。在这种情况下，业绩好的公司就采取多发红利的办法来向股民发出信息，以区别于业绩不好的公司，而后者发不出红利。证券市场对分红这一信息的回应是股价上升，从而补偿了股民因为分红缴纳较高的税而蒙受的损失。

标王背后的博弈

2017年1月1日开始，央视广告中心改用新的广告招标计划，称为"CCTV国家品牌计划"。首批2017年"TOP合作者"的入围门槛为三亿五千万元，云南白药以五亿零三百八十万元入围价夺得头把交椅。入选该计划的三十三家企业，2017年投放到央视的广告费合计近百亿元，令人咋舌。

表18-1　央视标王历年名单

年份	标王企业	中标金额（元）
1995	孔府宴酒	0.31亿
1996	秦池酒	0.67亿
1997	秦池酒	3.2亿
1998	爱多VCD	2.1亿
1999	步步高	1.59亿
2000	步步高	1.26亿
2001	娃哈哈	0.22亿
2002	娃哈哈	0.20亿
2003	熊猫手机	1.08亿
2004	蒙牛	3.1亿
2005	宝洁	3.8亿
2006	宝洁	3.94亿
2007	宝洁	4.2亿
2008	伊利	3.78亿
2009	纳爱斯	3.05亿
2010	蒙牛	2.039亿

央视标王历年名单		接上表
年份	标王企业	中标金额（元）
2011	蒙牛	2.305亿
2012	茅台	4.43亿
2013	剑南春	6.08亿
2014	承德露露	6.7亿
2015	王老吉	无公开数据
2016	翼龙贷	3.7亿
2017	云南白药	5.038亿

在多数人的眼里，企业不惜重金在中央电视台黄金时间做广告，图的就是宣传自己的产品，以提高自己的市场份额。但是稍微懂行的人都知道，如果仅仅是出于这一目的，这些企业大可不必斥资数亿元来中央电视台竞标，如果把同样的广告费分散投放到地方电视台，起到的推广效果应该远远高于投在一家电视台。

那么，这些企业为什么还对央视的广告招标趋之若鹜呢？

其中的微妙之处就在于：企业投放在央视的广告不仅是为了达到它的宣传广度，也是为了显示自己的实力，与那些没有实力的厂家区分开。

从博弈论的角度来看，广告也是一种信息传递的手段，是减少信息不对称的非常有力的工具。卖家通过广告信息的传播，以较少的成本获得较高的宣传效用；而消费者也可以通过非常小的成本，从卖家的广告信息中获得各种所需的市场知识。

但这种作用仅仅是第一层面的，企业重金投放广告更重要的一个目的在于清除掉潜在的市场模仿者，传递自身的巨大的实力信息。

中国人有一句话说："酒香不怕巷子深。"意思是说，只要质量过硬就不怕没有市场。这话有一定的道理，当人们进行交易时，产品的质量确实是一个十分重要的因素。但是问题在于，大多数消费者在购买产品时，并不能了解到每种产品的具体质量，真正了解产品质量的是卖家。不同的卖家提供的产品质量不同，那些劣质品的卖家为了自己的利益，会将产品的质量信息隐藏起来。

对消费者来说，如果他们无法区分产品质量的优劣，就只能根据对整个市场的估计即平均质量来支付价格。当优质品和劣质品被消费者以同样的方式对待时，劣质品在成本上具有优势，从而有可能在销售上占据优势；优质品因其机会成本超过市场价格从而可能退出市场。

但是，优质品的提供者不会甘心被劣质品逐出市场。为了使自己的产品与劣质品区分开来，他们会选择适当的方式，向消费者传递自己的产品是优质品的信息，以改善信息不对称的状况，减少逆向选择的不利影响。于是，广告就成为达成这个目标的重要武器。

当然，并不是所有产品都适合做广告。对于质量差的产品，消费者最多只会购买一次，如果做广告的成本高于产品一次销售所得的利润，这时为低质量产品做广告就不划算。

行为才能传递信息

看到一篇文章讲述一个美女的烦恼。

她说，某天她闲着无聊，对一男同事说，晚上你请我吃饭如何？

这时，她心里想的是："大家都是同事，出去吃顿饭又如何？"

男同事立马回答："好，没问题。"

席间，那个男同事讲了一个笑话，她咯咯笑得十分开心。饭后，男同事说："到我住处坐一坐如何？"

她想："反正时间还早，闲着也没什么事。"

到了男同事的住处，那个男同事想非礼她，她愤怒地抽了他一记耳光。男同事捂着脸骂她："你勾引既遂，为什么打我？"

这位思想纯洁的美女百思不得其解：不就是一起吃个饭聊聊天吗，男同事怎么会这么龌龊？

她不明白，这样"纯洁"的思想，男同事是看不到的。他看到的是暧昧的表面行为，这种行为传递了错误的信息。每个人都是根据看到的信息进行决策的，行为一定要纯洁，以免传递错误的信息。

没有人能洞悉你的内心，只能根据外在行为来接收传递的信息并做出判断。就像买书一样！读者往往从封面来判断一本书的内容，同样，人们往往只能从一些表面的现象开始，进而更为详细地了解。从博弈论的角度来看，这样做并不一定是荒谬的，就像书的封面作为内容的承诺信息一样，人或物的身体特征比修养和性格更容易判断，更一目了然，有时也可以作为内容的一种承诺。

一位老板想要奖励一位员工A，并打算惩罚员工B或者员工C。于是他告诉A，他可以从B或C的皮夹里拿走所有的钱。老板并没有说两个人的皮夹里各有多少钱，他只说B的皮夹有十四张钞票，C的皮夹里只有九张钞票。

假设对B和C的皮夹就只知道这么多，此时他应该选哪个？

他应该选B的皮夹，因为它的钞票数量比较多。从自身的利益出发，A所关心的应该是钱包里有多少钱，而不是有多少张钞票。但是他没有办法直接得到自己所关心的信息，只能靠皮夹中的钞票数量来推测金额。

也就是说，老板所提供的信息表面上看没有什么意义，但它提供了一个信号。一般来说，钞票数目越多就代表金额越大，这个结论有可能并不准确，不过只要符合平均条件，就算是发挥了作用。

评价一件事物的内容要花一点时间，但是外在的封面或表现，能在几秒钟内发出关于内容的信息。一本封面不怎么样的图书，很难让人相信内容会精益求精。也就是说，有关内容如何精彩的承诺，肯定是不可信的。一个人或一件事物能够用外表来打动别人，实际上也反映了一种内在的能力。而很多公司或团体是否注重形象宣传，更能够传递某种深层次的信息。

无论是对男人还是对女人来说，和诚实善良的人约会，比和有钱有权的人约会更容易收获爱情和婚姻。我们都明白这一点，认识到人品比外在更重要。然而不幸的是，我们根本没办法直接观察人品，而只能看到外在的行为。

在行为与人品的关系上，策略思维要坚持这样一种哲学："行为的幕后没有行为者。行为本身就是行为者。除掉了行为，就再找不到行为者。"

不仅爱情方面如此，在日常生活交际中，别人判断我们的行为比判断我们的人品也容易得多。也就是说，外在的东西可能是十分肤浅的，但是它传递的信息远比人品方面的信息快得多。

如果我们看到一位绝世的美女和一个丑男在亲密约会，会怎么想呢？我们一定会想，他一定有某种深藏不露而不为人知的长处，也许他很聪明、体贴，也许很有学识。

这个现象就提供了一条发出信息的策略：虽然外在行为可以一眼看清，但是通过你所交往的人，仍然能让别人相信你是一个有深度、有爱心、有影响力的人。

有一句名言说，遇到失败者，离他五十米。这句话是千真万确的真理，不仅是因为近墨者黑的影响，更深层的原因则是与失败者走得太近，会让人观察到一种信息，从而降低对你的评分，甚至认为你也是一位失败者。

不过，想让别人相信你的一个承诺或者优点，你一定要针对这个承诺或优点，挑选具备相关的可观测到的好特点的交际对象。这就回到了本书阐述的理论：如果你想要或者避免传递出某信息，恰当的行为才是王道。

信息传递策略选择

在信息传递中，不仅传递的内容至关重要，我们传递信息的策略方式也直接影响信息传递的效果，甚至直接影响博弈结局。

我们先来看这样一个笑话。

有一位老板出差到外地，刚住进宾馆就接到女秘书打来的电话，报告说老板心爱的波斯猫不小心从别墅的屋顶上摔下来死了。

老板悲痛之余，狠狠地把秘书训斥了一顿："这么大的事你怎么可以打电话呢？你使我毫无心理准备，你应该先发一封邮件来，说我的猫爬上了屋顶；然后再发一封邮件说猫摔下来了，已经送进了医院；然后再发一封邮件说猫不幸……"

过了几天，老板收到一份邮件，是秘书发过来的。

他打开一看："你爸爸爬上了屋顶！"

上面这个笑话，揭示了我们在社会交际中的一个普遍困境：那就是我们应该如何把信息披露给应该得到它的人，才能产生最好的效果？

芝加哥大学的萨勒教授和哥伦比亚大学的约翰森教授经过研究，提出了四条安排信息披露的诀窍。

第一，如果你有几个坏消息要宣布，你是应该分开宣布呢，还是应该把它们一起宣布？答案是：应该把几个坏消息同时公布于人。

把几个坏消息结合起来，它们所引起的边际效用递减，会使各个坏消息加起来的总效用最小。让人们选择去经受两次伤害还是经受一次大的伤害，在能够承受的限度内，对很多人来说还是快刀斩乱麻来得更加爽快一些。

第二，如果你有几个好消息要公布，你是该分开宣布呢，还是把它们一起发布？答案是：应该把几个好消息分开公布。

对于好消息，就应该把它们分开发布。分两次听到两个好消息，就等于经历了两次快乐，这两次快乐的总和要比一次性享受两个好消息带来的快乐更大。

第三，如果你有一个大大的好消息和一个小小的坏消息，应该怎么做呢？答案是：应该把这两个消息一起告诉别人。

这样的话，小小的坏消息带来的痛苦，会被大大的好消息带来的快乐冲淡，负面效应也就小得多。比如你被叫到上司的办公室，先被通知说因为工作表现突出，每个月加薪一百五十元。但是不巧的是，你在挤公交车的时候不小心丢了一百元钱，那么你回家该把这两个消息一起告诉你的家人。虽然丢了一百元钱，但比起加薪这个喜讯算不了什么，你的家人一定不会在意那丢失的一百元钱。

第四，如果你有一个大大的坏消息和一个小小的好消息，该分开公布还是一起公布呢？答案是：应该分别公布这两条消息。

这样的话，小小的好消息带来的快乐，不至于被巨大的坏消息带来的痛苦淹没，人们还是可以享受好消息带来的快乐。举例来说，现在股市不景气，你买的股票今天股价暴跌，你损失十万元。不过，你的运气还算不错，在超市购物时中奖，得到一盒价值五十元的巧克力。

　　那么你应当将这两个消息分两天带回家，尽管爱人得知股票亏损的消息会很沮丧，说不定还会怪你没有投资眼光，不过这并不妨碍她第二天品尝巧克力的甜美。但是，如果你一次性把两条消息同时告诉她的话，说不定她吃起巧克力来感觉也是苦的。将好消息和坏消息分开，可以直接影响人们的高兴程度。

第 19 章
信息甄别

分离均衡的筛子

狱中的分离均衡

清代人方苞在著作《狱中杂记》中，记载了他在刑部监狱中亲眼看见的一件事。

有三个犯人遭受同样的杖刑，为了少吃点苦头，他们事前都贿赂了行杖的差役。第一个犯人送了三十两银子，被稍微打伤一点骨头，养了一个月的伤；第二个犯人送了比第一个犯人多一倍的银子，只打伤一点皮肉，不到一个月就好了；第三个犯人给了一百八十两银子，受刑后当晚就步履如常了。

同样是棍子打下去，为什么会有这么大的分别？

《官场现形记》作者李伯元在他的另一部著作《活地狱》第九回中揭示了其中的奥妙："从来州县衙门，掌刑的皂隶，这小板子打人，都是要预先操练熟的。有些虽然打得皮破血流，而骨肉不伤；亦有些下死的打，但见皮肤红肿，而内里却受伤甚重。有人说，凡为皂隶的，预先操练这打人的法子，是用一块豆腐摆在地下，拿小板子打上去，只准有响声，不准打破；等到打完，里头的豆腐都烂了，外面依旧是整整方方的一块，丝毫不动，这方是第一把能手。"

练就了这样一手功夫，同样的刑罚到了行杖的差役手中，自然会有迥然不同的后果。有人问这位差役："犯人有的富有的穷，既然大家都给你拿了钱，又何必有拿多少做分别？"差役直截了当地回答道："没有分别的话，谁还愿意多出钱？"

负责捆绑犯人的差役，其手段也是如此。如果他们开出的条件得不到满足，在五花大绑时便先给你来个骨断筋折。每年秋决的时候，虽然皇帝朱笔勾掉的只有十分三四，留下的有十分六七，但全体囚犯都须捆绑到西市等待命令。其中被捆绑受伤的即便幸而留下脑袋，也必然大病几个月才能好，甚或成为一辈子也治不好的暗伤。

方苞曾问过其中一个老差役说："大家对受刑受绑的并没什么深仇大恨，目的只不过希望弄点钱而已，犯人果真拿不出钱，最后又何妨放人一马，不也算积德吗？"老差役说："这是因为要立下规矩以警告别的犯人，并警告后来的犯人。如果不这样，便人人都心存侥幸了。"

这个令人发指的黑色笑话，固然使我们为当时的黑狱状况毛骨悚然，但是仔细一想，又不能不对差役区别对待犯人的手法发出一丝苦笑。他们的手段固然可恨，却可以让我们看到一点策略思维的影子，那就是分离均衡机制的运用。

在上一章中，斯宾塞提出的信息传递，仅仅是解决逆向选择冲突的一种途径。事实上还有一种解决方法，那就是曾经担任过世界银行的首席经济学家和副行长的约瑟夫·斯蒂格利茨提出的"分离均衡"。

拥有信息的一方，可以通过主动做广告等方式来发布信息，从同类中分离出来，这样才有利可图。那么，在信息不对称的市场中不具备信息的一方，应如何建立机制来筛选有信息的一方，从而实现市场效率呢？斯蒂格利茨的贡献，就是把信息不对称引入保险市场和信贷市场的研究，从而用分离均衡的概念回答了这个问题。

在保险市场上一个人去投保，其目的是弥补可能发生的危险的损失；而保险公司也不可能在亏损的情况下承担保险，它要追求利润。如果这时信息是完全的，即投保人的信息也为保险公司所知道，那么投保人应该选择完全保险，即应该使投保后和不投保的效用水平是一样的。

比如我投了自行车的保险，那么我看管自行车的努力可能会因为投保而发生改变。如果没有投保而丢失，二百元钱的损失我完全承担；如果花二十元钱投了保，发生丢失后保险公司将赔我一百五十元，这时我的损失只有一百三十元。而仔细看管自行车是要付出代价的，比如花二十元多买一把锁。如果投保人更关心自行车而锁两把锁，会使自行车被盗的概率下降。

然而，由于保险公司与投保人之间的信息不对称，保险公司难以确切地知道投保人的真实情况和行为。一旦人们和保险公司签订了保险合约，他们往往不再像以往那样仔细看管家中的财产了。当出门的时候，他可能不再像以前没有保险时那样仔细地检查煤气是否关好，因为现在如果屋子着火了，他将获得保险公司的赔偿。

作为极端的例子，有人甚至故意造成火灾来骗取保费。在这里，因为保险公司无法观察人们在投保后的防灾行为而产生"隐蔽行为"。保险公司面临着人们松懈责任行为甚至不道德行为而引致的损失，严重时会使保险公司关门大吉。

这样，社会中有帕累托效率的一些交易就可能不会发生。这在信息经济学里被称为道德风险，投保前和投保后投保人的行为无法被保险公司观察到。

与之相关的逆向选择就是：每个投保人可能知道自己自行车失窃的概率，而保险公司不一定知道这种信息；那些觉得自己的自行车被盗的概率比较大的人投保的积极性会更高；保险公司赔偿的概率也会变高，会更加容易亏损；同样，这个保险市场最终也会不存在。

这时保险公司为什么不采取提高保费的办法来获得利润呢？

问题在于提高保费会导致那些犹豫不决的客户选择不参加保险，而这部分人往往是丢车概率比较小的人。因为丢车概率越小，他所能接受的保险费就越低。那些次低风险的顾客群认为支付这笔费用不值得，从而不再投保；而高风险类型消费者不会在意保费的提高而踊跃进入保险大军。这样一来，高风险消费者就把低风险消费者"驱逐"出保险市场。

这就是斯蒂格利茨和他的合作者在1976年的文章中的重要观点：提高保费的措施，不仅不能使保险市场的逆向选择现象消失，反而会使该来的不来，不该来的来了。提高保费的办法对保险公司是不管用的，这时保险市场同样难以存在。要解决这一问题，保险人可以通过提供不同类型的合同，将不同风险的投保人区分开。让买保险者在高自赔率加低保险费和低自赔率加高保险费这两种投保方式之间选择，以防止保户的欺诈行为。也就是说，不是使保险处于混同均衡，而是出现分离均衡。

票价为何如此低

美国自然历史博物馆是世界上同类博物馆中的翘楚，但是收费出奇低，观众可以任意捐献，就算只给一美元，也不嫌少。一位作家问主管："这么一点门票收入，怎么能够维持开销呢？"主管回答："我们根本不靠门票的收入，这只是做个样子。"作家有些诧异地问："做个样子那又何必呢？"主管回答说："如果我们完全不收费，必然会造成许多闲杂分子涌入，因而破坏了整个博物馆的气氛，所以我们要求象征式地捐献，钱虽然不多，却表示了捐者对博物馆的尊重和诚意。"

那位作家认为，这个故事说明了人们所需要的经常并不是钱，而是那小小几美元后面的一点诚意、一些温情和一片真心。这种理解固然不错，但是从博弈论的角度来看，博物馆这样做的目的，恐怕更多的还是通过收费的形式，把真正的艺术爱好者与所谓的"闲杂分子"甄别开来，以便更好地保证自己高效地服务。

市场交易的目标就是利益的均衡，而均衡有两种模式：混同均衡和分离均衡。所谓混同均衡是使所有人都愿意接受的选择，分离均衡则是向不同的人提供不同的选择。上面故事中的博物馆虽然是非营利的公共服务部门，分离均衡的思路也是不错的。

斯蒂格利茨证明了在竞争市场上，混同均衡是不存在的，也就是说不会存在一个使高丢车概率的人和低丢车概率的人同时选择的保单。

比如在前面的例子中，有的人因为经常丢车，所以积极投保，哪怕要为此付出相对较高的保险费支出。不经常丢车者，就只会选择赔率较低而保费也较低的投保合同。在这样的情况下，一份保险费标准统一的合同，肯定会流失一部分客户——或者是嫌保费高的客户，或者是嫌赔率低的客户。为了在市场上更有竞争力，保险公司一定会设计出更多的合同，吸纳不同要求的客户，而不会使用千人一面的标准合同。

分离均衡与信息传递的不同之处在于：拥有不同信息的人通过信息传递，来把自己与同类分离出来。而分离均衡则可以使不拥有信息的人设计出一个菜单，来进行信息甄别，使具有不同信息的人不隐瞒信息和行为，或者说设计一个分离拥有不同信息的人的机制，进而提高市场效率。

　　一般来说，分离均衡的实现是通过"信息甄别"的方法来达到的。由于信息不对称，一个处于信息劣势的人有可能设计一个有效的机制，使处于信息优势的人说真话，显示真实的偏好，从而根据选择的结果将潜藏着的信息识别出来。这样只要某种交易能够给人们带来利益的话，人们总可以设计那种提高自己收益的制度来实现帕累托效率。帕累托最优是人们可能达到的技术上的边界，只要次优水平与帕累托最优水平之间有空间的话，聪明的人总可以在这个空间中设计出某个更好的机制，以提高自己目前的水平。

　　在方苞所讲的黑狱故事中，差役之所以要对都交了钱的犯人进行区别对待，就是为了提供这样一个菜单，从而创造一种比混同均衡更有生命力和竞争性的分离均衡，最大限度地谋求自身的黑色收入。

　　这样的例子在我们的现实生活中也俯拾皆是，最常见的就是不同的商品有不同的交易方式安排，有些商品交易是讨价还价的，有些商品是明码标价的。为什么会这样呢？造成这种现象的原因，就在于每个交易者都会考虑到双方的逆向选择问题。它不仅是信息传递问题，还包含着人们用比较好的机制来区分不同类型的交易者。比如，世界上最大、最著名的钻石公司，每年都会邀请全世界排名靠前的富翁去参观它的钻石，规定不许讨价还价。

　　商家采取办法来区分消费者的类型，可以有效地提高经营的效率。比如，那些买票乘飞机的人可能有不同的支付能力，因为他们中有的人收入水平较高，或者愿意花较多的钱购买飞机票。但是，他们中的每一个人都不会说出自己"不差钱"从而花高价买票，每一个人都宁愿飞机票价低一点。于是，航运公司就设计出头等舱、二等舱、三等舱等，不同的等级舱位有不同的价码，头等舱最贵，二等舱次之，三等舱更次等。这样，那些真正"不差钱"的顾客就会花较多的钱去买头等舱的票，支付能力次之的顾客就花较少的钱买二等舱的票，支付能力还要低的人就买三等舱的票。当然，头等舱坐起来比二等舱要舒服一些，而二等舱乘坐起来也比三等舱舒适一些。这样，头等舱的服务成本高于二等舱，而二等舱的经营成本当然又高于三等舱。

　　航运公司将经营成本和票价设计成如此这般，使得支付能力高的顾客与支付能力较低的顾客最终选择不同的舱位等级，并心甘情愿根据他们的不同支付能力而支付不同的价格。

高支付能力的顾客多花钱选择高等级的舱位，这样就将不同支付能力的顾客甄别出来了。尽管他们都不会说自己是高支付能力的人，但他们的选择就等于向公司报告了他们的真实类型：他们是高支付能力的乘客。而公司也正好"宰"他们一把——高等级舱位付高价钱。这样，使得公司从较高支付能力的顾客那里多收的钱大于为他们提供较高水平的服务所增加的成本，结果是公司从他们那里多赚了钱！

这种分离均衡在我们身边可以说是司空见惯，以至于大家可能都没有特别地感觉到它的存在。譬如，电影院、歌剧院中不同位置座位的票价不同，酒店要分不同的"星级"，电信运营商也将手机卡区别为"全球通"或者"神州行"等不同的种类，冰激凌也要做成不同味道、不同大小、不同形状……所有的这些做法，实际上都是为了甄别出不同类型的顾客，然后确定不同的价格，提高自己的综合赢利能力。

所罗门王的智慧

冥王派小鬼到阳间去走访名医，告知小鬼说名医的标准是"门前没有冤鬼"。小鬼到了阳间，可每过一家医馆门口，总见许多冤鬼聚集在那里。小鬼走遍各地，最后终于看见某医馆门前只有一个鬼在那里孤独徘徊。小鬼大喜，心中暗想："这里住的定是名医了。"于是他走进门去，不由分说把医生拘到阴间。可是冥王细细一问才知道，拘来的医生是昨天刚挂牌开业的。

所谓信息甄别机制，用专业的术语来说，就是委托人事先制定一套策略或设计多种合同，根据代理人的不同选择，将代理人区分为不同的类别。与信息传递不同，信息甄别是通过委托人的信息决策来获取代理人的信息，从而减少信息不对称。这是减少逆向选择的又一种途径。

这种机制发挥作用的道理，我们可以用一个"所罗门断案"的故事来说明。

所罗门王是以色列历史上的一位伟大国王。传说他在继位登基之后，得以目睹上帝显现。上帝问他："你要什么，你可以求。"所罗门一心挂念如何治理百姓，于是他向上帝祈求拥有智慧可以辨别是非。这种不出于私心的请求，得到上帝的欣赏。上帝不但赏赐给他智慧，连他所没有祈求的富足、尊荣也一并赐给他。这是后来所罗门享誉四方的主要原因。

最能体现所罗门智慧的，莫过于他的智断二妇争子案。该案的大致情况是这样的：有两个妇女同住一房，除了她们两个人以外，再无他人。夜间，一个妇女在熟睡中压死了自己的孩子。她们的孩子只相差三天，于是该妇女将自己死去的孩子放在另一个妇女的怀里，并将她的孩子抱走。及至天亮，另一个妇女发现死去的那个孩子不是自己的孩子。在所罗门王面前，两个妇女都声称活着的孩子是自己的。所罗门王寻思了一会儿，便吩咐其侍卫拿刀来将这个孩子劈成两半，让两个妇女各得一半。

此时，其中一个妇女恳求所罗门道："求我主将活孩子给那妇女吧！万不可杀他！"而另一个妇女说："这孩子不归我，也不归你，把他劈开吧！"

于是，所罗门将这个孩子给了那个恳求让孩子继续活下去的妇女。因为只有母亲才会认为孩子继续活着是最关键的，超过了对孩子的拥有权。

所罗门的这种方法在博弈论中被称为"机制设计"，即设计一套博弈规则，令不同类型的人做出不同的选择。尽管每个人的类型可能是隐藏的，别人观察不到，但他们所做出的不同选择可以观察到。观察者可以通过观察不同人的选择，反过来推演出他们的真实类型。

在商业市场上也存在同样的甄别方法，可以让我们通过机制设计增加公司利润。大家都知道，消费者为了自身利益有时也会隐藏自己的私人信息，从而出现消费者信息在买卖双方间不对称的情况。

客户知道自己的需求，而供应商不完全知道，因为高需求客户为了以更低的价格成交，往往会隐藏自己"具有高需求"的信息。在这种情况下，差别定价方式可以甄别出不同需求程度的客户，从而使供应商可以获取尽可能多的利润（对于高需求客户以较高的价格成交，对于低需求客户以较低的价格成交）。

比如，在推出一本新书时，出版商通过提供精装本和平装本两种版本，可以将读者分为两大类：一类对书的要求较高，另一类对书的要求较低。

在提供电信服务时，服务商可以制定两种收费标准：一种是单位时间通话费用较低，但需交纳一定的月租费；另一种是单位时间通话费用较高，但不需交纳月租费。根据用户的不同选择，服务商可以将用户区分为高频率用户和低频率用户这两类。

亨特先生被派到美国新兵培训中心推广军人保险。听他演讲的新兵100%自愿购买了保险，从来没人能达到这么高的成功率。培训主任很想知道他的推销之道，于是悄悄来到听课室，听他对新兵讲些什么。

"小伙子们，我要向你们解释军人保险带来的保障。"亨特说，"假如发生了战争，你不幸阵亡了，政府将会给你的家属赔偿二十万美元；但如果你没有买保险，政府只会支付六千美元的抚恤金……"

这时，下面有一个新兵沮丧地说："这有什么用？多少钱都换不回我的命。"

亨特不慌不忙地说："你错了，想想看，一旦发生了战争，我们的政府会先派哪一种士兵上战场，买了保险的还是没买保险的？"

上面的这个故事所涉及的博弈，事实上远比商业上的信息甄别更为复杂，涉及的因素也更多。但是它仍然说明，我们要设计出有效的信息甄别机制，或者利用甄别机制来最大限度地实现自己的利益，最关键的一点，就在于通过对手的一系列外在表现，对其所要采取的策略有更为深入的了解。

老虎的信息甄别

《黔之驴》中，黔地老虎从来没有见过驴子，不知道驴子到底有多大本领。它采取的策略是不断接近驴子进行试探。通过试探，老虎修正自己对驴子的看法，从而根据试探的结果采取下一步的行动。

一开始，老虎见驴子没什么反应，认为驴子本领不大；接下来老虎看见驴子大叫，又认为驴子的本领很大；然而，进一步试探，老虎发现驴子的最大本领只是踢踢而已；最后，通过不断试探，老虎得到关于驴子的准确信息，确认驴子没有什么本领，终于冲上去把驴子吃掉了。

这显然是老虎的最优策略。它所采用的方法，其实就是贝叶斯方法的典型表达。

在不完全信息条件下，博弈的每一位参与者可能知道其他参与者的类型，并知道自然参与者的不同类型与相应选择之间的关系，但是，参与者并不知道其他人的真实类型和最后选择。

在动态博弈中，由于行动有先后顺序，后行动者可以通过观察先行动者的行为，获得有关先行动者的信息，从而证实或修正自己对先行动者的行动。在博弈一开始，某一参与者根据其他参与者的不同类型及其所属类型的概率分布，建立自己的初步判断。在博弈中，该参与者就可以根据他所观察到的其他参与者的实际行动，来修正自己的初步判断，并根据这种不断变化的判断，选择自己的策略。

信息甄别是需要成本的。比如在上述故事中，老虎在不断试探过程中花费的成本很小，它可以一次又一次地试探下去，直到得到对驴子所属类型的准确判断；如果这一过程花费的成本很高，老虎可能就不会轻易去试探。这种获取信息所花费的成本，归根结底是由"黔无驴"的环境条件，也就是信息的不完全性造成的。进一步研究表明，不完全信息可以导致博弈参与者之间的合作。因为，当信息不完全时，参与者为了获得合作带来的长期利益，通常不愿意过早地暴露自己的真实目标。但在这种情况下，仍然是有办法来加以甄别的。

约会时，你总是想展示自己最好的一面，掩盖糟糕的一面。当然，缺点不可能一辈子隐藏，但随着关系的进展，你可以克服这些缺点，或者希望对方将你的优点和缺点一起接受。你深知，若没有良好的第一印象，关系就不可能取得进展，因为你已没有第二次机会可以发展彼此的关系。

当然，你也想了解对方的一切，包括优点和缺点。但是你也深知，如果对方跟你一样是个约会高手，也会同样地展示最好的一面而隐藏最糟糕的一面。你会仔细思考所面临的情形，并力图发现哪些迹象代表了真正的高素质，哪些只是为了获得良好的第一印象而伪装出来的。

最邋遢的家伙在重要的约会场合，也可以摇身一变为绅士，但要整晚模仿所有细节上的谦恭和礼貌并非易事。鲜花是相对廉价的，赠送更贵重的礼物也许是值得的。倒不是内在价值方面的原因，而是它代表了一个人乐意为对方奉献多少的可靠证明。礼物值多少"钱"在不同背景下有显著差异。对一个千万富翁来说，一颗钻石可能比忙里偷闲来陪你的时间成本低得多。

你也应当意识到，你的约会对象同样会对你的行为挑拣一番。因此你得采取能真正代表你具有高素质的行为，而不是谁都学得来的那些行为。

探询和发现对方内心深处的想法，不仅在初次约会时很重要，在整个关系发展的过程中都很重要。下面的故事说明了这一点。

一对青年男女住在纽约，分别租有公寓。女人向男人提议放弃他租来的公寓。这位男士是一个经济学家，他向女友说明了一项经济学原理：有较多的选择总归是比较好的，他们分手的概率虽然很小，但是只要有分手的风险，那么保留第二套廉租公寓就还是有用的。然而女友对这种说法非常反感，立刻结束了这段关系。

用策略思维来解释女人的想法，女人无法确认男人对关系的忠诚度有多高，她的提议是一个发现真相的精明的策略机制。语言表达的爱总是很廉价的，因为每个人都可以说"我爱你"。如果男人用行动实践诺言，放弃了公寓，这将是爱情忠贞的有力证明。而他拒绝这样做实际上是给出了负面证明：女人结束这段关系是明智的。

这类博弈中，关键的策略问题是对信息的操纵。传达关于你的正面信息的策略称为信息传递；诱导对手透露关于他们私下拥有的真正信息（无论正面或负面）的策略称为甄别机制。女人要求放弃一套公寓的提议，就是一个甄别和筛选的机制，它将男士置于这样一种境地：要么放弃公寓，要么表明他缺乏诚意。

据此，我们还知道，在一种长期的关系中，一个人做好事还是做坏事，往往并不是由他的本性所决定的，而是在很大程度上取决于其他人在多大程度上认为他是好人还是坏人。坏人为了掩盖自己的真实面目，也可能在相当长的时间内做好事。

甄别中的逆向思维

一位新任地方长官赴任前，向一位智者讨教治理地方的方法。

智者说："我不知道怎样治理一个地方，可是我喜欢到旁边的湖里钓鱼，不妨给你说说钓鱼吧。每次我把带有鱼饵的钓钩扔进水里，很快就有一种鱼上来吃鱼饵，这种鱼叫阳桥鱼，肉少而又难吃。我即使把它们钓上来，也会扔回水里。我想钓的是另一种鱼，这种鱼叫作舫鱼，可是它们看到鱼饵会很犹豫，好像是想上来吃，又像是不想吃。这种鱼难钓到，可是一旦钓到就是很好的收获，肉多又美味。"

　　智者说完，这位新任地方长官就心领神会地称赞道："说得太好了！"

　　上任那天，新任长官的车还没有进到辖区，早有一群衣冠楚楚的本地名流列在前方的道旁迎接。这位长官见到这些人，吩咐司机："绕道走！'阳桥鱼'来了！"

　　在任内，他牢记智者的教诲，遇到阿谀奉承者就绕道走，而专门到年长有贤能的人家里登门拜访，虚心请教，与他们共商治理地方的大计。

　　上面这个例子中，这位地方长官可以说对逆向选择的问题处理得很成功。而成功的秘诀，就在于他学会了利用信号来甄别哪些是"阳桥鱼"。

　　当他考虑向什么人请教时，由于无法充分掌握对方的情况，所以必须根据信号来猜测。在这种情况下，对方对新任官员的态度便成了能力的有效信号。一般来说，表现得毕恭毕敬甚至卑躬屈膝的人，也就是那些能力最差的"阳桥鱼"，因为他们无法靠自己的能力或公平的竞争获得想要的东西，只好靠巴结官员来获得。

　　在现代社会中，公司在对求职者进行甄别时，也需要有一定的逆向思维来避免发生逆向选择。

　　假设一家公司打出广告，要以二十四万元的年薪聘一位程序员，结果有十个人来应聘这个职位。在这十个人里面，谁最渴望得到这份工作？

　　答案很明显，是在别的公司通常拿不到二十四万年薪的人。如果年薪能够代表素质和水平的话，这个人就是应聘者中素质和水平最低的。

　　在唐朝时期，朝廷设置了各种科目从读书人中选拔官员，其中有一个最为可笑的"不求闻达科"，也就是专门招那些不求做官显达的隐逸之人的科目。有一个隐士快马疾驰进入京城长安。在路上，一个朋友问他来长安有什么事。这位隐士说："我是来考取'不求闻达科'的。"

　　这个故事虽然荒谬，却是对逆向选择的形象解释。不过这种案例并不仅仅出现在"二十四史"中，只要存在选择，就一定是水平最低的人最希望自己被录取。

　　这就提示公司的人力资源部用逆向思维想问题：公司最应该雇用的人不是他，而应该是漫不经心，甚至连面试都勉强来的应试者。因为这正好表明他是值二十四万元年薪的程序员，即便是在其他的地方，获得这样的收入也不困难。

　　不过反过来，求职者在选择公司的时候，也需要进行信息甄别，发现对自己来说最好的单位。

大学毕业以后，你最想去的公司极可能是能给你最好发展的地方。但能给你最好发展的公司，对其他人的吸引力自然也不弱。因此，它也就是对你来说门槛最高的公司。反向推理一下，公司对你来说门槛越低，你就越不应该去。因为门槛越低，越意味着你在这家公司得不到好的发展。

如果有一家公司录用了你，那么传递了怎样的信号呢？

这代表公司认为你很适合他们的需要，同时间接意味着你比公司现有员工的水平要高。但是如果是这样的话，你又怎么会得到更好的发展呢？因此，公司越容易录用你，你越应该怀疑自己在公司的发展。

如果你到一家公司参加面试时，已经很努力地表现自己，但是得分仍然很低，不过最后因为别的原因被录用了，那么你应该珍惜这份工作，因为它对你的评价不高，也就代表着它可能是你所能选择的公司里最好的，是最能为你提供成长和发展机会的。

也就是说，因为逆向选择的问题存在，你最应该去的公司应该是最不想要你的公司。

除了上面所说的招聘者与应聘者之间的算计，我们还可以用类似的思维，来发现电视上那些"料事如神"的名嘴的真相。如果我们明白了"料事如神"背后的原因，就会明白应该怎样看待他们推荐的股票。

一般来说，这些名嘴几乎众口一词地声称自己的预测来自基本面和技术面的分析，但是事实上，这往往只是一个幌子。比较准确的预测或者推荐，往往是来自一些比较准确的内幕消息。那么，什么样的专家会得到比较准确的内幕消息呢？

答案自然是与上市公司关系比较密切，能够使公司得到好处的那些。这样一来我们就可以明白，最能"料事如神"，往往也意味着他最能配合上市公司的运作，而不是最擅长分析基本面或者技术面。在一种机制里面，胜出的往往是最能适应这种机制的人。我们必须学会用逆向思维，摆脱对胜出者的崇拜，认清这种胜出背后的机制，才能获得自己需要的东西。

特征背后的权衡

把外在特征拿来作为辨别人才的唯一标准，是大有问题的。但是，如果你了解了博弈论，也可以使其成为辨别人才能力的参考。

这么说，并不是因为人外在的差异和才能有先天联系，比如秃顶与聪明之间的联系，而是因为外在的差异往往造成机会的不均等。相应地，从选拔机会越少的人群中选拔出的人才，也就越优秀。

一个电视相亲节目中，男主角出场。他穿了一件大红色的西装，腰里却别着一块小围巾。看到这里，将近一半的女孩退出了。一般人都会想，一个穿红色西装的男人，靠得住吗？而且，他竟然把围巾别在腰里，除了哗众取宠还能有什么目的？

然后他回答问题。

"你觉得自己最性感的部位是哪里？"

"眼睛和屁股。"

"你喜欢去夜店吗？"

"我就在那里工作。"

转眼间，剩下的女孩中又退出了一大半。他敢当众说自己最性感的地方是屁股，这样的人不是风骚就是流氓。更严重的是，他竟然是在夜店工作的。

当按照节目的流程，这个男孩子终于转身亮相的时候，台下的观众发出一阵惊叹：这是个帅气的大男孩。然而，又有几个女孩选择了退出。估计她们把他的相貌与工作场所关联起来，产生了不好的联想。

这时，男孩子开始讲述自己的生活。他开口说："我曾经用冷水泡一碗方便面吃了三天——因为没钱。"

一包泡面吃三天，居然也妄想找女朋友？此时又有女孩退出，愿意留下的女孩只剩两个了。接着，当男孩子说出了自己工作的城市，又一个女孩退出了，因为那城市在非常遥远的地方。异地恋的成本之高，不是一般女孩能接受的。

最后，场上只剩下了一个女孩。

终于轮到男孩详细讲述自己的经历，他用平实的语言娓娓道来：几年前，他抱着做演员的梦想，独自跑到大城市闯荡，结果钱被骗光，只好去夜店当驻唱歌手。因为诚实可靠，被提升为经理。再之后，老板转行，把店转手给了他。他自己做老板，居然生意做得很不错。可是他还想寻找自己的梦想，于是把店面转让出去，拿着一笔钱来到这座南方城市。而围巾系在腰上的原因很简单：他没想到现场这么热。

男孩的叙述并不长，却彻底改变了人们的判断。然而，全场只有一个女孩耐心地听完。她说："我不漂亮，但我可以和你一起流浪，一起吃方便面，一起创业。"

男孩子也被打动了，对她说："现在，你再也不用吃方便面了。"

然后，他把围巾系在女孩脖子上，牵起了她的手。

如果一个女孩子想找到一位可靠的男朋友，而且希望他不是那么穷，那为什么没有耐心等这个男孩说完呢？

因为他们不看好来自外地的夜店男孩，更何况他还把围巾扎在腰上。在这样的节目中，他要争取女孩的认可，要比一个穿着平常的本地男孩困难得多。可恰恰因为这样的设定，他最终证明自己是更优秀的。

因为这种设定或者说歧视，来自这个领域中的人的选拔标准，一定会比普通人高。同样的道理，一旦被选拔，来自这个领域的男孩，自然也就会优秀得多。

如果女孩子不必通过外表就可以准确地判断男孩的可靠和优秀程度，那么在不在夜店工作一点也不重要。因为她们看重的应该是素质和人品，而不是工作地点。如果人品好，那么在哪儿工作都不重要。

然而，即使一本书的封面不会提供书中的内容，通过封面来决定要不要买一本书，仍不失为理性的做法。同样的道理，如果人品素质很难考察，或者成本很高，那么把工作地点和外表当成考察条件，就成了理性的做法，因为它们和人品、能力有关。也就是说，如果社会氛围歧视某种类型的男孩，那么聪明的女孩就会反其道而行之，倾向于从中选择男朋友。

然而，如果全社会正在进行有形或无形的"反歧视"运动，那么就要对形势重新进行评估。这方面的典型，就是职场上的一个对比：同样能力的女生比男生更难找到工作。

假设有一个公司招人，应聘者可以是男士，也可以是女士，在胜任工作方面，男女的风险都一样，然而，《劳动法》规定：女职工在孕期、产期、哺乳期内的，用人单位不得解除劳动合同。这也就意味着，如果雇用了女士的话，在解除劳动关系时会存在额外的麻烦。

然而，这样的保护性条款真的对女士有利吗？

抛开道德的考虑，公司的一个理性选择当然是雇用男士，因为不会存在因为怀孕而无法解除劳动关系的麻烦。如果他不胜任，立马可以让他卷铺盖走人。基于这种考虑，女士就更难找到工作，除非她比男士对工作的胜任高了一个级别。

表面看来"反歧视"运动是为了消除歧视而进行的，但反而会使照顾对象失去更高的评价；表面上看来是对女士的保护条款，但反而可能会使女士更难找到工作。所以，一个决定也好，一个机制也好，不仅要有良好的出发点，而且要有对双方选择的理性判断。

第20章
策略欺骗

假作真时真亦假

善用自己的弱点

在《三国演义》中，张飞（字翼德）逢酒必饮，每饮必出事端，这是他自身的一大弱点。

前面十几回，张飞的这个弱点常常会给对手留下可乘之机。如第十四回中，张飞镇守徐州时酒后痛打曹豹。曹豹回家后，连夜写好一封密信，派人送给女婿吕布，劝吕布引兵来袭徐州，不可错失良机。吕布见信，即刻带领大军进入徐州。张飞那时酒还未醒，不能力战吕布，只得从东门逃出，把徐州丢掉了。

然而，到了第七十回，张飞智取瓦口隘的时候，我们却看到了另外一番景象。

张郃率领三万人马进攻巴西，傍山险分别建立三寨：宕渠寨，蒙头寨，荡石寨。张郃从三寨中各分出一半人马出战，留下一半守寨。张飞接到探马消息，与副将雷铜设下埋伏，两边夹攻，大败张郃，并连夜追袭，一直把张郃赶到宕渠山。

张郃败退回营，下令利用地势分兵把守三寨，多多布置檑木炮石，坚守不战。张飞命令军士骂战，但张郃就是不出来。双方相拒五十多天，张飞就在山前扎寨，每天饮酒，喝得大醉以后，就盘腿坐在山前辱骂张郃。

刘备得知以后，同诸葛亮商议。诸葛亮笑着说："原来如此！军前恐怕没有好酒；成都的佳酿很多，派三辆车拉上五十瓮，送到军前给张将军饮吧！"

刘备吃惊道："我兄弟从来都是饮酒误事，军师为何反而给他送酒？"

诸葛亮说："主公与翼德做了这么多年的兄弟，还不知其为人吗？翼德一向性格刚强，然而不久前在攻取西川过程中懂得义释严颜，这就不是一介莽夫所为了。现在他与张郃对峙五十多天，酒醉之后坐在山前辱骂，旁若无人，这并非是因为他贪杯，而是战败张郃的计策啊。"

后来，张郃果然中计，趁着张飞再次大醉，引兵从山的一侧偷袭张飞大寨。不料张飞早有准备，反而把张郃杀得大败，一举夺得了魏军三寨，大获全胜。

张飞的这一策略行动说明，他在战争中已经锻炼得成熟起来，学会了用自己的弱点来麻痹迷惑对手。

现实博弈与理想博弈的区别，在于前者的行动有更多的规律性，不论是固有的偏好，还是在训练和利用行动形成的偏好，都会形成规律。至于规律的简单程度和持续时间，则决定于博弈参与者的智力，他的智力越高，则规律越复杂，持续时间越短；而理想博弈，就是博弈双方都是理智者，博弈中的规律少到根本无法利用。

在现实博弈活动中，参与者之间往往对自己和对方的优势及弱点都了如指掌，而且想方设法地加以利用，把弱点作为突破对方防线的重点。正因如此，也就提供了策略欺骗的基础。

一个人的特点及习惯，最容易让对方形成固定的思维方式，三国时期这样的例子，有司马懿判断诸葛亮一生不曾用险、诸葛亮评价曹操虽精谋略但不识诡计等。在一场比赛中，选手的特点被对手调查得很详细，但如果他在一些细小处进行出其不意的变化，就容易赢得主动。

一家卖服装的夫妻店，经营的一个绝招是妻子装聋。一旦顾客问价，妻子就说："对不起，我今天耳朵有点背，你大声点。"顾客又大声问了一遍。妻子说："请等等，我问老板。"然后朝柜台里面低头算账的丈夫问："老板，这件多少钱？"丈夫怕她听不清楚，大声回答："一口价，五百五。"妻子回头对顾客说："老板说两百五。"

顾客自然听清了老板的回答，心中窃喜，忙付了钱，拿着那件衣服赶快离开了服装店，生怕老板发现妻子听错了来找他麻烦。

在现实博弈中，参与者都会想方设法地去猜测对手的策略，以图打破平局的结果，基本策略：先随机出正反面，维持一个平局，同时尽量从对方的行动中寻找规律，当捕捉到这种规律时就利用它。

这有些像守在堡垒后面观察敌人动态，敌人一旦出现破绽就伺机进攻。此所谓"以静制动"，"先求不可胜，以待敌之可胜"。但是如果双方都采取这种保守策略，博弈将永远维持在平衡状态，必须有一方首先走出堡垒，按某种规律行动，诱使对方也走出堡垒，这时才能开始一场真正的斗智。

其实先走出堡垒的一方只是打破了平衡，其实并没有什么损失，所以博弈仍然是平衡的。这时的局面是一方攻一方守，攻的一方其实是表面上的防守方，因为他在努力发现对手行动的规律性，而没有规律的一方则是在诱使对方走出堡垒来捕捉自己的规律，以便摸清对方的行动规律。

被人耍了的杨修

世事如棋局，而棋局是可以用策略思维加以概括的。比如过分的"骗着"与"本手"之间，推手一般都会选择本手，着法过分如不遇反击，可能占到便宜，如遇反击则可能亏损，因此如果水平相当，则应考虑对手的反击手段。对手同样能够考虑在追求利益中不可能占尽便宜。

三国时期，曹操的两个儿子为了夺嫡而明争暗斗。

曹植文学才华上比曹丕更占优势，但是在政治和军事才能上却稍逊一筹。两人身边智囊集团的构成也不一样。曹丕的智囊是司马懿、陈群、吴质、朱铄，《晋书》上说这四人在曹丕身边号称"四友"，四人中，司马懿和陈群的谋略是众所周知的，而吴质不仅文才颇佳，心机也十分深沉。曹植的智囊则是清一色的文人墨客，没有什么政治和军事经验，远不如司马懿、陈群、吴质之流老谋深算，这样在斗争中自然就差了一截。

有一次，曹操和众位幕僚商议，想立曹植为世子。曹丕听说了，就密请朝歌长吴质到他府中商量对策。因曹操对诸子有严格禁令，不让他们与现任官属交好，曹丕为了不被人发觉，就让吴质藏在一个大筐里，上面放些布匹，别人问起，就说是布匹，用马车把吴质拉进了曹丕府中密谋。

　　不料，这件事偏偏被杨修知道了。杨修是曹植的智囊之一，当然希望曹植能当太子，于是，他就跑去向曹操告密。曹操决定派人到曹丕府前蹲守检查。但是杨修没有想到，曹操周围又有人将杨修告密之事马上通报给了曹丕。曹丕听了以后十分紧张，慌忙告诉了吴质。吴质说："不用担心，明天你派人用大筐装上布匹拉到府里来，迷惑一下他们。"

　　第二天，曹丕就按吴质所说的话去安排了。曹操派去的人检查后发现全是布匹，就回去把情况报告了曹操。曹操反而怀疑杨修有意结党曹植而故意陷害曹丕，对他十分不满。

　　上面的这个斗智故事，就像一场网球比赛。如果发球者吴质采取自己的均衡策略，按照40：60的比例随机选择进还是不进曹丕的府中，那么接球者（杨修）捉住他的成功率是48%。如果吴质采取其他比例，比如隔三天进一次，杨修就可以发现规律，捉住的成功率就会上升。这就像假如发球者很傻，决定把所有的球都发向对方较弱的反手方，接球者由于早有预料，其成功率将会增至60%。

　　一般来说，假如双方相互了解，就能相应进行判断采取行动。不过，这么做存在危险，即发球者可能是一个更出色的策略家，懂得在无关紧要的时候装出只会采用糟糕策略的傻样，引诱对方上当，然后在关键时刻使出自己的撒手锏。这种策略往往会使接球者自以为看穿了对方的惯用手法，而放弃自己的均衡混合策略。

　　在上面的故事中，吴质就是用乍看起来很傻的策略布置了一个陷阱，使一心要占对方便宜的杨修上当。在对局中，利用对手对自己习惯及固有特点的了解，顺水推舟地把对手诱入局中，是一种常用的策略。

　　约翰到酒吧喝酒，旁边有一群人在打赌很热闹，于是他也凑过去看。其中有一人说："信不信我用我的牙齿咬我的右眼睛，谁敢打一百元的赌？"很多人都表示怀疑。

　　约翰走进人群，拿出一百元说："好吧，我来跟你打赌！这不可能。"可是他的话还没说完，那个人就把钱揣进口袋里，然后取下右边的玻璃假眼，送进嘴里咬了咬。自认倒霉的约翰刚想走，那个人又跟他说："我给你一个回本的机会。"约翰问："什么机会？"那个人笑着说道："我们再打二百元的赌，信不信我还能用牙咬我的左眼？"

约翰想了想，断定他不可能两只眼睛都是假的，于是一咬牙狠了狠心说道："好吧！"然后拿出钱来。那个人又立马把钱揣进口袋里，约翰还未来得及生气，只见那个人又笑了笑，取出嘴里的假牙咬了咬自己的左眼。

本节的策略启示在于，如果其他人的行动向我们提示了他们究竟知道什么，我们应该利用这些信息指导自己的行动。当然，我们应该将这些信息连同自己有关这个问题的信息综合起来加以利用，运用全部策略机制，尽可能从其他人那里获取整个真相，以免被骗进一个危险的陷阱。

别拿别人当笨蛋

一个善用策略行动的人，既要有自知之明，也不能认为对方是笨蛋。虽然大家都能理解上面这个道理，但是比这更重要的，是要学会在生活中把它变成自己的策略。

美国作家马克·吐温很有语言天赋，他不仅以小说征服世人，演讲也是一绝。他的见多识广、幽默风趣，还有听起来怪怪的南方腔调，每次都能让听众前仰后合、乐不可支。

不过，有一次他在一个小镇上演讲时，有一个当地作家跟他打赌说，如果他能把镇上的一个老头儿逗乐了，愿意输给他一笔钱。马克·吐温对自己的才能有足够的信心，一口答应。

演讲那天，马克·吐温果然看到一个秃顶的老头儿坐在第一排正中。于是他一边使出浑身解数，精彩段子一个接一个，一边悄悄地观察那个老头儿。然而在听众震耳欲聋的笑声中，那个老头儿从头到尾都面带忧郁地坐在那儿，瞪大眼睛看着马克·吐温，一点笑容也没有露出来过。

所向披靡的马克·吐温这回输了个底朝天，他既懊恼又奇怪，怎么也想不明白自己输在什么地方。

最后，他终于忍不住，问当地一个小伙子，那个老头子不笑到底是怎么回事。小伙子答道："你说的那个老家伙啊，我认识，四年前他的耳朵就完全聋了。"

这个赌局如同阿维纳什·K.迪克西特和巴里·J.奈尔伯夫在《策略思维》中所说的期货合同交易。

假如交易者主动提出要卖给你一份期货合约，那他只会在你损失的情况下得益。这个交易是一宗零和博弈，就跟体育比赛一样，一方的胜利意味着另一方的失败。因此，假如有人愿意卖给你一份期货合约，你绝对不应该买下来。反过来也是如此。

但是因为争强好胜是人的天性，再加上人心不足蛇吞象，我们往往会过于自信，而宁愿赌别人是傻瓜，而只有自己最聪明。

在上面的赌局中，尽管马克·吐温相信自己的口才能够说得顽石点头，但是如果他懂得这一点，就更不应该接受当地作家的打赌。因为决定听众能否被逗笑的，并不仅仅是演讲者的口才。

马克·吐温越是口才了得，就越应该怀疑当地作家是有了一定的把握才来赌的。和比自己了解内情的人打赌是比较危险的事情。但是危险并不意味着不可越雷池一步，而意味着需要进行成本和收益的权衡。

有一个发生在美国北卡罗来纳州的真实故事。一名北卡州查洛特市的律师买了一盒昂贵的雪茄，并为雪茄投保了火灾险。他抽完雪茄后，向保险公司提出理赔，称自己的雪茄在多起火灾中灭失。

公司拒赔，律师起诉。法官面对荒谬的诉求做出无奈的判决——由于保险公司保证赔偿任何火险，且保单中没有明确指出何类"火"不在免责范围内，因此必须赔偿。保险公司最后赔偿律师一万五千美元的雪茄火险保险金。

可是，正如莎士比亚所说：聪明人才知道自己是笨蛋，而笨蛋往往自以为聪明。

本案很快就有了一个远比开始更精彩的结局：这个律师得意扬扬地领取保险金后，保险公司马上报警将他逮捕，罪名是涉嫌多起纵火案。根据他自己先前的申诉和证词，律师立即以"蓄意烧毁已投保之财产"的罪名被定罪，入狱服刑二十四个月，并被罚款二万四千美元。

这个故事说明，尽管投保人比保险公司更清楚自己投保的财产的风险，但是保险公司永远会有更为高明的方法，来让他为这种风险买单，并且推出花样更多的保险品种吸引更多的人。

不要暴露了自己

　　王大壮带着五岁的女儿然然去商场，两人不小心走散了。

　　他四处寻找，正在着急的时候却听到商场的广播："王然然小朋友，你爸爸在一楼服务台等你，听到广播后请……"

　　王大壮听了十分奇怪，这孩子的名字怎么跟自己孩子一样？他跑到一楼一看，女儿在那儿正等着他呢。

　　他问女儿："在服务台，你为什么不让他们广播'王大壮先生，您的女儿在一楼服务台等你'呢？"

　　女儿淡定地回答："我怕有坏人听到后，冒充你把我强行带走。"

　　一个五岁的小朋友，很懂得在紧急情况下既传递出信息又兼顾保密。《周易》说："君不密则失臣，臣不密则失身，几事不密则害成。是以君子慎密而不出也。"对策略保密，在人与人的交往过程中是很重要的一点。

　　保密，并不限于具体事情具体信息不泄露，更包括自己的处境和决策倾向等。在生活中，一个人时的处境绝不可完全暴露，特别是当自己不占优势的时候，更应了解这其中的人情危微，时时刻刻注意不暴露出来。处境一旦曝光，让对手看出来，往往成为对手攻击你的利器。

　　"过去总想让全世界知道我，现在就希望这个世界忘记我。"电视剧《人民的名义》中的这句经典台词，恰恰也是一种博弈策略。

　　日本著名律师大桥弘昌在纽约开有一家律师事务所。一个周日的下午，他家的洗碗机发生了漏水，整个厨房都被泡了。洗碗机已经很旧了，修理之后恐怕还会有问题。于是，他们急忙带着孩子去了一家大型电器城，准备购买一台新的。

他们进入电器城的时候，已经是傍晚时分了。一看到店员，他就说道："我们家中的洗碗机坏掉了，必须买一台新的。"

"那么，我建议你们买这一台。"

"标价为八百美元呀，能不能便宜一些？"

"对不起，不能便宜。"

"再便宜一点吧。"

"我们是按标价销售的。"

就这样，双方没有谈妥。店员为什么坚持不能便宜一些呢？

这也是一个逆向选择的例子：越是希望达成交易的态度，越容易造成对方不降价的强硬态度。大桥向店员透露了不该透露的信息，人为地陷入了受对方要挟的局面：

第一，大桥带着孩子前往，并告诉对方说自己家中洗碗机坏掉了，店员就会认为大桥购买的需求一定十分强烈。"这家人包括孩子至少有三口人，洗碗机是必需品，肯定想早些买下它。"

其次，纽约大部分店面都会在下午六点钟左右停止营业，而大桥一家到达的时间离电器城关门只剩下一个小时的时间了，店员就会想："他不可能再前往其他家去买洗碗机了吧！而且，这位客人必须在关门前买下它。"

如果大桥不带孩子，在中午时分到该家电城，气定神闲地询问，那么就会处于较为有利的地位，而且做成一笔对双方都有好处的交易。

在博弈中，信息的效用有赖于其独享性，如果一个信息被对方共享的话，它的优势和效用就被"磨光"了。因此在博弈中必须学会保密，不让对手获得任何可能识破我方底细的信息。

放长线才能钓大鱼

在古希腊智者中，有不少诡辩术士为了战胜对手，巧妙地违背逻辑规律和人们判断推理的一般规则，采取各种手段以自己的"假"逻辑来对付别人的"真"逻辑，从而常常使对手无法反驳而只能认输。

在三国时，东吴主孙权夺取荆州杀掉了关羽，想嫁祸于曹操，于是派人把关羽的首级送到了许都。但是这一计谋被曹操手下识破，于是曹操一面收下木匣，厚待东吴来使；一面迅速命工匠刻了一具沉香木的躯体，与关羽的头颅配在一起。

一切准备好后，曹操率领文武百官，大供牺牲，以王侯之礼隆重为关羽送葬。曹操还亲自在灵前拜祭，并追赠关羽为荆王，派专门官员长期守护关羽之墓。孙权的计谋破产，刘备最终还是发兵要与孙权拼命。

看似愚痴实则很聪明的人，往往将计就计，等骗人者相信他已经被骗时，反过来利用骗人者的规律性，使自以为聪明的骗子反倒成了傻子。

这里的关键，在于骗子为了赢对方而自愿增加自己的行动步骤，甚至付出暂时的代价以诱敌深入，相当于自愿降低自己的收益来迁就对手。所以，仅从阶段性的成果来看，他表现得像对手一样愚蠢，可能上当受骗并且受到损失。

有一个人遭人陷害，被判了死罪。在执行死刑的前一天，他被带到了皇帝面前。皇帝审查了他的案情，没有发现问题，于是拿起笔来准备批准将这个人开刀问斩。这个人急忙对皇帝说："陛下先不要杀我，因为我有特殊的本领。"

皇帝问："你有什么特殊的本领？"

这个人说："我能让陛下的马学会飞。"

皇帝和在场大臣们一听，都瞪大眼睛不相信地看着他。他接着说："请陛下给我一年的时间进行训练，我一定能让马学会飞起来。"

皇帝批准了，并且让他选了另外一个死囚做助手。

离开皇宫以后，他的助手仍然对这份差事到感到震惊不已。这个人笑了笑说："马怎么能飞起来呢？当然不能。可是我的朋友，一年里有三百六十五个日日夜夜，每一天都有二十四个小时。在这几千个小时里，谁知道会发生什么事情呢？我们可能会生病而死，皇帝也可能会去世，马也可能会死掉，甚至我们的国家会在一场战争中灭亡。只要发生上面一种情况，我们就可以不被开刀问斩了。况且万一马真的学会了飞呢？"

这就是聪明人和理想人之间的差别，理想人相信对方也是理想人，所以他的表现也是理想人；聪明人相信对方是和自己一样有着种种欲望与算计的人，并且环境存在着种种变数，所以他自己的表现也是近乎荒谬的。

这种策略方式的关键是识破敌人的计谋和他们所想达到的目的，并且具有放长线钓大鱼的耐心与气度。只有这样，才能在遭受前期的损失之后，在最后阶段使对手吃苦头，而且往往苦头是他们自己找的。

第 21 章
承诺与威胁
不战而胜的策略

不战而胜的策略

一对夫妇吵架了，丈夫吃完晚饭就到卧室休息了。妻子走到床前，在旁边的小桌子上发现了一张字条，上面写着——

孩他妈：

早上七点叫我起床。

— 孩他爸

第二天早上，丈夫醒来，却发现快八点了。

他跳下床，一抬头却看到桌子上多出了一张字条。他拿了过来，上面写着——

孩他爸：

起床，七点了。

——孩他妈

丈夫留一张字条，本意是让妻子先开口，化解吵架引起的僵持局面。可是妻子用一张无声的字条，把双方冷战的后果展示给他看，柔中带刚且不失幽默，可以说是一个娴熟无比的博弈高手。

博弈论专家奥曼认为，人与人冲突的原因之一是相互猜疑。但是，一旦我知道你如何算计我，你知道"我知道你如何算计我"，我知道"你知道'我知道你如何算计我'"……这种"知道"链延伸至参与博弈的全体成员，并延伸至博弈的无数个回合，人们一念之间可能会停止相互猜疑与算计，达成和解。

在这个过程中，不可忽视的一点就是恰当的回应规则。它分为两大类：威胁与承诺。

威胁是对不肯与你合作的人进行惩罚的一种回应规则。既有强迫性的威胁，比如恐怖分子劫持一架飞机，其确立的回应规则是如果他的要求不能得到满足，全体乘客都将死于非命；也有阻吓性的威胁，比如美国威胁说，如果俄罗斯攻击美国的任何一个军事盟友，它就会以核武器回敬。前者用意在于迫使某人采取行动，而后者目的在于阻止某人采取某种行动。两种威胁面临同样的结局：假如不得不实施威胁，双方都要吃大苦头。

承诺是对愿意与你合作的人提供回报的方式。同样可以分为强迫性和阻吓性这两种。强迫性承诺的用意是促使某人采取对你有利的行动，比如让被告摇身一变成为公诉方的证人；阻吓性承诺的目的在于阻止某人采取对你不利的行动，比如黑恶分子承诺好好照顾证人，只要他答应保守秘密。两种承诺也面临同样的结局：一旦采取（或者不采取）行动，总会出现说话不算数的动机。

在现实生活中，承诺与威胁是在谋求利益最大化的过程中一种很常见的现象。比如一个美女告诉男朋友，如果他敢结交其他的女性朋友，只要被发现就立刻分手，这是威胁；而男朋友对她发誓，自己绝对是个从一而终的人，绝不会背叛与她的爱情，这就是一种承诺。

承诺与威胁都是在博弈者进行策略选择之前做出的。承诺与威胁对博弈者的约束力越小，合作的可能性就越小。

有很多胜利，是通过威胁得到的不战而屈人之兵的胜利。并不是所有的胜利都能来得如此容易，有时你需要真的显示一下决心，给对手一点颜色看看，才能让对手屈服。

有这样一个虚构的笑话，几个老对手在一个秘密地点进行和平谈判。当A在谈判桌前坐下时，他注意到B的椅子的扶手上有三个按钮。

几分钟之后，B按下第一个按钮，一个拳击手套弹了出来击中A的下巴。为了和平，A决定忽略这个问题，继续会谈。直到B按第二个按钮，一根木头短棍摇摆着击中A的下巴。

B开始笑了起来，但是，A再一次忽略了这个问题，并且继续会谈。一分钟之后，A看见B按第三个按钮，他立刻跳跃起来。但弹射出的大皮靴还是击中了他。A害怕了，同意暂停与所有对手间的一切军事行动，等待下一次谈判。

三个星期以后，和平谈判再次进行，当B带着几个盟友在会议室坐下时，注意到A的椅子扶手上有三个按钮。在谈判开始之前，A按下第一个按钮，但是没有任何事情发生。然后A按下了第二个按钮，B移动身子，但是又没有任何事情发生。

B有点神经质了。几分钟之后，A按下第三个按钮，并且凝视着墙上的地图，但是像前两次一样，没有任何事情发生。B站起来说："没有别的可谈了！我要回家！"

A回答："已经没有你家了。"

这下子，B和其他所有的对手都屈服了。

就像这个故事一样，在现实中的很多战场上，对手经常在展开和平会谈的前夕发动攻击。就算双方都希望和平会谈成功，他们还是会想尽办法在会谈前先发制人，以增加谈判时的筹码。同样，就算你确定自己能谈出一些成果，你还是应该对谈判失败做好万全的准备。也就是说，你进行报复的决心可以左右对手的决定。

破釜沉舟的威胁

在007系列小说《死亡乐园》中，有这样一个精彩情节。

詹姆斯·邦德亲赴日本九州福冈，暗杀"死亡乐园"的主人布洛菲尔德。不料他刚进入庄园，就不小心被抓住了。

布洛菲尔德命令把装作聋哑人的邦德推进一个从岩石中凿出来的审讯室。审讯室非常宽敞，里面温度很高，空气中弥漫着硫黄的恶臭。洞中放着一把很大的石椅，座位中间有个大窟窿。邦德被推了上去，刚坐下，马上感到一股热浪从窟窿中直往上冲。

布洛菲尔德用英语对邦德说："英国情报局的007号情报员，赫赫有名的邦德中校，你现在听清楚了，我这间审讯室可以说是世界上最神奇的了。你必须回答我提出的问题。你装聋作哑也无济于事，我这些巧妙的设计完全能辨别真假哑巴。"

邦德脸上一点反应都没有，完全像一个聋哑人。布洛菲尔德说："你的克制力我很佩服。不过，你要知道，你座椅下面的洞就是火山口。火山喷出的岩浆有一千多摄氏度，就是熔化钢铁也不足为奇。"

邦德脸上仍然铁板一块。布洛菲尔德接着说："看来你是不相信我的话。那好，我来告诉你。这座小小的火山已经被我加以改造，我完全可以控制它的喷发时间和喷发次数。我想让它何时喷发，它到时候就会喷发。我已打开了控制器。你看着墙上的挂钟，现在是十一点零一分。十五分钟后，岩浆将从你坐的椅子下面喷出，像火箭一样把你送上一百米的高空，把你烧成焦炭。"

邦德仍然没有说话，也不抬头看墙上的钟。

"你还真是个聋子，一点也没听进我的话。那么，等岩浆喷出时你别逃。这个地方既然叫'死亡乐园'，你在这找死算是找对了地方。不过，请你在这最后几分钟考虑好，是站起来招供，还是在椅子上等着岩浆把你送上天！"

小说里这样描写双方的角力：

时间一点一滴地过去，邦德双手平放在膝盖上，闭上眼睛，真想看看布洛菲尔德所说的是否真的会发生。墙上的挂钟"咔嗒"响了一下，他感到椅子微微摇晃起来，紧接着一阵发瓮的轰隆声从椅子下传来，一股热浪往上冲起。情况刻不容缓，他立即站起身来，一下子跳到旁边。

"轰"的一声巨响，通红的岩浆突然从石椅下喷出，穿过石窟顶上的圆洞，冲入夜空。耀眼的光焰使人难以睁开眼睛，空气中弥漫着令人窒息的硫黄气味。邦德呆呆地看着眼前这恐怖的奇观。

至少是在这个回合，布洛菲尔德的威胁奏效了：他成功地使邦德后退一步，开口了。

　　在博弈中，设计策略行动的目的，就在于改变对方的看法和行动，使局势变得对自己有利。无条件的方式，是指刻意限制自己的行动自由和退路，宣布不达目的誓不罢休的态度，影响对方的反应和行动，从而达到自己的目的。

　　从博弈论的角度来看，这么做改变了其他参与者对你的预期，而你可以充分利用这一点，为自己赢得优势地位。

　　也许会有人觉得，保留选择余地总归是有好处的。但是，这一点完全不成立。你虽然少了行动自由，却在策略上得到了好处，因为这么做改变了其他参与者对你以后可能采取什么反应的预期，而你可以充分利用这一点为自己谋利。其他人知道，只要你有行动的自由，你就有让步的余地。一个乍看上去可能束缚自己的策略行动，反而可以扭转整个局面，并使你获得策略上的优势，抢占先机。

　　回应规则必须在对方打算对你采取行动之前生效。一旦被人占了先机，不管是无条件的行动、威胁还是许诺，都无济于事。也就是说，第一招一定要让对手观察得到或者推断得到，否则你就不能达到预期的策略效果。

　　即便你对一个无条件的行动并未真的先行，仍然可以通过对一个回应规则做出承诺，获得相仿的策略优势。回应规则把你的行为视为对其他人行动的一种回应。虽然你是跟在别人后面行动，但这个回应规则必须在别人开始行动之前就宣布。

　　父母对孩子说："除非你吃掉这份蔬菜，否则没有甜品吃。"实际上就是在确立一个回应规则。毫无疑问，这个规则必须在这个孩子把自己那份菠菜喂了小狗之前就开始实施，并且明确宣布出来。

　　无条件的行动，是你先行且行动一成不变的回应规则。威胁与许诺则在你出第二招时出现。两者都是有条件的行动，因为这个回应取决于对方怎样做。

　　一种策略行动基本上是抢占先机的行动。回应规则必须在对方行动之前实施。这意味着无论策略行动是什么，整个博弈都必须当作相继出招的博弈进行分析。如果你永不妥协，那么其他人就会针对你无条件的行动做出回应。借助威胁与许诺，你首先设立了一个回应规则，然后，其他人出招，而你按照自己的回应规则采取相应的行动。

　　结果是，对行动或者回应规则做出的承诺，使原本同时出招的博弈变成相继出招的博弈。虽然得失情况不会改变，但同一次博弈按照同时出招或者相继出招方式进行，有可能产生完全不同的结果。

项羽于巨鹿之战中破釜沉舟，可谓一种断绝归路的无条件行动，这个承诺使项羽获得两个有利之处：首先，士兵团结起来了，每个人都知道他们全体都会战斗到底，因为他们已经没有可能中途放弃，甚至逃跑的机会都没有了。其次，更重要的是，这对敌人产生了影响。他们选择了撤退，而不是跟这么一支已经横下一条心的军队拼个你死我活。

要使这类威胁产生预期效果，光是让作战室里的策略家们达成一致还不够，还必须让自己和对手对这些都有透彻的了解。因此，这个例子当中特别应该注意的，是项羽的个人威望，凿沉船只虽然是他的命令，但将士不仅知道，而且表示支持。

需要指出的是，在项羽之前，破釜沉舟对任何一位将军来说都是疯狂的、不可思议的，可是恰恰是通过这种断绝自己后路的做法，项羽最终达到了自己的目标。

装疯卖傻的策略

有两家食品百货店既是邻居，又是竞争对手。

其中一家的老板小A挖空了心思，想要战胜另一家。他在自家门口打出广告：每买五十个鸡蛋送一个，每买一百个鸡蛋送三个。可是他只热卖了一两天，很多买鸡蛋的顾客就转向另一家去了。

可是另一家明明没有任何降价和促销啊！小A十分疑惑，咬咬牙又打出了每买五十个鸡蛋送两个，每买一百个鸡蛋送六个的广告。但是，令他不解的是，来他家买鸡蛋的人依然没有多多少。小A仔细核算了一下成本，再多送的话，就没利可图了。他实在不明白，于是请一位朋友到对方的店里买鸡蛋，看看他们究竟是用什么魔力将客人吸引过去的。

朋友连续两天到另一家店里买鸡蛋，第三天回来告诉小A说："你不要促销了，打不垮那一家的。"

小A问："为什么？"

朋友说："我这两天三次到那家店里买鸡蛋，没降价也没促销，可是我买五十个的时候，回到家一数却是五十二个。我又买一百个，回到家一数是一百零六个。你这边大张旗鼓地促销送鸡蛋，他那边装傻，假装数不清鸡蛋的个数，不声不响地给顾客送鸡蛋。你的促销让顾客认为送的鸡蛋是应得的，还会让人怀疑鸡蛋的质量。"

小A一听就傻了，自己促销是必须送，而他们暗送是弹性的，这样相持下去，最先垮掉的肯定是自己。他悄悄地取消了促销措施，市场上又恢复了平静。

这个策略之所以有效，可以通过生活中的一个现象来理解。假如一个正常人以自杀相威胁，向一个朋友借一本书。朋友根本不相信他的威胁。但是，如果换了一个有过精神病史的人进行这样的威胁，朋友十有八九会把书借给他，哪怕并不甘心。

由此可见，装疯卖傻可以提高威胁的可信度。如果对手认为你不是理性的，达到目的比获得最大收益更重要，威胁就很容易让人相信。

正常人在社会上的经济活动，都是要获取尽可能大的利益，任何为了其他目的而牺牲利益的行动，都会被经济学认为是非理性的。然而，通过博弈论的分析，被认为非理性的人，反而能够比追求最大利益的理性人获得更多的利益。

我们可以假设有这样一场谈判博弈，你的对手可以选择合作也可以选择不合作。如果他选择合作，你们两个都可以获得五百元，博弈就此结束。如果他选择不合作，接着就要由你选择。如果你选择不合作，你们两人的所得都为零，如果你选择合作，你可以获得一百元，而他则可以获得九百元。

如果你是一个理性的人，当对方选择不合作而轮到你进行选择时，你应该选择合作。这样虽然你的对手获得更多的钱，但是在理性的人看来，谈判的目的本来就是为了实现自己的利益最大化，而不是为了比对手获得更多。

因此，理性的你一定会选择合作，尤其是这场博弈只进行一次的时候。然而遗憾的是，如果对手知道你会选择合作，他就会先选择不合作，这样他就可以获得九百元。

但是，如果对手认为你是一个不理性的人，会为了报复而选择不合作。在经过理性分析而预测到这一点后，他反而会选择合作，因为他是理性的，与其一无所获，不如通过合作得到五百元。

这一局面似乎是一个悖论，一心想把利益最大化的理性人，最后获得的利益怎么会比不理性的人还少呢?

问题的关键不在于你是否理性,而在于对手对你是否理性的判断,也就是认为你是不是会下决心报复。

它的一个启示是:为什么在很多情况下,让威胁兑现对你不一定有利?别人可能会因为想到这一点而不把你的威胁当一回事。在这种时候,我们就用到了装疯卖傻的策略,就是让别人相信你有一点不理性。就算是损害自己的利益,你也会把威胁兑现。

保护自己的武器

有一个天才的工程师死后到天国报到,天国守门人看了看他的档案,说:"你走错地方了,所有的工程师都应该到地狱报到。虽然我也觉得不太对劲,但你还是乖乖地去地狱报到吧。"

在地狱住了几天之后,工程师觉得地狱的温度太高,住起来相当不舒服,于是动手设计了一套空调系统,使得地狱不再水深火热了。过了一阵子,他又觉得地狱的运输系统不方便,又设计了一套地铁系统。不久后他又觉得地狱生活太无聊,于是又设计了有线电视和网络。

地狱经过他的改造之后,变得相当舒服了。为了向上帝夸耀地狱的进步,撒旦用最先进的影像电话打电话到天国。上帝接起电话,看到撒旦之后,纳闷儿地问:"你的气色看起来好极了,到底怎么回事?"

撒旦得意地说:"我们这里最近接收了一个工程师,他把我们这里改造得比天国还舒服呢!"

上帝说:"不对呀,工程师都应该上天堂的。你们一定在手续上动了手脚。"

撒旦说:"不,这是一个程序上的意外。如果想要回这个工程师的话,就拿一吨金子来吧。"

上帝说:"我劝你最好赶快把他送过来,不然我要找律师告你!"

撒旦听了大笑不已。上帝很纳闷儿,问撒旦:"你在笑什么?"

过了半天，撒旦好不容易才止住笑，反问上帝："你以为律师都在哪里？"

这是一个笑话，可是从博弈的角度来看，发现其中大有玄机。

一方面，多数谈判中，如果双方没有达成一致，虽然无法获得交易所带来的利益，但东西的价值不一定会被破坏。另一方面，只有当局中人可能遭遇意外，而且这种意外必然造成伤害时，才可能出现斗鸡博弈。

在上面的故事中，当上帝发现天堂可能因为地狱条件改善而失去吸引力，成为意外拒绝工程师的牺牲品时，他就向撒旦发出了打官司的威胁。这时，双方就形成了斗鸡博弈。

双方在谈判时都可以选择强势或者弱势。如果上帝必须仰赖地狱的条件恶劣才能维持自己的吸引力，那么他就不能让地狱像天堂一样舒适，当双方都很强硬时，上帝将遇到很大的麻烦。

假设这个天才的工程师对上帝来说，顶多价值半吨的金子。那么，在正常情况下上帝最多会拿半吨金子来赎回他。但是我们再进一步假定，如果撒旦通过改善地狱的条件，有办法使上帝再损失两位天才工程师，那么他便威胁说："如果你不拿一吨金子来的话，我就会继续给你制造损失。"

撒旦知道，有能力找麻烦可以无形中增加谈判的优势。他相信，如果有更多的人被吸引到地狱里来，上帝的麻烦就大了。因此，上帝会愿意出高价赎回这个天才工程师。

不过反过来说，如果撒旦高估了自己伤害上帝的能力而要价太高，那么上帝可以很快采取措施，把天堂布置得比以前更为舒适，这样就可以大幅降低因为这次意外事件所造成的损失。等他巩固了天堂对地狱的优势之后，便可以撤销原本对这个天才工程师的出价了。

需要注意的是，上帝与撒旦之间的这场人才争夺战中，虽然一方得到工程师就意味着另一方失去他，但是这并不意味着双方就要进行你死我活的竞争。因为双方都知道，假如双方谈判破裂而导致开战的话，双方都会遭到更大的损失。

上面这场博弈给我们两个方面的启示。

一方面，上帝与撒旦之间的博弈，和很多博弈一样，都是对立与共存同时存在的，他们是一条绳上相互依存的两只蚂蚱，尽管处于对立地位，但双方的关系是属于长期关系。在长期的关系中，一般不应通过直接找麻烦来进行威胁以试图增加自己的短期收益，但同时他应意识到，如果撒旦认为地狱的条件已经无以为继，自己即将破产，那么撒旦就会想尽量最大化其短期得益，根本不在乎长期的损失。

从这个博弈中可以看到，只有当你的对手还没到山穷水尽的地步，仍然在乎长期的收益，你才能相信他不会为了短期的收益而撕破脸皮。著名作家米兰·昆德拉说：站在别人的立场上想一想，就是为自己未来的遭遇着想。事实上，通过上面的分析我们可以发现，站在对手的立场上想问题，不仅是一种美德，更是一种赢的策略。

有这样一个小故事，说的是一女生告诉朋友说，刚刚分手的前男友又在她面前挥刀寻死，朋友赶过去一看，原来对方只是用水果刀在手臂上划了一道细细的口子，却把女生吓得花容失色。这位朋友问女生："你有他父母家的电话吗？"

女生点头。这位朋友迅速接通电话："请问这里是某某的家吗？你是他妈妈？哎呀，你儿子寻死了，不得了，快过来……"

于是，轮到男生大惊失色了。又有一次，那前男友在女生的家门口静坐了一天一夜。这一次那女生也聪明了，马上打110。警察来了，把他训了一顿。终于，这位前男友彻底死了心，分手博弈也宣告结束。

在博弈时，每一方只要在遭受敌方第一次袭击后有还手的能力，而且这种二次打击能力足够置先进攻的一方于死地，冲突就不会发生。因此，如果你想通过威慑战略保护自己，那么关键在于保护好你的武器，而不是你的收益。

不需要友谊的合作

在学校教育中，与人诚实合作是一种"做人的道理"。但在博弈论看来，多数人的合作，都是出于自利的需要而不是出于道德。因此，利害关系永远比道德更有效，不需要友谊的合作，往往比需要友谊的合作更为可靠。

虽然这种不需要友谊的合作不用白纸黑字地写出来，却是隐蔽而相对稳固的。既是战争状态，总得做个样子。不过为了展现善意，双方都自动进行定时定点的攻击。

这意味着对手的行为模式是可以理解和掌握的，是可预测的，没有出其不意的"敌意"动作。

不过，类似的这种隐性合作都是有条件的，就是要展现自己随时可以报复的能力，以吓阻对手的背叛尝试。如果一方失去了对应的报复能力，均衡也将不复存在。

作家李唯有一篇小说《腐败分子潘长水》，里面有一段十分精彩的对话。

老潘和小商合谋收取巨额贿赂十七万元，检察院立案审查事实清楚后，送交法院等候判决。老刘代表单位党委，依照程序来将这一决定通知老潘，并跟老潘做了最后一次个人之间的谈话。

老刘说："好多年前，有一本特别流行的小说叫《平原枪声》，你还记得不记得？"

老潘说："我不知道，我不看小说。"

老刘说："你真是不看书不看报，要不你怎么就能犯事进去了哩！那小说里有个人物叫肖飞，是个侦察员，后来还改成快板书，叫'肖飞买药'，你记得不记得？"

老刘说："肖飞有两把枪，一把是明的，平时掂在手里的，是二十响的驳壳枪，一把是暗的，平时藏在裤兜里不轻易掏出来的，是马牌撸子（编注：即德国造的勃朗宁M1903式7.65mm/9mm手枪）。你知道肖飞为什么要有两把手枪吗？"

老刘说："那马牌撸子是为了保护那驳壳枪的。如果肖飞的驳壳枪让人缴了，他马上就把暗藏的马牌撸子掏出来对准缴他枪的人，这样就能把驳壳枪又夺回来。有马牌撸子的保护，肖飞才敢胆壮掂着驳壳枪到处走。你想，枪是杀人的，本身就已经够厉害的了，可枪还要用枪来保护，你想想这里面对你有什么启发吗？

"这就说到你这次搞钱，你事先有没有想过，你搞到钱后拿什么来保护这个钱？你有什么本事不让这个钱又被人收走还把你关进去？你有什么能耐保证这个钱搞到手后就安安稳稳是你自己的？钱是好东西，可不是什么人都有资格去搞的！你没那个资格去搞钱你搞的什么钱？抓的就是你们这些人！你可不就活该坐牢嘛！老潘，咱俩共事这么长时间，关系不错，我才跟你这么说的，你好好想想吧。"

然后老刘严肃起来，正式代表单位党委宣布，开除老潘的党籍。

这个故事，其实也验证了谢林在1960年出版的《冲突的战略》中的一个观点：报复的能力比抵抗攻击的能力更为重要。肖飞的马牌撸子代表着报复能力，它所起的作用往往是驳壳枪所无法替代的。

今天世界上不少国家对待核武器的策略，与博弈论学者谢林的基本逻辑有惊人的相似之处：核武器的作用来自巨大的威慑力，而不是其先发制人的能力。

按照谢林的理论，拥有核武器并不是为了先发制人，而是用来实施报复。就像在幼儿园，一个弟弟为了避免受其他小朋友的欺负，并不会让能打架的哥哥首先去教训所有的小朋友，哥哥的价值在于：如果遇到其他小朋友的欺负，他就可以让哥哥出面对其他小朋友实施惩罚。因为首先教训所有小朋友的一个可能，是会遇到更具报复力的小朋友，那就麻烦了。

正是基于这种观点，谢林认为，一国防范核战争的最好措施是保护自己的武器，而不是自己的人民。一个国家如果认为自己能够经受住一场核战争，就比较可能会挑起核战争。所以，最好的办法是向你的敌人显示，你能够在一场打击后还击，而不是向他表明你能在打击后幸存。

也就是说，和平的希望不能寄托在裁军或躲避核辐射的庇护所上，而是寄托于二次打击能力上，例如把导弹安装在潜艇上。

影片《奇爱博士》中也用戏剧化的手法，反映了谢林的这一观点。影片中的那台"末日毁灭机"，是由埋藏在地下的巨大的原子弹组成的，一旦引爆就会释放巨量辐射，足以消灭地球上的所有生物。一旦苏联遭到入侵，这台机器就会自动引爆。当美国总统米尔顿·莫弗利询问，这么一个自动引爆开关究竟有没有可能制造出来时，奇爱博士答道："不仅有可能，而且不可缺少。"

这台机器是一个绝妙的阻吓手段，它会使一切背叛性行动都变成自杀。本来，假如苏联遇到美国入侵，其总理迪米特里·基索夫很有可能犹豫，不愿意贸然实施报复或者冒同归于尽的风险。只要苏联总理还有不做反应的自由，美国就有可能冒险发动进攻。现在有了这台"末日毁灭机"，苏联的反应将由这台机器自动做出，其阻吓的威胁也就变得可信了。

这一点在与对手的博弈中成立，在与搭档的博弈中同样成立，甚至更重视地记住这一点，对于维持自己的优势地位有十分关键的作用。

威胁承诺要适度

在博弈中，假如你打算通过威胁或许诺影响对方的行动，要注意把握适度的原则。

清朝名臣曾国藩手下有一员悍将，名叫陈国瑞，此人原是王爷僧格林沁的手下大将。他从未读过书，是个粗鲁莽撞之人。

僧格林沁死后，曾国藩接手剿捻事宜。正巧陈国瑞与刘铭传所统率的两军械斗，曾国藩认为只有让陈国瑞真心服自己，才有可能在今后真正使用他。于是曾国藩叫来陈国瑞，历数他的劣迹暴行。看到陈国瑞被训得面色苍白，曾国藩话锋一转，又表扬了他的勇敢、不好色、不贪财等优点，告诉他是个大有前途的将才，切不可以莽撞自毁前程。然后，他与陈国瑞约法三章。

曾国藩的训诫令陈国瑞无言可辩，唯唯退出。但是他莽性难改，一回营就照样不理睬曾国藩所下的调兵命令。

看到口头训诫不灵，曾国藩马上请到圣旨，撤去陈国瑞帮办军务之职，剥去黄马褂，责令戴罪立功。同时曾国藩告诉他，再不听令就要将他撤职直办，发配到军台效力。陈国瑞一想到那无酒无肉、无权无势的生活，立即表示听从曾大人的话，率领部队开往指定地点。

上面的故事说明，要做出一个威胁的时候，你不应让自己的威胁超过必要的范围。假如这个威胁影响了对方的行为，你就要准备实践自己的诺言。这件事做起来应该是代价越小越好，因此也意味着威胁时，只要达到必要的最低限度就行了。

曾国藩明白，陈国瑞作为一员大将，在没有犯下大罪的情况下，威胁砍他的头是不太可信的。因此，他选择了请旨撤去陈的职务，接着用发配来进一步威胁。这样的威胁大小是恰当的，因为它大到足以奏效，而又小到足以令人信服。如果威胁大而不当，对方难以置信，而自己又不能说到做到，那就更别提进一步确立自己的信誉了。

我们来看一看，法国著名女高音歌唱家玛·迪梅普莱是如何威胁那些私闯园林的旅行者的。这位女高音歌唱家有一座很大的私人园林。每逢周末，总是会有人到她的园林里采花、拾蘑菇，更有甚者在那里搭起了帐篷露营野餐。虽然管家多次在园林四周围上篱笆，还竖起了"私人园林，禁止入内"的木牌，可所有努力都无济于事。

迪梅普莱知道了这种情况，就吩咐管家制作了很多醒目的大牌子，上面写着"如果有人在园林中被毒蛇咬伤，最近的医院在距此十五公里处"的字样，并把它们立在园林四周。从此以后，再也没有人私自闯入她的园林了。

从这个故事我们也可以理解，威胁的首要选择，是能奏效的最小而又最恰当的那一种，不能使其过大而失去可信度，而务必要使惩罚与罪行相适应。

发出威胁的时候，我们首先要注意的是威胁必须足够大，大到足以阻吓或者强迫对方的地步。接下来要考虑的则是可信度，即能不能让对方相信，假如他不肯从命，一定逃脱不了已经明说的下场。若是在理想状况下，再没有别的需要考虑的相关因素了。假如受到威胁的参与者知道反抗的下场，并且感到害怕，他就会乖乖就范。那么，我们为什么还要担心若实践这个威胁，会有多么可怕的情况发生呢?

但问题在于，在这个方面的理想状况只能是可遇而不可求的。

首先，发出威胁的行动本身就可能代价不菲。个人、企业乃至国家都在许多不同的博弈之中，他们在一次博弈中的行动，会对所有其他博弈产生影响。

其次，一个大而不当的威胁即便当真实践了，也可能产生相反的作用。

最后，所谓成功的威胁完全不必实践，是说它只在我们绝对有把握不会发生不可预见的错误的前提下成立。谢林所讲"经过适当的威胁，可以达到合理的结果"，可以说道出了威胁的本质。

附录

参考文献

[1] [美]朱·弗登博格，[法]让·梯若尔著. 黄涛等译. 博弈论. 北京：中国人民大学出版社，2015

[2] [美]丹尼尔·卡尼曼，保罗·斯洛维奇，阿莫斯·特沃斯基. 方文等译.不确定状况下的判断：启发式和偏差. 北京：中国人民大学出版社，2013

[3] [美]阿维纳什·K.迪克西特，[美]巴里·J.奈尔伯夫著，王尔山译. 策略思维——商界、政界及日常生活的策略竞争. 北京：中国人民大学出版社，2002

[4] 王则柯. 新编博弈论平话. 北京：中信出版社，2003

[5] 潘天群. 博弈生存：社会现象的博弈论解读. 北京：中央编译出版社，2004

[6] 赵汀阳. 论可能生活. 北京：中国人民大学出版社，2009

[7] 张维迎. 博弈论与信息经济学. 上海：上海人民出版社，2004

[8] 罗贯中. 三国演义. 呼和浩特：内蒙古人民出版社，1981